中国科学技术大学本科教材出版专项经费支持

一流规划教材

经管类

创新区与城市竞争

INNOVATION DISTRICT AND CITY COMPETITION

赵 征 蔡瑛樱 朱东杰 编著

中国科学技术大学出版社

内 容 简 介

中国的城市竞争已经进入公众话题,一个创新区往往是公共部门和私营企业在城市某个片区合作,吸引企业家、初创企业、风险投资和孵化器等其他角色前来共同协作,最终创造出新的产品、服务和流程等创新实物,给城市提供大量高收入的岗位,进而带动整个城市片区发展。本书从创新区这一概念引申开来,抽丝剥茧地分析国内外在创新领域的隐形逻辑,并以此来观察、归纳、提炼、整理和传播国内类似城镇及片区的"创新经验"。

本书可作为高校创新创业课程教材。

图书在版编目(CIP)数据

创新区与城市竞争/赵征,蔡瑛樱,朱东杰编著. —合肥:中国科学技术大学出版社,2023.12

中国科学技术大学一流规划教材

ISBN 978-7-312-05783-0

Ⅰ. 创⋯　Ⅱ. ①赵⋯ ②蔡⋯ ③朱⋯　Ⅲ. 城市经济—竞争力—研究—中国—高等学校—教材　Ⅳ. F299.21

中国国家版本馆 CIP 数据核字(2023)第 189540 号

创新区与城市竞争
CHUANGXINQU YU CHENGSHI JINGZHENG

出版	中国科学技术大学出版社 安徽省合肥市金寨路 96 号,230026 http://press.ustc.edu.cn https://zgkxjsdxcbs.tmall.com
印刷	安徽国文彩印有限公司
发行	中国科学技术大学出版社
开本	787 mm×1092 mm　1/16
印张	11.25
字数	240 千
版次	2023 年 12 月第 1 版
印次	2023 年 12 月第 1 次印刷
定价	50.00 元

作 者 简 介

赵　征　日本东京工业大学博士,现任中国科学技术大学副教授。主要研究管理思维、创新管理和知识管理。

蔡瑛樱　现任北京国科文明之光科技有限公司战略部总经理,深圳市光明区科城公益事业发展研究院执行副院长。长期从事人才、科技与城市创新发展的体系化研究与组织实施工作。

朱东杰　中国科学技术大学工学硕士,现任中国科学技术大学创新创业学院常务副院长。长期从事科学研究、成果转化和人才培养等工作。

前　　言

当今社会已进入创新驱动发展阶段。党的二十大报告指出,"以中国式现代化全面推进中华民族伟大复兴",完成这一伟大历史使命,需要在更高层次、更大范围发挥科技创新的引领作用,坚持创新在我国现代化建设全局中的核心位置,把创新贯穿于现代化建设的各个方面,充分塑造与培育持续创新的动能及机制。

创新对于经济长期稳定增长的作用,早已在业界达成广泛共识。然而,曾有很长一段时间,创新被视为一个"黑箱",其运行机制难以归纳、无法学习,这严重制约了制定创新政策时的主动性和科学性。创新究竟是如何产生的呢?

创新的本质是知识的创造、选择、扩散及应用的过程。这里的知识包括显性知识与默会知识,尤其对于默会知识而言,空间上的临近和聚集成为知识交流的关键要件,这在很大程度上决定了空间要素对于创新过程不可替代的作用。这是我们提出创新区概念,并将创新区作为创新驱动发展关键要素的缘由。

为了寻找"创新"发生的背景及内在规律,为了给那些"深陷"产业发展依赖的各地区寻找出口,我们从企业发展创新(内部)、城市空间创新(外部)两个视角出发,认为创新活动积极发生的地区(通称"创新区")背后的"创新网络"(支撑创新区内各要素高效运行的组织网络、流转系统及权责配置等)是支持区域"产业链创新链人才链资本链"协同发展的锚点,是突破产业集群生命周期"宿命"的利器。换言之,产业的聚集、融合伴随着技术变革与技术扩散,过程中的多学科人才交流频繁,那些不易察觉的、多学科的、默会的知识跨界交汇,那么在临近度与密集度更高、更适于慢行的环境中,创新更易涌现。

人口即命运,对国家、城市和创新区来说都是如此。能否吸引一代又一代优秀的年轻人才,是决定任何选定区域未来20年发展的基本盘。

对于高科技产业而言,企业特别依赖熟练的高精尖人才,而专业技能依附在人才身上。现实中,很多被认为已经是技术非常成熟的生产线,在生产过程中也会被一点点改进和优化,如改进效率、增减功能,甚至基于市场反馈的信息去调整生产线、开发新产品。这些唯有在生产现场才能被改进的活动,显然需要依赖更高教育水平的现场工程师才能完成,这样的"现场创新"场景同时也是培养高水平工程师的"土壤"。因此,不少学界和商界人士认为,正是全球化制造环节转移到了中国和东欧等国家,导致西方发达国家也连带地丧失了创新能力,即使他们仍有非常充裕的智力资本,但长期脱离现场,创新也会成为无土之木,这也使得中国的供应链本身形成了强大的集群内向力,反向对抗逃离本地化的趋势。

本书除了梳理"创新区"生长壮大的底层逻辑之外,进一步构建了具体组织实施的方法,并通过对比论证的方式,归纳总结创新涌现的生态循环模式,提出"创新"对增强区域(城市群、都市圈、城市内部不同能级的地区等)自主创新能力的现实意义。创新区可通过优化空间结构来进一步提升集群创新效率,那些前沿的、高端科技型企业,招揽的目标人才的空间审美偏好比较鲜明,交际互动的模式也不再是垂直、层级和教条式的。因此针对目标人才的偏好,对创新区的空间重新设计是有必要的。当然,不仅仅是个人,创新区内的企业也"浸泡"在一种鼓励性的、富有冒险精神的文化中,人才的主动性才能被激发,才能高效创新。

"十四五"时期,我国高水平开放式区域协同创新体系建设的重点任务,就是要建设一批带动能力强劲、辐射领域广泛的科技创新中心,布局一批高水平的创新基础设施,推动产业集群升级。区域创新体系是国家创新体系的重要组成部分,系列化、主题化、差异化的区域创新体系打造,是提升国家创新体系整体效能的重要保障。

然而,面对全球竞合发展进入新阶段,区域创新体系的核心基石除了持续催生本地创新能力之外,更需着眼于培育区域经济韧性,在夯实自我修复能力的同时,提升应对外界冲击时的抵御能力。区域经济常有同质化发展的惯性以及对发展路径依赖的"负向锁定",在分析多个成功突围的区域案例后,我们发现跳脱出传统发展模式的触发点在于同一技术空间内的知识异质性越多,多样性越丰富,往往我们越能从多样性的知识储备中找到在冲击之下存活下来的技术路线。因此,创新区是否具备知识多样性、异质性,衡量的是创新系统对外部的冲击、干扰和施压时所展示出的恢复能力,即区域创新体系所说的系统韧性。

综上所言,本书立足"创新"的内外部不同视角,从组织与支撑"创新区"的发展逻辑展开,为城市管理者们提供一个新的价值视角,即"有为地组织创新生产要素为地区构建专业化能力"。我们希望本书成为一本组织区域创新空间的"操作手册",显然不仅仅面向发达城市与地区,对于广大中西部地区准备发展自己创新区的大量城市而言,利用优势产业和相关资源来振兴经济,走出一条有益的探索之路并非不可能。

路也漫漫,遥遥其途,心向往之,虽远莫阻。

本书的内容主要是实证性的,如果没有奚维康给本书研究提供的宝贵帮助与对数据的洞见,以及彭国平对文稿的组织和撰写,本书是不可能完成的。我们感谢他们的不懈努力,也要感谢相关专家学者对这些主题的早期研究提供的帮助。除此之外,我们要感谢审稿专家鼓励我们写作此书,并大大改进了有关国内实践的章节。

我们非常荣幸本书由中国科学技术大学出版社出版。本书入选为中国科学技术大学2022年度校级本科"十四五"规划教材,除作为公共管理、经济学等学科教材外,也同样适合对经济地理、区域经济学等交叉学科感兴趣的城市管理者。

目　录

前言 ·· (ⅰ)

绪论 ·· (1)

第一章　创新区概述 ·· (5)
创新区的起源 ·· (5)
创新区不是产业集群 ·· (6)

第二章　创新区的类型 ·· (11)
"支柱＋"型 ·· (12)
城区改造型 ·· (17)
城市化科学园型 ·· (19)

第三章　创新区的组织结构 ·· (22)
经济资产 ·· (23)
物理资产 ·· (25)
网络资产 ·· (26)

第四章　创新区涌现的背景 ·· (30)
创新要求更高的临近性 ·· (30)
创新活动要求更高的空间开放度 ······································ (33)
新一代年轻人的变化 ·· (35)

第五章　创新区的经济学解释 ·· (38)
新古典主义经济学 ·· (39)
社会与制度学派 ·· (42)
迈克尔·波特商业战略 ·· (47)

第六章　城市步行主义 ·· (52)
城市步行主义的要点 ·· (56)
塑造混合工作空间 ·· (60)

第七章 集群的生命周期与演化 ………………………………………（68）
    兴起与衰落同源？ ………………………………………………………（68）
    必然还是或然？ …………………………………………………………（73）

第八章 集群是一个复杂适应系统 ………………………………………（86）
    适应与进化？ ……………………………………………………………（86）
    国内的适应性案例 ………………………………………………………（94）

第九章 脱离本地走向全球化 ……………………………………………（103）
    集群与全球化 ……………………………………………………………（104）
    集群的环节化 ……………………………………………………………（108）
    集群与全球价值链 ………………………………………………………（112）

第十章 创新区在全球化后期的演变 ……………………………………（124）
    理解创新区的意义 ………………………………………………………（124）
    全球价值链发展的新局面 ………………………………………………（129）
    全球价值链的三级约束解绑 ……………………………………………（132）
    未来城市将依靠什么来留住本地的企业和居民？ ……………………（144）

第十一章 新兴地区在对抗"集群分离"上的实践 ……………………（151）
    发展中国家维持集群优势的实践 ………………………………………（152）
    国内创新区的探索 ………………………………………………………（157）

第十二章 总结 ……………………………………………………………（162）

参考文献 …………………………………………………………………（166）

绪 论

中国的城市竞争已经进入公众话题了,在每年年初各省、区、市纷纷公布上一年度经济数据时,各种角度的城市比较话题甚至能成为社交网络上的热点。但讨论的焦点多停留在经济总量和增长速度上,再深一层次会涉及城市的经济结构和主导行业的规模,但也仅此而已了——公众只能通过经济数据这个"后视镜"来评价城市过去一年的发展状态。但当政府官员想要发展地方经济、企业准备异地拓展业务、个人面临就业择城时,这些后验数据就不太够用了:现实的经济参与者在准备投身某个城市时总是要充分考虑此地的各类经济要素是否符合自己的发展需求;政府官员要统筹城市的产业结构、交通状况、土地供应和税费优惠等因素去针对性招商引资;企业要综合考虑产品制造时的各项成本、上下游的供应支撑以及本地的市场规模来决定是否在本地投产;而个人在就业时要在不同城市的生活成本、岗位待遇、生活环境和发展前景之间来回权衡——这些大大小小的决策同时又会反过来改变各个城市的经济生态,让这些经济因素看起来既是城市发展的原因,又是城市发展的结果。

各种各样的城市比较和前景预测也往往缺乏可统一度量的标准框架。

尤其在整体宏观背景急剧变化的当下,国内的产业变革模式也已与以往大有不同,但如果真要从城市经济增长的迷雾中抽出一个主动变量来,"创新"应该是最有共识的选项。而且越是处于经济发展前沿的国家和地区,经济发展的动力就越依赖创新——虽然衡量创新的指标林林总总,总体上是以研发为基础的。然而这个世界创造的专利越来越多,但驱动经济的动力却似乎越来越弱,问题出在哪里?转化机制不畅被认为是最大症结:从实验室的原发技术到最终面市的商品之间,仍横亘着无数障碍。如果每一个环节都让专业人员和企业把关,同时有专门的联络人负责串联各环节,那自然能大幅提高专利的转化效率。行业人士把这个多角色协同发展的网络叫作"创新区"(Innovation District)。

那么创新区具有什么样的特征?怎样的发展网络以及城市空间才能被确认为是"创新区"?创新区要满足特定的条件和目的,因此它很难被简明扼要地定义。总体来说,一个创新区往往是公共部门(包括各级政府、大学和研究机构)和私营企业在城市某个片区合作,吸引企业家、初创企业、风险投资和孵化器等其他角色前来共同协作,最终创造出新的产品、服务和流程等创新实物,给城市提供大量高收入的岗位,进而发展整个城市片区。但由于各参与方的数量和占地面积不同,因此也很难给创新区划定确定的边界。为了促进各方频繁交流、互通有无,创新区的建筑设计往往比较紧密,并且要设计大量让大家有意无意交流的场所。同时,创新区还要对外保持沟通渠道通畅,能从更广范围内不断汲取知识养分、丰富创新网络的要素;但对内为了吸引人才,又要建立起融工作、生活、学习和娱乐于一体的功能环境。

但不要误会,我们并非破解了创新区的成功秘诀——就像创新仍是一个黑匣子一样,我们现在也仅能勾勒创新区的模糊轮廓,甚至还没能把它的各项功能载体仔细解剖出来,更不要说弄清楚各部件之间的运行机理了。如今国内外已有不少符合创新区"特点"的项目(片区),但每一段被审视为成功的历程并非终点,而往往只是暂时的,本书中我们尝试去提炼更多案例的共性,用以揭示复制一个成功创新区所需要遵循的运行机理。

本书从创新区这一概念引申开来,抽丝剥茧地详细端详创新区的隐形逻辑,并以此来观察、归纳、提炼、整理和传播我国类似城镇及片区的"创新经验"。

组合出来的专有名词总是面临着向受众推广的难题,它既要继承词语在普通人心目中已有的意思,又要在此基础上设定严格的边界和约束条件,好与严肃的理论衔接。创新区这个概念的推广也同样如此。其提出者是布鲁斯金学会(Brookings Institution),一方面它需要"借用"创新这个已经被严重泛化的概念,另一方面又需要承接经济地理学的理论模型,揭示隐藏在创新区这个概念背后的、其竞争力的真正来源:专业化。

溯源创新区这个复合概念的来源的过程,本身就是在回顾经济地理学的发展历程。这个过程中,有些已经成为共识的知识点被改头换面,以一种更规整的方式镶嵌在模型里;有些观察到的偏好但一时难以理论化的趋势,也被整合到创新的环境中。

创新区的适用范围

和自然科学理论不一样的是,被总结出来的社会科学理论经常会因为样本的局限性而难以被推广,因为不同的社会底层的制度和文化习性并不相通,被抽象出来、显现在外的表层要素,往往并不会按照同样的方式运行。创新区也面临着类似的问题,它是由一个元素更加丰富的集群、采用更科学的联系和合作方式、在一个更加舒适的环境中、用创新来激发增长的经济区域。这些限定条件背后所暗含的理论,是成功的创新企业总是能站在技术前端,去主动组合各类要素,促进技术的商用化,从而推动经济增长。

但这种模式并不适用于所有地区。虽然布鲁斯金学会已经在全球"发现"了近200个创新区,但并不代表所有的创新区都依循着同一种发展路径。创新区脱胎于集群,但集群这个基于本地的概念在全球化时代本身就在接受考验。创新区隐去了这重担忧,继续默认在畅通的背景下,如何以某个技术节点上的突破带动行业发展

（并收获行业大部分利润）。这种背景假设对全球很多国家和地区都是不恰当的,尤其是对我国这种发展中国家来说更是如此。

我国过去30年的发展,总体来说,是一个被"镶嵌"进全球产业链条的过程。其首要任务并不是创新,而是如何将我国相应的生产要素组建起来,扫清横亘在中间的各种障碍,以顺畅地接入全球生产链条,从而获得相应的附加值。在这个过程中,我国积累了遍布全国的基础设施和信息设施,大幅降低了物品和信息的获得和流通成本,但这还不是最大的收获。最宝贵的地方在于政府和企业以及其他机构联合起来,培养出来属于自己的组建资源的能力。这种能力将是我国下一阶段"一带一路"倡议和自主创新的基础性支撑,是未来打造一代代属于自己的创新区的源头活水。

对创新区的展望

创新区和集群一样,内涵都是要在本地集聚各类资源,从而达到整体大于部分之和的效果。这种整体结合带来的效率塑造了产业的专业化,是本地产业竞争力的根源。以往这样,主要是由于各个企业和机构之间的摩擦成本太高导致的——企业要集聚在一起频繁交流。但正像控制芯片重新塑造了工人和流水线的主次关系一样,自此之后,普通工人成为了生产线上的配合性角色,企业因此也第一次可以将制造环节外包,这带来了过去40年的产业转移和全球化。

这个生产的去中心化过程显然不会停止。随着信息技术的继续发展,虚拟视频等一系列远程交流方式的不断成熟。尤其是疫情之后,远程办公在全球得到了一次难得的全面检验,其结果让人惊叹:多项研究表明,至少1/3的工种是可以全部远程办公的,而且那些高薪的信息技术行业的工种尤其如此。虽然这些结论需要时间验证,但直接打破了创新区成立的理论根基:创新总是依赖高素质人才之间面对面的高质量碰撞。

如果信息技术继续"解体"我们的生产过程,那么,我们应该怎样重新组织自己的要素网络?这是"创新区"留给我们的难题。

我们的思考与未竟的探索

在接入全球化的过程中,我国已经在初始涉猎的生产环节领域取得了重大进展,涌现出了不少各种各样的"专业镇",可以说已经彻底打通了生产环节这个领域所需要的各种要素集合。即便是在劳动力成本不断上升的背景下,国内很多制造行业也都能不断重新组合生产环节的要素,维持自己的整体竞争力——这种主观上不断重组的能力,正是创新区的内核所在。

这个过程跨度时间长、涉及的人员众多,真正要通晓这个转变过程需要一种全景式的跟踪视角:既需要有专家全面的知识去解决行业所面临的问题,又要有深度记者的全面跟踪调查能力。显然,这不是一项简单的任务。所以,我们也不奇怪很少见到类似的报道(《光变》一书以一个企业的视角总结了其中的曲折,我们希望将来有更多类似专业城镇的报告面市)。

对这种组织能力的归纳、提炼、整理和传播的价值显然被极大地低估了。下一阶段,当需要我们自己来组织和架构产业链条时,这些经验也将是我们重新出发的起点。布鲁斯金学会撰写的创新区有它自己的价值,但它没有言明的、那些在背后支撑创新区的组织网络究竟是如何运行的,才更有价值。而这也是我们写作的初衷。

本书的框架与内容

本书除绪论外共分12章,从创新区的引申谈起,至第十二章的总结。

第一章至第四章,介绍了创新区如何被模块化构建,并以不同组织结构激发出系统的相互作用,涌现创新并进化。

第五章至第八章,参考经济地理学的发展过程,溯源创新区这一复合概念的来源过程;通过对比国内外集群理论及实践,发现集群在西方国家缓慢发展的历程在我国被强烈压缩了。传统集群理论蕴含着生命周期与演化的规律,而驱动集群摆脱生物体必然从兴起走向衰弱的必然命运,再次回复到增长和维持阶段的关键变量在于其是否存在复杂适应系统,驱动集群阶段变迁的决定性因素是知识的多样性与异质性(尤以后者为甚),那么组织创新区几乎就是围绕如何提高集群适度的知识异质性而展开的。

第九章至第十一章,在全球化对生产活动的分离趋势不减的背景(全球化的三次解绑)下,集群被一步步"撕裂",那些最终留在本地聚合在一起的载体将是密不可分的,而同时,结合在一起的它们也能够遥控指导远在他国的其他生产环节。这一点与社会和制度学派的理论似乎一致,我们对城市竞争力的比较与衡量都只是基于表层的可量化指标,而实际上它们的胜负隐藏在治理能力、制度环境甚至文化传统上。当经济要素流动足够充分时,要解释相邻城市发展之路为何分岔,只能从城市运行背后的机理上找原因。城市如何组织自己的专业能力,站在产业链前沿的地区,为了进一步维持和扩大自己的竞争力,如何精心架构起适合自己的经济空间,我们总结了十条有价值的提示。

第一章 创新区概述

创新区的起源

"创新区"这个名词是美国布鲁斯金学会的大都市政策项目组（Brookings Institution's Metropolitan Policy Program）在2014年提出来的。他们当时观察到，在美国本土和欧洲地区，冒出了一些新的城市空间。

这些空间大多数位于城市市中心（Downtown）或次中心（Midtown），里面有一家（或多家）尖端的支柱性科研机构，同时周边围绕着的企业集群、企业孵化器和加速器穿插其中，而且这个区域内经常诞生初创企业。它也并不仅仅由一栋栋的企业大厦拼凑而来，里面还有大量的零售中心、公共休闲空间甚至住宅物业，并且这些建筑并非按照功能严格地区隔开来，而是紧凑地相互散布其中。除此之外，这些空间内交通便利，通信网络也非常流畅——它们和美国传统的研发机构大不一样，后者往往位于市郊（Suburban）、独立封闭，只能车行进入，周边也没有其他服务设施。布鲁斯金学会认为它代表了一种新兴的创新趋势，在2014年的一份报告《创新区的崛起：美国创新地理新版图》[①]中，首次用"创新区"来命名这种空间。

命名很容易，但随之会衍生出一系列相关的问题：创新区内都包含哪些必不可少的参与者（Actors）？应该用什么数量标准来界定它？创新区是一种昙花一现的潮流，还是反映了深刻的时代诉求？它的背后真正的经济驱动力在哪里？符合经济地理学的一般原理吗？创新区是否只是出于产业前沿的欧美发达国家的一种经济现象？中国这些发展中国家有符合它的案例吗？应该怎么检验创新区的经济成效？如果我国要效仿这种创新模式，又应该怎么做……

这些问题的答案有些已经比较明确，有些布鲁斯金学会也仍然在摸索中。但站在2020年回望这个6年前提出的这个空间概念，一方面，它的先验性已经越来越多

---

① Katz B, Wagner J. The Rise of Innovation Districts: A New Geography of Innovation in America[R/OL]. (2014-05-09)[2023-02-22]. https://www.brookings.edu/essay/rise-of-innovation-districts/.

地得到市场和政府的认同：据不完全统计，全球已经被识别的创新区已经超过160个[①]，而且更多的市级政府正利用创新区的结构来组建本地的创新力量；另一方面，创新区的概念已经开始被滥用：不少地方政府为了争取科研优惠政策而吹捧某些区域为创新区，开发商也利用这个潮流来最大限度地抬高地产价格，但这些区域往往并不具备最低标准的初创企业、创新性公司和机构，不足以形成本地创新生态系统。

同时，在创新区实践最为活跃的美国，虽然已经识别出了至少27个典型的创新区，但其创新生态出现了另一个问题：市场过于青睐较为成功的那几个创新区。创新活动越来越集中在较大的几个创新区所在的大都市，波士顿、旧金山、圣何塞、西雅图和圣地亚哥这五个创新区吸纳了全美2005—2017年间全部新增创新的90%[②]，这自然引发了一系列问题。该领域的部分学者甚至建议，联邦政府应该出台相关引导政策，在其他薄弱区域设立示范性创新区，来对抗市场力量因势利导的"自然生长"。

当然，我们也不能忽视远程办公对创新区这种组织模式的冲击。疫情期间，美国在家办公的人口比例高达42%[③]，其中像管理、信息技术、财务金融、地产营销和教育等岗位，纷纷成为远程办公的"重灾区"。而创新区的组织观点认为，这些岗位是难以外包的，相反，是这些高端岗位人员之间频繁地相互"联结"，催生了一轮又一轮的创新成果。我们尚不清楚远程办公对工作岗位的渗透会停留在哪个比例，而企业为适应员工远程办公而重新择址会改变当前创新区在市中心的分布局面吗？创新区内部又该如何调整来适应员工在"面对面和远程办公"两种模式之间切换的工作模式呢？

这些问题我们留待后面讨论，在此之前，我们先要认识清楚，创新区内究竟包含哪些参与者，而它背后的经济原理又是什么。

创新区不是产业集群

创新区是一个复杂的综合体，里面往往有大学或其他教育机构、大企业的研发中心、各类型的企业、初创企业以及孵化器等，共同使用集医疗创新机构、公用自行车和银行投资等于一体的多功能区域，而所有这些都由交通系统连接、由清洁能源驱动、由数字技术联通。里面典型的场景是，人们在这里一边喝着咖啡一边讨论问题。

[①] 数据来自2019年7月发表的跟踪报告《The Evolution of Innovation Districts: The New Geography of Global Innovation》，报告仅罗列了美国、加拿大、拉丁美洲、欧洲和澳大利亚的72个创新区，但被识别出的总量已经超过160个，正等待发布。

[②] 数据来自布鲁斯金学会和美国信息技术与创新基金会（Information Technology and Innovation Foundation），具体见报告《The Case for Growth Centers: How to Spread Tech Innovation Across America》(2019)。

[③] 疫情前这个比例是2%，但该调查报告的撰写人、美国斯坦福大学教授Nicolas Bloom认为，疫情结束后这个比例可能会停留在20%，详细情况见 https://siepr.stanford.edu/research/publications/how-working-home-works-out。

创新区只是一个空间上更紧密、环境更宜人的产业集群（Cluster）吗？不是。我们所谈论的创新区是一个专注在某个领域的企业、机构和个人组成的"松散联盟"。它的主体是一批相互竞争又相互支撑的企业实体，它们之间共享上游的零部件、机器和服务供应商，共同面对下游的销售渠道和客户，同时又共同组建行业标准、形成贸易联盟，甚至和大学等教育机构一起培育专业化人才。在地域上，创新区往往以行政区划为界，有明显的边界，但集群跨越城市（甚至跨越省份）的也不少见。

相比之下，创新区至少在以下四个方面和产业集群存在比较明显的差别。

第一，创新区更多偏向比较前沿或新兴的产业部分，比如信息技术、生物科技（纳米科技、成像技术和体内机器人等）和高度创意设计领域（工业设计、媒体和建筑等），但单个创新区并不会为了提高辨识度而有意为自己塑造一个产业方向，它更强调不同产业内的人员相互交流、在产业交互处激发出新的思想和技术，去开创一个全新的门类。比如，美国圣路易斯CORTEX创新区，虽然是由新迁入的唐纳德·丹佛斯植物科学中心（Donald Danforth Plant Science Center）发展而来，并且逐步引入了几所大学和医疗机构，一度也准备发展成为一个美国生物科技中心（Bioscience Hub）；但后期董事会还是决定将项目从这个专精的领域转向成为所有先进技术和相关服务提供支持的中心（A hub for any advanced technology and associated support services）。这个转变抓住了交叉学科的兴盛趋势，吸引了信息技术、数据分析、先进制造、物流等多个领域的企业前来落址，最终在2010—2018年间CORTEX创新区内的企业数量扩张了10倍，并且生物科技行业人员仅占到区内所有关键行业总岗位数的9%（图1.1、图1.2）[①]。

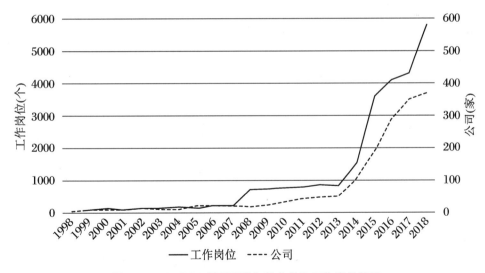

图1.1　CORTEX创新区引入的企业和工作岗位数量

数据来源：TEConomy Partners对CORTEX雇佣数据的统计分析。

---

① https://www.cortexstl.com/about/cortex-impact-report/。

CORTEX 行业/公司类别	当时雇用的员工数量
创新中心及 CORTEX 的运营人员	108
其他非营利部门	1086
软件/IT/媒体开发	948
高等教育	813
管理咨询/其他商业支持类的企业	752
保险、金融和房地产企业	555
生物科学类研发	521
零售、酒店和其他便利设施	448
食品加工处理及研发	328
科学/工程/环境咨询	87
在众创空间内办公的个体企业家	87
政府机构	47
总计	5780

图 1.2　2018 年 CORTEX 创新区内不同行业的岗位数量

数据来源：TEConomy Partners 的统计分析。

第二，虽然各个创新区的占地面积大小不一，并且可能随着发展而扩张或紧缩，但一般来说，在评定某个创新区时，它的大小是确定的。比如上述 CORTEX 创新区面积为 200 英亩（约合 0.81 平方千米），波士顿南部的滨水创新区（Boston's South Waterfront）面积达 4.05 平方千米。而城市的某个产业集群虽然也有一个比较明显的集中区域，但往往缺乏明确的界限，而且集群内的部分企业或机构甚至不在这个区域内。

第三，创新区的成立时间长短不一。考察到的有些创新区具有百年以上的历史继承，如美国麻省的剑桥肯德尔广场创新区（Kendall Square），而有些仅仅成立一年之后，就被发现在组织和功能上符合创新区的构成，如得克萨斯州的医疗中心（Texas Medical Center）。相比之下，一个产业集群要发展出具备市场认可的坚固竞争力，往往需要 10 年甚至更长的时间[①]。

第四，集群的范围仅仅包括产业上下游和周边衍生的企业或机构，但创新区是一个更加复合的概念，除企业外，它还包括这个空间内部大量的服务型基础设施，如零售中心、咖啡馆、户外休闲空间以及供区内员工居住的住宅和公寓。对创新区来说，这些设施并不是无关紧要的，它们是促进不同领域的员工互相交流、激发创意的必不可少的场所。一些产业集群的集中区域内可能也不缺乏这些服务设施，但它们可能

---

① 见迈克尔波特关于集群的论文《Clusters and the New Economics of Competition》(1998)。

只是附加的,设立的目的也并非促进集群内部的活动,而往往是面向周边社区。

我们之所以先详细说明创新区和产业集群之间的各种差异,并不是想说明两者是完全不一样的事物。相反,这其实是因为两者在底层机制上是基本一致的,如果不先指出它们的差异点,反而容易让人迷惑:创新区的建设目标,也是为了改善企业在成本、信息和管理等方面的表现,这些本身就是集群存在的原因,而且集群在促进企业创新上同样有很好的表现,为何要在产业集群之外再生创一个概念?毕竟,产业集群这个学术术语被学术界广泛认同。它内涵丰富、扩展性强,在解释城市竞争力上非常具有说服力。

事实上,创新区的概念被提出来之后,有人就指出它实际上是企业集群(Business District)和城市步行主义(Walkable Urbanism)两个理念在物理上的综合体[①]:前者是一些相互关联的企业和支持机构在地理上的集中,因为共享丰富的劳动力等资源,集体解决问题的能力更强,最终带来更高的生产效率;后者背后的理念是,密集的、具有文化、娱乐和零售设施的混合使用的社区将吸引那些接受过高等教育、具备创新精神和创业能力的知识阶层,并让社区现有居民受益。而两者之间还能高度协同,创造的价值要高于彼此分开之和——如果企业、大学或支柱产业没有集中在一起,无法相互交流思想或整合生产,那么创新的效率要大打折扣;但同时,如果创新发生地的周边缺乏一个宜人的动态环境,那我们恐怕很难吸引和留住这些创新的劳动者。

可以这么理解,创新区是建立在产业集群经济原理的基础上,同时又响应步行城市的时代诉求,最终将两者有机架构起来的一种新型创新模式。它重新设计了城市空间,让员工之间的交流更加频繁、紧密、自然和高效,从而激发更多创新;反过来,创新成果又外溢到周边社区,为中低收入阶层带来更多工作机会,最终得以进一步优化社会环境。

可以说,创新区是通过优化空间结构来进一步提升集群创新效率的有益尝试。这种安排不是投机取巧的简单美化,因为它更偏向前沿和高端产业,招徕的目标人才的空间审美偏好比较鲜明,交际互动的模式也不再是以往垂直、层级和教条式的。因此,创新区对空间的重新设计是完全有必要的。了解了这点,我们就知道,创新区不是框定了范围、被压缩过和美化过的产业集群,也不是产业集群的一个裁剪样本。

另外需要说明的一点是,相比集群,创新区在政策上更有可行性。普遍的观点是,政府对集群的形成是"无能为力"的。首先政府只能加大教育和营商环境等公共品投入力度,但无法挑选赢家去凭空制造一个集群;而当集群被市场发现的时候,它的竞争力就已经存在了,政府这时能做的,就是加强集群优势,并防止集群内部僵化时向政府求援而"绑架"公共政策。

但创新区不一样。它的组成要素虽然侧重点不同,但成分比较清晰,也不会框定

---

① 该观点来自 Andrew Altman,国际著名城市规划师、城市转型和大型城市项目开发领导者,2009—2012 年担任伦敦奥林匹克公园遗产公司的 CEO,负责英国最大的城市再生项目,后加入 MIT 建筑与规划学院。该评语出自《The Metropolitan Revolution: How Cities and Metros Are Fixing Our Broken Politics and Fragile Economy》(2013)。

产业，而且一开始就往往有一个可以操作的具体区域。简单点说，创新区的最大难点，可能在于怎样将那些有意向的企业和机构有机地组合到这个空间中来。推行的难点多半集中在整理周边分散地块的产权、联合利益相关者、变更地块的开发条件等，而主导这些工作往往是政府擅长甚至不可缺位的。现实中由市政府推动的创新区的例子很多，如西雅图前市长格雷格·尼尔克斯（Greg Nickels）曾就运输、道路和能源基础设施问题做出了重要决策，对南湖联合区（South Lake Union）的发展起到了关键作用；当初，波士顿前市长汤姆·梅尼诺（Tom Menino）将波士顿南海滨区（Boston's South Waterfront）选定为创新区，并联合广泛的利益相关者对其进行重新开发；后来，阿尔伯克基（Albuquerque）、奥斯汀（Austin）、查塔努加（Chattanooga）、底特律（Detroit）和匹兹堡（Pittsburgh）等城市为了提升各自的城市实力而建立创新区，也纷纷研究和效仿了汤姆·梅尼诺当初的举措。

第二章 创新区的类型

这是个初看很简单又很常见的问题,但细想之下又让人有些迷惑:虽然布鲁斯金学会迄今为止尚未发布创新区的严格判定准则①,但我们考察某个区域是否为创新区时,必须考虑区内参与者数量、参与者的组织架构、相互之间的互动程度、最终的创新成果、提供的高薪岗位数量等一系列参数,最后我们可以基于某个"标准"判定该区域是一个创新区,或者不是。因此,当我们谈论创新区的类型时,谈论的显然不是该区"创新"的程度。

布鲁斯金学会在2014年正式提出了创新区的概念,并且详细阐述了它由哪些参与者组成、应该怎么运行,并且还在后续研究②中给出了如何建设创新区的相应规范和指导。可以说,布鲁斯金学会对创新区这个新兴事物的研究,是理论结合实践的典范:首先深刻理解经济地理中创新的来源,同时大量观察现实中各种企业和机构的集聚组合的变化趋势,然后检验不同区域的经济表现,再反过来审视这个新的创新经济地理现象出现的原因,最后再从这些原因出发,去指导下一步创新区的组建。可以说,这是一个理论与实践相互参考和检验的过程。

经济地理上的创新,来自城市中各经济参与方通过正式的法律条款和非正式的社会交往方式,组合出一种相互交织的、其他地方难以模仿的专业化力量(这点我们会在后文解析创新区的竞争力时详述)。问题是,布鲁斯金学会是观察到了哪些经济地理现象,从而得到启发,认为"创新区"这种经济组织将会是新时代下城市竞争力的重要来源呢?

起因是布鲁斯金学会在2014年通过自己长期跟踪的大都市观察(Metro Monitor)③数据发现,截至2013年底,也就是2008年金融危机过去5年之后,美国较大的

---

① 因为创新区这个概念过于成功,报告的部分主创人员从布鲁斯金学会脱离出去创办了一家非营利研究机构,即 The Global Institute on Innovation Districts,继续深化全球范围内的创新区研究。下面发表的创新区的后续报告,正是以该机构的名义发表的。

② 2019年 The Global Institute on Innovation Districts 发布了跟踪研究报告《The Evolution of Innovation District: The New Geography of Global Innovation》。

③ 新发布的 Metro Monitor 2020 涵盖了美国人口较多的192个大都市区,其中包括53个超大都市区(very large metro areas,人口超过100万人)、56个大型都市区(large metro areas,人口在50万~100万)和83个中型都市区(midsized metro areas,人口在25万~50万),这些都市区涵盖美国总人口的77%和经济总量的85%。最新的 Metro Monitor 2020 的数据更新到2018年底。

100个大都市区中的61个,其就业人口数量仍未达到金融危机之前的峰值,甚至其中有23个大都市区的就业人口较峰值低5%以上。① 除了就业岗位流失外,这些大都市区内还伴生出工资增长停滞、经济结构调整、市政财政失控和贫困人口增加等经济现象。而为了走出衰退泥淖,这些市政府要么懒惰地采用公共财政去建设刺激消费的工程项目,如大型体育馆、会展中心和演艺厅,最终只能产生少量低质量的就业岗位;要么不切实际地规划"下一个硅谷"之类的虚安目标,最终在虚耗中不了了之。

相比之下,另外39个大都市区是怎么快速走出衰退的呢?观察发现,这些地区从金融危机中最先苏醒的总是那些贸易部门,它们创造了更多创新的产品和服务流程,扩大生产去重启流失的工作岗位。当然,这种迅速的调整,需要政府"预先"着重培养公民在STEM(科学、技术、工程和数学)等方面的技能技术。但最重要的是,这些新涌现出来的贸易岗位都是建立在各地独具特色的资产和优势基础之上的——可以说,正是将这一切有效集合起来的企业和机构,通过贸易部门输出的产品、技术和解决方案,帮助所在城市在全球产业价值链中占据了高端地位,最终促进了本地经济的繁荣。而究竟是哪些企业和机构、在城市的哪个地方、以哪种方式联合起来做到这一切的,就成为人们的兴趣所在。布鲁斯金学会给城市里创生了这种经济现象的区域冠以一个统一的名称——创新区,以方便后续研究。

"支柱+"型

因此,创新区的构成,是指以各种各样的方式组建起来的创新区的总括。布鲁斯金学会当时考察了大量的创新区之后,发现它们可以分为三种类型。一是"支柱+"(Anchor Plus)类型。该类创新区主要分布在中心城市的中心区和次中心区,围绕一个或几个"锚机构"(大学、医院和大型研究机构)展开,周围集聚了相关企业、创业者以及创新商业环境下的衍生机构。这类创新区会从锚机构向外不断蔓延,逐步扩大,产业和功能也会逐渐多样化。这类创新区的典型例子包括美国麻省的剑桥肯德尔广场(Cambridge:Kendall Square,该区域围绕麻省理工学院和麻省总医院等机构爆发式发展而逐步形成,见专栏一)、费城大学城(Philadelphia:University City,该区域锚机构包括宾夕法尼亚大学、德雷克塞尔大学和大学城科学中心等,见专栏二)、圣路易斯(Saint. Louis:CORTEX,这个创新区内有华盛顿大学、圣路易斯大学和巴恩斯-犹太医院等机构,见专栏三)、底特律中心和次中心区(Detroit:Downtown,Midtown,锚机构包括维恩州立大学、亨利·福特卫生系统和快速贷款公司等,见专栏四)、匹兹堡的大奥克兰地区(Pittsburgh Pennsylvania:Pittsburgh Innovation District,包括卡内基梅隆大学和匹兹堡大学医学中心)、亚特兰大市次中心(Atlanta, Georgia:Tech Square ATL,包括佐治亚理工大学等)和休斯敦的得克

---

① 文章见 https://www.brookings.edu/blog/the-avenue/2014/04/07/metropolitan-jobs-recovery-not-yet/。

萨斯医疗中心（Houston，Texas：Texas Medical Center）等。

专栏一　剑桥肯德尔广场创新区

剑桥的肯德尔广场（图2.1）以麻省理工学院（MIT）为依托，通过公交车与哈佛大学、麻省总医院和其他研究和医疗机构相连，是当今标志性的创新区。

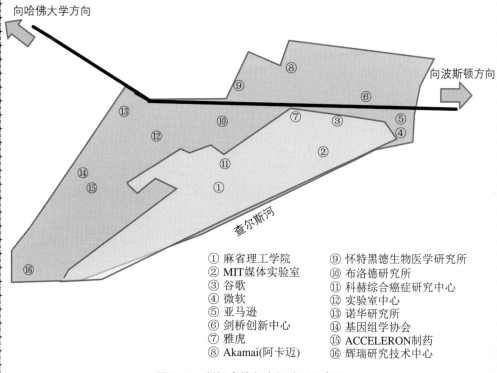

① 麻省理工学院　　⑨ 怀特黑德生物医学研究所
② MIT媒体实验室　　⑩ 布洛德研究所
③ 谷歌　　　　　　⑪ 科赫综合癌症研究中心
④ 微软　　　　　　⑫ 实验室中心
⑤ 亚马逊　　　　　⑬ 诺华研究所
⑥ 剑桥创新中心　　⑭ 基因组学协会
⑦ 雅虎　　　　　　⑮ ACCELERON制药
⑧ Akamai（阿卡迈）⑯ 辉瑞研究技术中心

图2.1　剑桥肯德尔广场地形示意图

自1861年成立以来，麻省理工学院一直强调大学与产业界的合作，以及创意的商业化。从20世纪50年代开始，学校积极部署大学拥有的土地来支持这一目标。在过去的20年里，这一战略帮助催化了一个全国重要的生命科学及制药集群的发展。它还刺激了数百家小公司的发展，并吸引了几家大型技术公司。

剑桥创新中心（CIC）成立于1999年，位于麻省理工学院的一栋大楼内，是大学和私营企业并存并产生良好反应的一个很好的例子。作为一个独立的组织，CIC帮助发展了现代联合办公的概念，同时在其高质量的环境中鼓励企业家和初创企业。CIC的公司已经吸引了数十亿美元的种子资金和后期投资。将肯德尔广场打造成一个充满活力的住宅区，并提供相关的便利设施，是目前剑桥的一个重点。自2005年以来，该地区已经建成了近1000个住房单元以及许多餐馆和零售店。

专栏二　费城大学城创新区

作为宾夕法尼亚大学、德雷克塞尔大学、大学城科学中心和费城儿童医院的所在地,费城大学城正在利用其在教学、研究和医学方面的优势,成为创新和创业的中心(图2.2)。

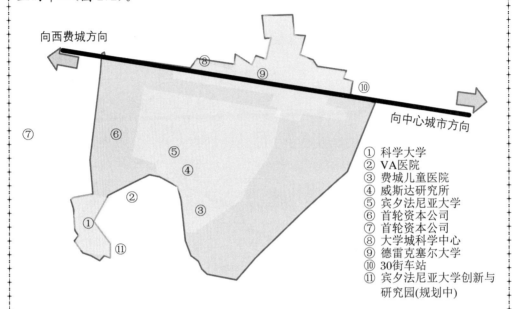

① 科学大学
② VA医院
③ 费城儿童医院
④ 威斯达研究所
⑤ 宾夕法尼亚大学
⑥ 首轮资本公司
⑦ 首轮资本公司
⑧ 大学城科学中心
⑨ 德雷克塞尔大学
⑩ 30街车站
⑪ 宾夕法尼亚大学创新与研究园(规划中)

图2.2　费城大学城地形示意图

大学城科学中心是这一演变背后的推动力。该中心成立于1963年,是美国第一个城市研究园区,如今它包含了宾夕法尼亚州、新泽西州和特拉华州的31个成员机构。宾夕法尼亚大学医学部是UCSC最新的建筑,德雷克塞尔大学在该地区开设了ExCITe中心和科技孵化器(与UCSC合作)。两者都是德雷克塞尔创新街区项目的一部分,该项目一直延伸到第30街车站。总的来说,UCSC 17英亩的校园内有250万平方英尺的办公和实验室空间,并为生命科学、纳米技术、IT和其他领域的新兴和成熟公司提供商业孵化、网络机会和支持服务。

大学城的领导们正积极与附近的居民区接触。他们在德雷克塞尔大学的帮助下赢得了联邦"承诺区"的任务,以振兴该地区北部的曼图亚。宾夕法尼亚大学和德雷克塞尔大学还倡导公共教育。宾夕法尼亚州立大学在附近建立了一所K-8学前班学校并帮助其运营,而德雷克塞尔大学也在进行类似的努力。

专栏三 CORTEX 创新区

CORTEX 创新区（图 2.3）旨在使圣路易斯的核心区成为商业化和创业的平台，"成为工作、娱乐和生活的生动环境"。

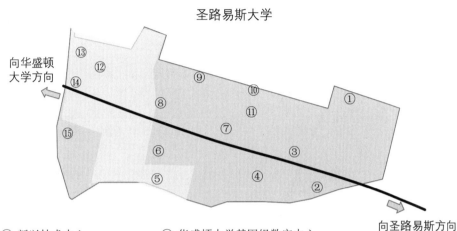

① 新兴技术中心　　　　　　⑨ 华盛顿大学基因组数字中心
② 辅因子基因组学　　　　　⑩ CORTEX 1
③ 未来 CORTEX 地铁站　　　⑪ 圣路易斯创客空间 TECHSHOP
④ BJC 集团医院　　　　　　⑫ 戈德法布护理学院
⑤ SHRINER'S 医院　　　　　⑬ 华盛顿大学医学院校园
⑥ 美国食品药品监督管理局　⑭ 圣路易斯药学院
⑦ 舒莱/杜邦　　　　　　　　⑮ BJC 医疗集团医院校区
⑧ 华盛顿大学基因组研究所

图 2.3　圣路易斯 CORTEX 地形示意图

CORTEX 是由一个主力机构组成的联合体，于 2002 年成立，该联合体汇聚了当地的知名企业和慈善基金结构，并提供了国家税收减免和城市资源。目标是将圣路易斯大学、华盛顿大学医学院和巴恩斯-犹太医院之间的 200 英亩走廊改造成一个充满活力的城市社区、科学研究与企业中心，以该市世界著名的植物和生命科学研究为基础。该战略的几个部分已经初具规模。科创园正积极努力打造创新中心集群，以吸引投资，刺激创业发展。BioGenerator（一种先进的加速器）的成立，帮助填补了当地数十家初创企业面临的资金缺口。

CORTEX West Redevelopment Corporation 是该地区的城市指定总开发商，它还开发了 13.94 万平方米的办公和研究空间、住房、基础设施和零售业用房，利用 5 亿美元的公共、私人和民间资本，迄今创造了 2850 个直接就业机会；预计在 20 亿美元的建设完成后，将有超过 1 万个就业机会。

专栏四 底特律中心和次中心区

在经历了数十年有据可查的经济衰退和人口流失之后,底特律政府打算将该地区指定为创新区(图2.4),以其市中心和中城核心区的资产为基础。

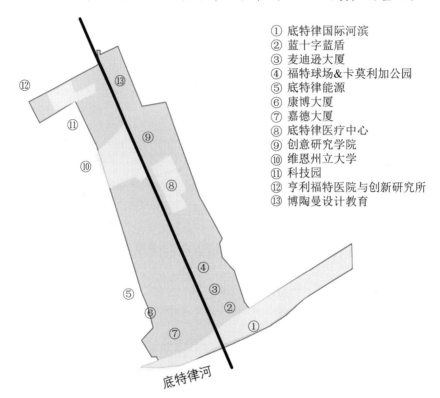

① 底特律国际河滨
② 蓝十字蓝盾
③ 麦迪逊大厦
④ 福特球场&卡莫利加公园
⑤ 底特律能源
⑥ 康博大厦
⑦ 嘉德大厦
⑧ 底特律医疗中心
⑨ 创意研究学院
⑩ 维恩州立大学
⑪ 科技园
⑫ 亨利福特医院与创新研究所
⑬ 博陶曼设计教育

图2.4 底特律中心和次中心区地形示意图

目前该地区的市场势头反映了数十家公共、私营和慈善机构多年来的投资情况。最引人注目的企业搬迁是 Quicken Loans 的总部搬迁,它推动了市中心的复兴,引发了 IT 和其他公司的增长,推动了住房和零售业的扩张。中城核心区的复兴在很大程度上归功于主力店的扩张和恢复城市结构的努力。如今,整个4.3平方英里的创新区域仅占全市土地面积的3.1%,但拥有全市近55%的工作岗位和11%的商业机构。即将建成的M-1街车线路将为这一活动提供服务并促进其发展。

底特律创新区(DID)由底特律市官方指定,得到了州政府的支持,并由主要机构、私营和民间部门的利益相关者管理。该区代表了底特律人口和就业增长的最佳潜力,其方式既能刺激创新,又能为居民和社区带来真正的价值。

城区改造型

第二种是城区改造型（Reimagined Urban Areas）。这类创新区由旧城更新而来，经常位于那些历史悠久的城市的沿海或近海地区。该类片区以前多为码头、仓储区和工业区，城市经济转型之后被逐渐荒弃，但因为这些片区紧邻城市高租金的中心区域，交通便利，而且具有独特的历史记忆，在城市复兴的进程中，不少先进研究机构和支柱型企业纷纷迁址集聚于此。

最早和最为典型的区域改造型创新区是巴塞罗那的22@区——一个将城市中心区内的一个老工业区彻底改造而形成的创新区[①]。后来城区改造型的创新区还包括波士顿南湾（Boston：Innovation District，见专栏五）、西雅图的南湖联盟创新区（Seattle：South Lake Union，见专栏六）和旧金山的米逊湾（San Francisco，California：Mission Bay）等。这些地区都在大规模重建的过程中，重新探索出了自己的创新之路。

专栏五 波士顿南湾创新区

2010年，前波士顿市长汤姆·梅尼诺（Tom Menino）为波士顿创新区（图2.5）勾勒了一个大胆的愿景，他认为：“在城市环境中进行创新的时机从来没有这么好……”

随着"大挖掘"和波士顿港口清理项目的实施，波士顿曾经与世隔绝的海港正在转变为创新和创业的中心。虽然缺乏世界级的研究引擎或成熟的企业集群，但强大的区域优势与良好的基础设施相结合，为发展提供了坚实的基础。自重新开发以来，已有200多家科技、生命科学和其他公司入驻该区，增加了6000多个工作岗位。

一些独特的资产帮助创新区创造了充满活力的合作环境。Mass-Challenge是世界上最大的初创企业加速器，为来自全球各地的初创企业提供共享办公空间和无附加条件的资助。District Hall是世界上第一座公共创新建筑，为创新社区提供市民聚集空间。而63号工厂是"创新"住宅的实验区，既提供私人微型公寓，又提供工作、社交和活动的公共区域。

[①] 该项目在2000年启动，计划改造115个街区，总面积达198.26平方千米，当前仍在改造中。名字"22@"取自原先工业宗地的代码22a，显示了巴塞罗那政府将该地块改造为科技创新之地的巨大决心。

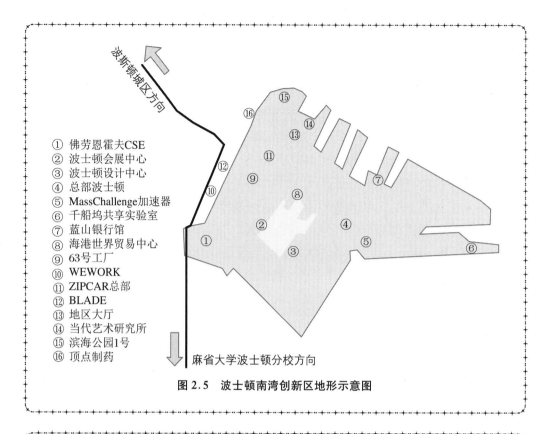

图 2.5　波士顿南湾创新区地形示意图

专栏六　西雅图南湖联盟创新区

快速振兴的南湖联盟(SLU)——从十年前的破败低层仓库区到今天的充满活力,集住宅、交通、全球技术和生命科学公司于一体的综合引擎,是美国较引人注目的城市转型之一(图 2.6)。

这一转型由前微软联合创始人保罗·艾伦(Paul Allen)旗下的火神地产公司(Vulcan Real Estate)带头。在一次批准建设公共公园的公投失败后,Vulcan 开始在该地区集结不良物业。在 2000 年初,Vulcan 说服华盛顿大学将其医学和生物科学校园设在 SLU。华盛顿大学和现有的弗雷德·哈钦森癌症研究中心推动了医疗保健和生命科学公司的发展。20 世纪末,亚马逊决定将其全球总部设在 SLU,这不仅加速了住房和零售业的发展,还加速了创业企业的发展。

南湖联盟的发展以公共、私人的紧密合作为标志,包括关键的公共投资,以及建设交通设施、解决交通拥堵和提高能源以及当地社区和居民的广泛参与。增长是在信任和合作的基础上反复和渐进的。

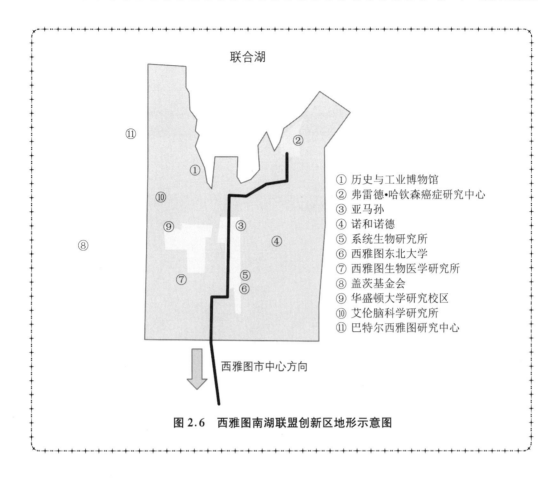

图 2.6 西雅图南湖联盟创新区地形示意图

城市化科学园型

第三种是城市化科学园型（Urbanized Science Park）。这类创新区多位于城市郊区（Suburban）或远郊区（Exurban），与传统市中心相互隔离。这类创新区不缺支柱型研究机构，但功能业态不够丰富，并且内部联结比较松散，因此改造过程中往往需要提高空间密度、注入新的商业活动（如餐厅和专业零售店等）来为集聚区内的企业提供新的创新活动场所。

北卡罗来纳州的三角研究园（Raleich-Durham：Research Triangle Park）应该是这类创新区中最典型的例子（见专栏七）。它建立于1959年，位于北卡罗来纳州的三个城市（罗利、达勒姆和教堂山）之间的三角形区域之内，占地面积超过28平方千米，是美国面积最大的研究园。园区内有北卡罗来纳大学教堂山分校、北卡罗来纳州立大学和杜克大学三所大学，自创立以来就一直是美国重要的创新中心之一。到2007年，园区集聚了130多家研发设施（包括IBM、拜耳、巴斯夫和联想全球总部等）和300多家公司，雇用了5.5万名员工和1万名承包工人。虽然创新成果斐然，但园区管理者还是认为，这种依赖汽车出行的环境在新时代已经难以吸引年轻人才和激励创新了,因此在2012年启动了一项以"创新区"为建设宗旨的总体规划①。

专栏七　三角研究园创新区

认识到20世纪郊区科学园区的模式需要更新,研究三角研究园(RTP)的领导们正在努力使这个占地7000英亩的园区及其周边地区的一部分城市化(图2.7)。

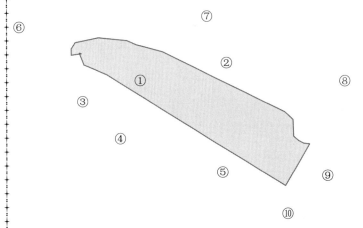

① 历史与工业博物馆
② 三角研究基金会
③ 西格玛XI
④ 进度中心
⑤ 巴斯夫
⑥ 基立福
⑦ RIT国际研究机构
⑧ 先正达
⑨ BD医疗
⑩ 富达投资

图2.7　三角研究园创新区地形示意图

自20世纪60年代末以来,该研究园一直被誉为创新中心。但到了21世纪头10年的中期,RTP的利益相关者开始担心园区的庞大结构和封闭的研究环境会阻碍其长期的成功。为此,RTP基金会在2012年发布了一个新的50年总体规划,对该地区进行物理重塑,目的是既要吸引工人在附近居住,又要留住和吸引那些希望从高密度和开放创新环境带来的"随机碰撞"中获益的企业。"今天的许多知识工作者都期望在一个充满活力的社会环境中,有便利的设施和机会来连接和分享想法。"该计划认为:"RTP的独立校园,大多隐藏在树木后面,并没有反映出这种趋势。"

城市化的建设计划将从园区中心开始。中心地带占地面积近100英亩,将被重新开发,包括高密度的住宅和混合用途建筑。RTP还倡导建立一个新的通勤铁路系统,将公园与罗利市和达勒姆市中心连接起来。

除三角研究园之外,城市化科学园型的创新区还有威斯康星-麦迪逊分校的大学研究院(Madison, Wisconsin: University Research Park)、弗吉尼亚大学在夏洛茨维尔的研究院(University of Virginia Research Park in Charlottesville)和亚利桑那大学在图森的科技园区(University of Arizona Tech Park in Tucson)等。

虽然创新区被分为这三类,但其实大致上是按照它们在城市里的区位特色而来

---

① https://files.rtp.org/wp-content/uploads/2014/08/CONCISE-MASTER-PLAN.pdf.

的。"支柱＋"型、城区改造型和城市化科学园型，基本上由内而外分布在城市的核心区(次中心)、中间地带和郊区(远郊区)(示意图见图2.8)。为什么不直接按地理分布来命名？原因自然是想用名字直接点出各类创新区的特点。后两类创新区显然也有起到支柱作用的锚机构，但第一类创新区仍然用"支柱＋"命名，显然是为了突出创新区的形成过程中这一(些)锚机构的关键作用：正是因为它们的长期存在和稳定对外输出，周边才逐步围拢了一层层的各类企业和创新机构。

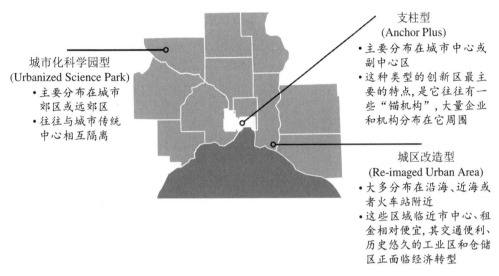

图2.8 三种类型的创新区在城市内外的地理位置分布示意图

同样，城区改造型创新区，自然是为了突出这个片区曾经的产业兴衰历程和当前城市复兴的气象；而城市化科学园型创新区，不仅描述了美国等发达国家在20世纪创新机构的区位和形态，还指出了它们要成为"创新区"的举措。

用特色而非表面的差异来命名，也是为了更好地阐明创新区存在并可行的原因。那些外在显著的差异，比如：面积大小不一，从CORTEX的0.81平方千米到三角研究园的超过28平方千米；主导的创新产业大不一样，有的致力于在高科技或信息技术领域(如应用程序开发)的发展，有的专注于生命科学领域(包括纳米技术、成像技术和人体机器人技术等细分市场)，有的想用新技术在高度创意产业(如工业设计、媒体和建筑)里探寻突破机会；存在历史也有长有短，肯德尔广场创新区的历史超过百年，而得克萨斯医疗中心创新区才刚刚起步；成立和推动者更可以说是"五花八门"，从市政府到开发商，从园区管理者到支柱型机构，从慈善投资者到产业孵化器……位置、面积、产业方向、成立时间以及主导者等，创新区的这些外在特征虽然识别起来非常具有区分度，但并没有用它们来分类，原因是创新区的设定，是要将那些符合新时代技术架构的创新经济主体所在的区域都囊括进来，因此这些差异自然也就是次要的了。

那么，对于这些各种各样的创新区，它们内部的运行机制是如何适应新时代的技术架构需求的呢？我们需要先探索创新区的组织结构。

第三章 创新区的组织结构

虽然创新区在功能和形式上存在明显的差异,但几乎所有的创新区都包含三类资产:经济资产(Economic Assets)、物理资产(Physical Assets)和网络资产(Networking Assets)。这三类资产在协作与冒险文化的催生下,可以生成一个由人、企业和地区相互协同的创新生态系统,更好地激发创意并快速商业化。

其中,经济资产指的是那些支持和推动了创新环境的营造和发展的企业、机构和组织;物理资产指的是所有公共和私人所拥有的建筑、空地、街道以及其他基础设施,它们的设计和规划宗旨是促进新的和高水平的联系、合作和创新;网络资产指的是创新区内参与者之间的联系,如个人、企业和机构之间的相互联系,这些联系可以产生、改善和加快新创意的诞生。

显然,每个创新区的这三类资产所占的比重是不一样的。有些创新区具有强大的经济资产,但缺乏重要的物理资产去提供高水平的联系场所,因而需要全面规划去重新设计实体区域(比如前述三角研究园创新区);有些地方拥有一套完善的物理资产,但经济资产和网络资产比较薄弱(如刚刚完成物理更新的城区改造型创新区)。

需要注意的是,这里所定义的资产都是"传统"意义上的。比如大学这类经济资产,功能限于培养学生、创造知识以及转让技术产权。但我们现在所看到的部分大学,不少已经深度参与到城市经济发展以及对外贸易中了。比如有些研究型大学已经不再只是转让自己研发的技术专利,而是把商业化作为一项重要的发展目标。他们开发大学周边的土地、成立控股子公司、与孵化器和加速器合作,以此加快研发成果的商业产出。这类大学承担了其他经济资产的功能,也是很多创新区形成过程中的主要推动者,但对于我们谈论的作为经济资产的大学,指的是它的传统功能。

最后,这些资产的协作必须"浸泡"在一种鼓励性的、富有冒险精神的文化中,才能持续高效创新。这不仅意味着创新区内的企业要打破传统的垂直等级制度,重视不同类型的人才,还要求传统的研发机构改变自己内聚型的组织结构,鼓励以子公司和衍生公司的形式,去与其他企业更多地共享创意、技术和空间,还需要具有战略性眼光,接纳对人、企业和研发项目的风险投资失败的结果……虽然这些企业管理的内涵和文化无法通过创新区的三类资产描述出来,但它是创新区成功必不可少的基础和温床——简单点说,创新成果并不是将这三类创新资产简单拼凑之后自动获得的,它是各参与方在一种鼓励冒险的文化中相互协作,经历一次次失败之后取得的突破性进展。这三类资产是创新的基本要素,文化是将它们融合在一起的催化剂,有时候这种文化甚至能"弥补和修复"创新要素之间协作上的短缺。比如,创新区要求各参与方在物理上相互接近、保证创意交流和合作,但作为一个巨大的创新活动集聚区的硅谷,实际上是一个典型的低密度郊区。但硅谷开放性的文化,让不同企业的员工能在工作之后集聚在酒吧里互相交流最新的创意和想法,通过建立强大的联系网络来弥补物理上的疏离。

我们用简要的图例(图 3.1)来说明三种资产之间的关系:创新生态系统的建立,总是发生在三者交互的地方,并且要以富于冒险的文化为支撑。

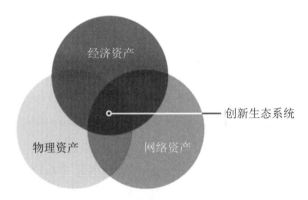

图 3.1 经济资产、物理资产和网络资产有机交互示意图

经 济 资 产

经济资产又可以分为三类,包括创新驱动者、创新培育者和附近的建筑设施。

创新驱动类的经济资产指的是那些专注于开发前沿技术、产品和服务的研究机构、大型企业、中小型企业、初创企业和创业者。各地在不同产业上的实力不同,因此每个创新区的创新驱动者的构成也往往是独一无二的。

最典型的创新驱动者,显然是那些位于产业前沿的企业。可以说,它们甚至是一个区域能被冠以"创新区"名号的主要因素。我们可以接受创新区内的物理设施暂时不够完善、彼此之间的网络连接尚不充分,但无法想象创新区内居然没有企业能生产或提供前沿的产品和服务。这也是为什么像加工厂、原始设备制造商和大型供应商之类的制造企业并不属于创新区的原因。虽然它们可能拥有可观的产出,能提供较多的工作岗位,但因为它们的工种集中在制造加工领域,使用的是不需要再改进的成熟(甚至已经落后)的技术,整个流程已经不需要再向未知的知识领域探索,因此也自然无法承担"驱动创新"的重任了。

创新驱动者的企业大多集中在以研究为导向的高价值行业(如生命科学、材料科学、能源技术以及手机 App 应用开发等)、高度创造性领域(如工业设计、平面设计、媒体、建筑以及融合文化创新和设计服务的相关产业)和那些高度专业化和小批量生产的制造业(如先进纺织品和小型手工艺品等)。

其他的创新驱动者还有大学、创业者和实验室。研究型大学除了直接转让自己研发的技术专利，还能为私营企业的研发提供直接或间接的扶持，那些与大学的研发优势紧密相关的本地企业，往往能提供更多的就业岗位和更高的平均工资。因此引入知名高校的卫星城已经成为政府创建创新区的重要措施。

创业者是另一类典型的驱动创新的经济资产。他们往往是在供职于那些成熟企业时识别了现有商业模式中的不足和缺陷，因此出去创建了新的商品和服务。他们的创新不仅能提高经济效率，甚至能"破坏"原有的商业模式，催生出全新的市场。当然，创业者还是经济中净增岗位的引擎，因此很多创新区都会开辟专门的空间，用来培育创业者和初创企业。

最后，实验室的驱动创新的作用可能被低估了。大型实验室可能会催生出与实验室的研发目标完全无关的衍生企业，而小型实验室可以提供专项服务，降低企业开展专项实验的成本——创新区在培养创业者的同时，也应该将实验室服务列入发展战略中。

创新培育者指的是那些支持个人和企业的创意发展的公司、组织和机构，主要包括孵化器(Incubators)、加速器(Accelerators)、概念验证中心(Proof-of-concept Centers)、技术转让办公室(Tech Transfer Offices)、共享的办公空间(Shared Working Spaces，支持创意落地的场所)以及培养创新驱动型经济发展所需的一系列特定技能的本地高中、职业培训机构和社区学院等。创新培育者的集聚是创新区有别于商业区和科学园的地方，后者要么是已经成熟的大中小型企业，要么只能将原创概念留在实验室里。但培育者深度渗透"从概念到实物"的全过程，每一个阶段都有专门的培育机构来验证产品的可行性。甚至有些创新区还配有专门的法律顾问、专利代理人和风险投资公司，他们反复推敲项目构思、确认项目的市场估值和意义，甚至能在项目原型正式推向市场之前，就帮助创业者完成转手。

现在的创新区领导者都准备筹划一系列的创新培育者，去支持处于不同发展阶段的创业者和初创企业，希望这些企业在成长壮大之后能留在本区。但培育者过多也可能适得其反，会让创业者产生过分依赖性，从而丧失主动性。

附近的建筑设施也是一种经济资产，包括医疗机构、杂货店、餐馆、咖啡馆、小旅店和当地的零售店(书店、服装店和运动用品商店等)，目的是为创新区的居民提供重要服务。

这些设施被认为经济资产而不是物理资产，是因为它们直接参与和促进了创新区的"经济建设"，而不仅仅是作为基础设施而存在。比如，餐厅、咖啡馆和酒吧，这些生活便利设施通过独特的地理布局，吸引年轻人才前来密集社交互动，已经成为新经济场下交流必不可少的一部分。为了让创新区的这些便利设施更加活跃生动，不少城市政府甚至为本地企业提供税收减免等措施，激励他们去翻修街道、振兴社区甚至帮助店家设计富有吸引力的店面昭示牌,从而鼓励创新区的各类人群来闲逛、购物和应酬交际,让这些设施最终成为创意交互的发生场所。

物 理 资 产

物理资产同样可分为三类:公共领域的物理资产、私人领域的物理资产和第三种物理资产。每种物理资产都以自己独特的方式应用于创新区,它们不仅将创新区内各个资产紧密结合在一起,还将创新区与外部更广阔的都市区连接起来,目的是将整个创新区的物理版图转变成一个独特的、富有创造力的实验室。要让创新区成为一个连接通畅、合作无间的城市空间,需要城市规划、设计、景观和建筑等领域的专业人士重新审视我们当下工作和生活的场景。有些创新区可能需要大规模改动,有些需要在实践中进一步探索。

公共领域的物理资产是指面向大众的公共场所,如公园、街道和广场等活动密集的地方。这些地方除了要像经济资产中"附近的建筑设施"一样,努力吸引人们前来集聚活动之外,更重要的是要经过密集的技术改造,成为观察、记录和分析我们生活和行动的实验室。比如,用网络连接覆盖的广场和街道,可以与环境和实体建筑结合,为教育、培训、文化活动和娱乐创造新的场所。用数字化加持公共场所,也是未来智慧城市的基础。

私人领域的物理资产指的是能以创造性的新方式促进创新的私人建筑和空间。比如办公楼中配置的弹性工作空间、实验室空间以及适用于初创企业的较小活动空间。比如微型公寓里较小的私人面积搭配较大的共享空间,如共同的工作空间、娱乐空间和餐饮区等。它们都试图用合理的空间和功能搭配来帮助创新区吸引和留住年轻人才。

第三种物理资产是指创新区与外部更广泛的都市区相互连接而进行的具体投资,目的是规避创新区的"孤岛化"。具体包括连接外部与都市区的公共交通,如波士顿南湾创新区的站点 Courthouse Station,不仅是波士顿交通大贯线银线(Silver Line)的核心,更成为创新区的重要标识之一;得克萨斯医疗中心(Texas Medical Center,TMC)也在休斯敦的轨道交通"红线"(Metro Rail Red Line)内设有专门站点 TMC 换乘中心,将创新区与休斯敦市中心相连。

除对外公共交通外,其他的连接投资还包括人行道和自行车道。塑造这类连接性的物理资产,不仅需要重新审视创新区的空白区域的面积,把那些不适宜停留的大广场调整分化为若干个更小、更适宜步行的街区和人行街道,还要提高园区内的通达性,拆除不必要的栅栏、围墙和其他障碍物,用人行道、自行车道、步行街和热闹的公共空间等连接元素取而代之。

网　络　资　产

　　网络之所以被单列为一类资产，是因为越来越多的研究表明，对创新驱动的经济集群来说，它是一种不可或缺的投入要素。网络的价值与作用可以贯穿创新的全过程：它是新发明所需要的关键信息的重要来源；它鼓励各项创意去开发试验；它加强企业部门内和部门间的信任与合作；它帮助企业去获取自己所缺的资源，进入新的市场……

　　最典型的网络资产出现在硅谷，在那里密集的社交网络是实验精神和企业家精神的重要推动力。不少关于硅谷的传说，都出现在办公室之外的聚会场所里——来自不同公司的人们（常常是竞争对手）常常集聚在这些地方交流思想。比如传奇性的马车轮酒吧（Walker's Wagon Wheel）[1]，是20世纪七八十年代硅谷半导体行业人员经常喝酒聊天的场所。很多来自仙童公司、美国国家半导体公司、DEC、MasPar和其他顶尖公司的员工们在这里建立了自己的关系网络，当时流传的一句笑话是："如果你不知道怎么处理工艺问题，那就去马车轮酒吧找人问问。"[2]加州大学伯克利分校的地理学教授萨克森尼安（Anna Lee Saxenian）通过对硅谷的观察分析道："硅谷的公司之间在激烈竞争的同时，通过非正式交流和合作实践互相学习不断变化的市场和技术。"

　　按照沟通频率、情感强度和承诺回应等因素，网络的强度可以分为强联系和弱联系两种。强联系出现在具有共同工作经历、信用度较高、愿意共享更多详细信息且更倾向于共同解决问题的人或企业之间；弱联系产生于不同的经济集群或背景中，发生在接触频率较少的人或企业之间。

　　对创新区来说，强联系的密集网络是高度创新驱动型环境的最佳条件。但弱联系同样具有重大意义：它能提供渠道、获取新信息甚至产生新的产业资料、新的有用的社会关系以及现有网络之外的商业发展新方向的信息。而且根据人际关系网研究方面的前沿学者马克·格兰诺维特（Mark Granovetter）的研究，频繁的"强联系"获取的往往是同质的信息，反而是那种并不深入的弱联系，能让个体获得通过强联系无法获取到的信息。这对创新来说，甚至是不可缺少的。

　　虽然网络资产的价值正逐步被重视，但培育它并不容易。不少研究都表明，要建立人际关系网非常困难，并且基本不可复制。甚至有研究表明，总公司和自己孵化出来的初创企业之间的联系，也并不如预想的那么紧密，很难察觉它们之间的"知识

---

　　[1]　Walker's Wagon Wheel位于硅谷山景城，在Middlefield大道和Whisman路的拐角处，距离当时的半导体巨头仙童公司仅一尺之遥。酒吧在2003年被拆除，门口的车轮和部分吧台被计算机历史博物馆（Computer History Museum）收藏。

　　[2]　这句话出自当时硅谷资深半导体的从业人士Jeffery Kalb，萨克森尼安教授在自己的专著《区域优势》（《Regional Advantage》）中引用了这句话来描述硅谷当时的从业人员之间的网络联系。

溢出"。硅谷让人羡慕的分享氛围并非凭空而来，它有赖于从业者们早先已经培育出的那种合作的文化基调。

建立强联系的网络资产专注于强化相似领域内部的关系。这类资产包括技术例会、针对特定领域或技术人员的研讨会和培训课程、特定的集群会议、特定的产业会议和每月例会以及为本地企业和创业者所开设的特定产业的博客和公众号等。

建立弱联系的网络资产专注于建立新联系，通常为跨部门资产。这类资产包括交际早餐、创新中心、跨产业集群的编程马拉松、技术集聚创业班，甚至还有精心设计的高层建筑物之间的露天场所。

最后，需要说明的是，将创新区"拆解"为上述三类资产，并进一步细化每类资产的分项，并不是说我们已经穷尽了创新区的最小组成部件。这样解析的原因，是我们只能用我们所拥有的社会和经济的计量器具来衡量它们。这种拆分和解析的行为，可能本身就是对创新区运行模式的一种误判——创新区要兑现自己的创新潜力，需要一种相互支持、愿意承受风险并且深具包容性的文化贯穿在这三类资产中，共同组建一个激励创新的生态系统。显然，我们难以找到合适的标尺去衡量文化这三类特性。

知晓了这点，我们也就明白：创新区不能用"逆向工程"去异地复刻。我们不能指望把各种人才和企业集聚在一个紧凑空间，定期组织他们交流聚会，就能稳定收获创新成果。总的来说，创新区不是房地产项目，也不是政府组织的开发区之类的政策空间。这类项目都有明确的建成目标，能根据目标来细化中间步骤，并能实时审定这些步骤的实施效果。可以说，这些项目从立项到最终成型的路径是清晰的。虽然房地产项目的方案经常变更、开发区的招商对象也经常调整，但这也只是结果的"替换"而已。而且最终入住房地产项目的居民和开发区的企业，所获得的居住空间和优惠政策都是切实可见的。

但创新区不一样。作为一种被观察到的特殊的"区域经济"现象，它并没有一个确切的空间形态，也不是在一个规整尺寸的空间内按一定距离依次填充上相应的企业和机构，更不能保证每一个进入的企业或机构获得预期的所得——比如直接提高自己的"创新力"。

我们当前所讨论的创新区，指的是在面积规模不一的经济区域内，"编排"进入一定数量的三类资产，激发协同效应，提升创新产出。简单地说，这些资产固然重要，但关键在于协同。而这个具有吸引力的公共空间和活动正好是很多经济区域的薄弱环节（资产之间的融合并不如我们想象的那么频繁、宽广和深刻），要改变这个不利的局面，各个创新区往往只能因势利导去开辟出一个个这样的节点：它有时是一个常设的创新活动中心，有时是一个开阔的户外活动场地，有时是一个狭窄的走廊，有时甚至是一片屋顶。

虽然创新区的面积规模能差好几十倍，但具体到一个个交互的节点上，经济、物理和网络这三类资产应该在密集空间上如何分布，图3.2是一个示例。

图3.2 这个节点的大小相当于一个完整的街区
图中①~③为物理资产,④~⑥为经济资产,⑦为网络资产

图3.2所示的①~③代表节点中那些典型的"物理资产"。其中,①泛指节点内可用来步行的街道网络,它能加强创新区内人和企业之间的联系,是创新区经常被忽视的支柱。②代表节点内可用于举办活动的公共空间,它的设计和管理尤为重要,目的在于促进互动、学习和人际网络的生成。③代指节点内临街建筑底层的那些咖啡厅之类的小店,环境舒适温馨并提供无线网络,方便小范围的集聚会谈。

④~⑥代指节点内各种各样的"经济资产",它们往往是创新的直接载体。其中,④泛指创新区内的各种规模的企业和机构,包括初创企业以及孵化机构;⑤代指那些大型公司的研发机构以及集中的各种科研设备,将协助创新区内的其他企业共同进行创新研发;⑥指那些技术转让机构,它们主要负责推动研发技术的商业化,环绕在创业者和企业周边(而不是藏在校园里蹲守实验室的专利)。

⑦泛指在公共和私人空间内举办的有利于创新的活动,主要目的是促进创新区

内的人和企业之间形成固定的和非固定的关系网络。

显然,现实中我们看到的创新区往往要比图3.2所示的这个节点庞大得多,在功能上也更复杂(比如,现在很多成熟的创新区内除了完备的商业设施外,还包含很多面积不等的公寓以及托儿所、洗衣店之类的生活服务设施)。图3.2展示的节点,可以说是构成一个合格创新区的最小必要规模(Critical Mass)。对很多有意发展创新区的城市来说,稳健而明智的策略,是先在本地"开发"出一个类似的节点,再随着时间推移而逐步向外扩展。这能确保创新区在发展的动态过程中,能在每个时点上维持节点内企业的分布密度、相互靠近以及环境的便利性。

值得一提的是,创新区的概念在2014年被创造出来后很快被接受和借鉴。但有些政府为了追求经济发展的新潮流,有些开发商为了推高房地产价格,也纷纷把某些区域吹捧为创新区——这些区域往往仅有几栋零散分布的办公楼,不仅在空间不够临近和集中,内部甚至不具备最低标准的创新型公司、初创企业和研发机构,最终导致创新区这个概念被滥用。

这固然是因为布鲁斯金学会尚未开发出一个针对创新区的公允评判标准,但最终也可能像"集群"一样,虽然学术界和产业界已经内化了这个概念,但迄今也没有开发出一个数据化的判定标准去认证某地的某个产业是否足以成为一个"集群"(当然可能也没有必要,我们会在后文详述这点)。因此,对待创新区的正确态度,是摆脱注定充满争议的认证,去深刻理解它作为一个学术和产业概念,被提出来的经济内涵和社会背景:这个被归纳总结出来的区域经济的载体是否只是2008年金融危机之后的临时现象?它能被纳入经济全球化之后各国城市变迁之路的解释体系之中吗?这个概念自提出以来,它进一步发展深化的效果如何,其发展的效益是否已经逾越了社会和经济所能容纳的边界,从而需要被规制和调整?

这需要溯源创新区形成的根本原因,去探索它成立背后的综合因素:技术和产业发展趋势、城市和工作空间的变化格局、人口结构的偏好调整……是怎么支撑了创新区的"涌现"?

第四章　创新区涌现的背景

创新区不是突变而来的,它的构成元素和所呈现的特征,也早已被业内人士以其他视角观察到了。比如创新阶层(Creative Class)的发明者理查德·佛罗里达(Richard Florida)不仅观察到这个阶层喜欢集聚在那些交通便捷、适宜步行的城市中心或城郊,而且也发现风险资本在美国地理上的分布也同样如此:"高科技发展、初创活动、风险投资近来已经开始转移至城市中心,以及邻近中心城区交通便捷、适宜步行的城郊区"[①]。麻省理工学院的城市研究与规划系的一个研究小组回溯自己学校附近的肯德尔广场的发展历程,发现这个由私人开发商森林城市(The Forest City Development Company)委托开发的区域,最终的活力与繁荣是因为它摒弃了传统上单纯的办公园区的功能架构,除此之外灵活地接纳研发、住宅、零售、酒店及公园等设施,最终这种混合用途的开发反而吸引了生命科学、应用科学以及其他创意产业在此集聚。这个研究小组在继续追踪全球其他分散的集群案例之后,认为它们是"新世纪城市开发区"(New Century City Developments)的典范:"在跨组织和跨产业合作、开放的研发系统以及具备网络经济和知识经济所需的能力和技术的工人的推动下而发展起来。"[②]

多种类似的观察让人意识到,一种代表经济发展新潮流的趋势正在形成中。除了用创新区这个多维度、跨地域的新概念来整合之外,更重要的是,要探究它形成背后的经济和人口因由。主要的背景因素包括以下三个方面。

创新要求更高的临近性

对成熟经济体来说(尤其是美国),经济的驱动力越来越依赖于知识和创新。而

[①] Florida R. Startup City: The Urban Shift in Venture Capital and High Technology[R/OL]. (2014-03-31)[2022-03-02]. http://martinprosperity.org/media/Startup%20City.pdf.

[②] Joroff M, Frenchman D, et al. New Century City Developments: Creating Extraordinary Value[R/OL]. (2015-09-15)[2023-03-01]. http://web.mit.edu/newcenturycity/new-century-city-developments.pdf.

如果简单地用专利来计量创新的话①,不难发现,美国的创新非常依赖高科技行业,这些行业的员工至少有14.5%从事STEM(科学、技术、工程和管理,这类职业广泛存在于各类领域,包括医药和药品生产、航空航天产品、半导体元器件、医疗器械以及软件开发和数据处理等高端服务②)岗位。如图4.1所示,美国食品和纺织行业仅有2%的员工属于STEM领域,而在通信设备行业,这个比例超过40%;同时与此相对的是,美国食品和纺织行业每千人获得的专利数量为0～2件,而通信设备行业的对应数字超过135——由于商业机密和其他机制等因素,有些行业可能并不热衷于申请专利(如图4.1中的医疗医药和航空航天电子),但总体来说,行业STEM员工比例和千人获得的专利数存在明显的正向关系。这个现象不仅在跨行业中存在,在行业内部也同样如此:有研究显示,在1975—2007年,美国计算机和电子行业千人获得的专利也随STEM员工比例增加而有所增加。

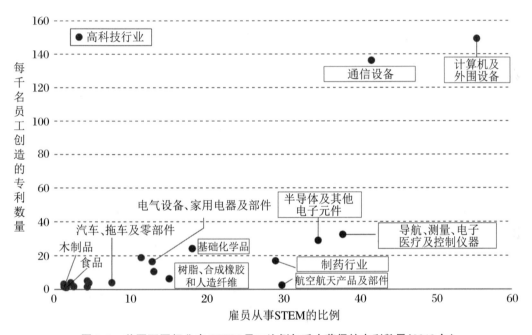

图4.1 美国不同行业中STEM员工比例与千人获得的专利数量(2012年)

数据说明:该图来自Brookings与The Hamilton Project联合发布的报告《Eleven Facts about Innovation and Patents》(2017)。图中相关数据来源及High-tech Industries的定义见附录中的说明。

---

① 创新和专利的关系比较复杂。专利数据为测量创新提供了一个有效工具,两者之间具有密切的理论联系:专利可以说是创新过程的一个特定阶段,加之丰富可获取的专利数据和稳定的专利制度,这些共同促成了专利数据在创新研究中的广泛应用。但是两者并不能完全替代,用专利数据测量创新存在一定的误差。详细见张亚峰等的论文《专利是一个好的创新测量指标吗?》(2018)。
② STEM的具体分类和统计见 https://www.bls.gov/spotlight/2017/science-technology-engineering-and-mathematics-stem-occupations-past-present-and-future/home.htm。

2019年美国直接的STEM岗位占到所有工作数量的6.5%①，但如果把那些需要STEM教育和知识的岗位计算进来，早在2011年美国岗位中就有20%与STEM相关。② 可以说，美国经济的创新越来越需要各行业中STEM岗位来支撑，并且这个趋势在将来会越发明显。③

同时，随着行业越来越复杂，越来越多的创新将发生在STEM岗位交界的地方。比如，在生物科技领域需要融合生物和数字两种技术去寻求商业化突破；航空电子在航空航天技术与电子产业的交互之处升腾而起，从飞机的附庸变成全面掌控飞机运行的平台；Google仍在研发测试中的自动驾驶汽车直接来源于四方：成立于2009年专门负责自动驾驶的人工智能运算平台Waymo、计算芯片企业Intel、传统汽车制造商菲亚特·克莱斯勒以及交通初创公司Lyft；量子计算机被用来帮助制药公司分析比较大分子的特性，减少实验步骤，加速新药研发；医疗保险公司与穿戴设备企业合作，面向个人推出更为精准和便宜的保险业务……被融合的产业，在交界处开出了以往想象不到的花朵。

如果再考虑新技术对媒体、广告、时尚和金融这些以"信息的传播和传输"为主要特点的传统产业的改造，产业的这些变迁要求它的从业人员之间能够保持比较顺畅的沟通，这就对彼此之间的邻近性提出了要求。简单来说，在那些高价值、知识密集型的行业中，全社会更需要强调"知识溢出"，虽然信息传播的边际成本已经接近为零，但发起传播这个活动本身却需要彼此之间足够接近——如果离得太远看不到彼此，也往往想不到要去和对方分享。④

多近才算足够近？不同工种的"溢出"距离可能还不一样。有一项研究表明，美国东北部经济走廊的研发实验室之间的集聚效应要远远强过制造业，而且研发活动的有效集聚距离比我们想象的要短得多，仅有400米：超过这个距离之后，知识溢出的效应会快速下降。⑤

城市化本身最大的特点就是提高了人和物在地理上的邻近性，而创新区是在一个小的区域内对邻近性的目标对象和实际效果提出了具体要求，目的是促进大公司、小分包商、供应商以及（最为重要的）人才的内部和彼此之间的扁平化关系的发展。

---

① 美国2019年STEM岗位数为995.51万人，预计至2029年将增加79.78万人，届时STEM占全部工作岗位的比例预计将增长0.3个百分点。

② Rothwell J. The Hidden STEM Economy[R/OL]. (2016-06-03) [2023-02-21]. https://www.brookings.edu/wp-content/uploads/2016/06/TheHiddenSTEMEconomy610.pdf.

③ 一份最近的报告表示，如果以宽口径来衡量，当前STEM对美国经济的"支撑"力度已经高达67%（AAAS, et al. STEM Workforce Report: An Inclusive Analysis of the Jobs, GDP and Output Powered by Science and Engineering[R/OL]. (2020-01-29) [2023-02-26]. https://hookedonscience.org/aaasstemworkforcereportfinal-200129180419.pdf.）

④ "Otherwise, it's really out of sight, out of mind."哈佛医学院的一项研究表明，仅仅是在同一栋大楼工作，对促进科学突破也非常重要。详见《Close Proximity Leads to Better Science》。

⑤ Carlino G A, Hunt R M, Carr J, et al. The Agglomeration of R&D Labs[R/OL]. (2012-09-19) [2023-02-23]. https://papers.ssrn.com/sol3/papers.cfm?abstract_id=2149008.

事实已经证明,这种高密度的关系对当代新技术的创新发展至关重要。

创新活动要求更高的空间开放度

2003 年哈佛商学院助理教授亨利·切萨布鲁夫(Henry W. Chesbrough)提出了"开放性创新"(Open Innovation)的概念。[①] 相比传统的封闭式创新需要单个企业独自完成创意、开发、制造、分销、营销和服务,开放式创新打破了企业和周围环境之间泾渭分明的界限:企业可以引入外部资源进行创意设计,并在企业内部将其商业化,同时也可以将企业内部的资源开放给外部初创企业和创业者进行商业化(图4.2)。

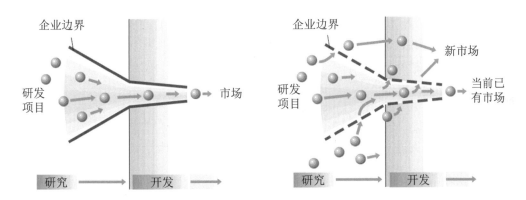

图 4.2 切萨布鲁夫认为,封闭式创新主导了 20 世纪的大部分工业企业(左);但在 21 世纪,企业与外部环境之间是开放的,创意可以在两者间更自由地流动(右)

这种转变主要是因为美国从事研发的小型企业的兴起,改变了研发事务基本上被传统的高校、大公司和研究实验室所垄断的局面。1980 年颁布的《杜拜法案》(《Bayh-Dole Act》)允许大学和个体研究者拥有联邦政府资助的研究的知识产权,大公司持续多年的裁员也让拥有前沿知识的群体得以"脱身",这两类群体配合风险资本的快速崛起,让中小企业成为美国创新生态中越来越不可忽视的力量:相比大公司,他们的研发强度更高、研发的项目更新颖,更具探索性也更激进,并且最终的研发绩效也更高[②]。

开放式创新改变了创新生态系统中各方所扮演的角色。大企业内的研发活动之前需要依靠部门之间的指令、调度和分配来传达执行,现在往往需要和初创公司、合作伙伴、风险资本、客户甚至竞争对手来协商。尤其是在生物技术、半导体和化学制品等科技含量很高的领域,没有任何一家企业能够掌握不同研发路径所需要的全部

[①] Chesbrough H W. The Era of Open Innovation[J]. MIT Sloan Management Review, 2003, 44(3): 35-41.
[②] Akcigit U, Kerr W R. Growth through Heterogeneous Innovations[J]. Journal of Political Economy, 2018, 126(4):1374-1443.

知识,合作已经不是一种选项,而是知识经济格局下的必然选择。

强烈的合作需求自然会让这些企业重新考虑择址。比如大型制药企业,传统上因为需要把知识产权保护放在首位,所以多选择在清净的郊区建厂。但随着研发成本的飙升和研发成果转换的减慢,这些制药企业越来越希望把研发"外包"给研究型大学和附近的生物技术公司,来降低前端投入和产出风险。因此早在2002年,瑞士制药巨头诺华就把全球研发总部搬迁到了世界生物技术中心的波士顿,后来像美国健赞(Genzyme)、辉瑞、强生、默克和罗氏等制药大厂也纷纷在波士顿设立(研发)总部或创新中心。

经过长期权衡之后,GE也在2016年决定把全球企业总部从康涅狄格州的费尔菲尔德市搬迁到波士顿。当时的总裁伊梅尔特在同年9月大西洋杂志举办的华盛顿思想论坛(The Atlantic's Washington Ideas Forum)上接受记者Walter Isaacson采访时,道出了公司在40个候选城市中为何最终还是跟随同行选择了波士顿,"老实点说,对一家大公司来说,当你突然进入到一个生态系统中时,那种感觉让你觉得有点后怕"(具体见专栏八)。

专栏八　为什么GE决定把总部从费尔菲尔德市搬迁到波士顿?

以下对话来自2016年9月28日大西洋杂志举办的华盛顿思想论坛(具体视频地址为:https://youtu.be/4FHAQotpaxQ)。

伊梅尔特:你知道的,对GE公司来说,我们一直想搬到这样一个城市。就是当你结束一天的工作之后,你还期待前面还有很多个这样普通的一天,激励你起床,让自己成为学术环境的一部分。我认为能进入这样的城市是很重要的。

伊萨克森:就是像创意阶层之类喜欢待的地方,大西洋杂志已经写了很多文章,过去20年他们的转变真是让人惊叹。

伊梅尔特:我得说这是真的。一开始的时候我觉得这有点扯,但不太确定。那会我还在康涅狄格州,我从办公室窗户看出去,外面景色很美,简直让人惊叹,真是很棒的办公环境,但除此之外呢?什么都没有了,我看不到还有别的任何东西在动,除了远处高架上的汽车。

我在波士顿已经待了6个星期,只要你走出门,就已经处在一个经济的生态系统中了。老实说,这对一个大企业来说是会有点让你后怕的。因为你就是由你接触的那些思想所塑造的嘛。当你一直这么做事的时候你就会越来越偏执(Paranoid),当然这也是个好事,所以我想说的是……

伊萨克森:只有偏执狂才能生存?

伊梅尔特:不,我只是说这是件好事。当你在一家大公司的时候,这种偏执可能因为被环境同化而难以察觉。所以更重要的是,你要永远去接触下一个观点,尤其是那种能颠覆行业的观点。我现在有点相信,那就是未来的浪潮了。

企业应该怎样适应开放性创新系统？架构上的调整是必不可少的。以开放性创新的典型——好莱坞电影体制为例，几十年来，它通过制作工作室、导演、人才机构、演员、编剧、独立制片人和专业分包商（如特效供应商）之间的合作和联盟网络进行创新。电影行业的劳动力的流动性因此堪称传奇：每个服务员都是崭露头角的演员，每个停车服务员都有一个他正在创作的剧本……工作空间也基本被彻底颠覆：除了对外昭示的事务性办公场所，一切行业内的合作空间甚至都是临时的。

其他行业办公空间的设计也逐渐转向开放、灵活和易于变化为主，典型的如谷歌和脸书这类企业已经不再设置专门的办公工位，而是大量采用可再开发式建筑：开放式的楼面布局易于重新配置，便于为新团队和项目创建高密度的合作空间。

简而言之，开放式创新的影响是全面并层层递推而来的：延伸至新产业、改变办公空间的设计、重塑建筑之间的关系。创新区的规划设计自然也在响应开放式创新。与企业间的开放式创新类似，创新区内创新的传统界限正被打破，这使得公共和私人领域之间的创新过程更为互渗。例如，在网络连接的公共空间内集思广益，创意得以产生，这些创意在共享的工作空间内得到改进，在私营技术实验室内得到样品，在公共街道上得到检验。

新一代年轻人的变化

人口即命运。对国家、城市和创新区来说，都是如此：是否能够吸引一代又一代优秀的年轻人才，基本上决定了一片地区未来20年的发展前景。创新区也要努力调整自己的内外环境去吸引创新劳动力的核心力量，去回应他们对工作和生活环境的诉求：这些人是否已婚已育，和谁居住在一起，有多想购置自己的住房，更乐意将钱花在哪些方面……

将核心创新劳动力定格在23～38岁的青年，在美国，这个群体过去半个世纪最大的变化，是已婚已育的比例，从1968年的接近70%大幅下降至29%——在郊区买房定居并结婚组建家庭生育子女。这类传统上的主流生活已经难以再引领绝大多数年轻人。更多人选择了另外一种生活方式，要么放弃婚姻独自养育子女（同期比例从5%增加到12%）、继续保持单身独居（从3%增加至10%），或者与兄弟姐妹和朋友一起居住（从5%增加到21%），甚至不离家继续与父母生活在一起（从10%增加到17%）（图4.3）。

70%的年轻人"放弃"传统的婚育生活，他们的消费结构和定居地点自然也随之而变。最突出的一点是，年轻人纷纷放弃了购房而选择到市中心定居（当然，也可能是年轻人无力买房，所以不得已延迟婚育）。这波浪潮逆转了美国中心城区长期以来的衰落进程，从1990年开始市中心开始逐步复兴，尤其是百万人口以上的超大都市。在图4.4统计的美国较大的100个大都市中，其中53个人口超过100万，47个人口在 50 万～100 万。20 世纪 80 至 90 年代美国整体人口增长 12.7%,但这些大都市市中心总计还减少了 1.7% 的居民;但在接下来十年里,市中心开始增加自己的人口;这种回流趋势在 2000 年之后继续得到增强:百万人口大都市市中心人口增速甚至超过了全县和大都市区整体人口增速。

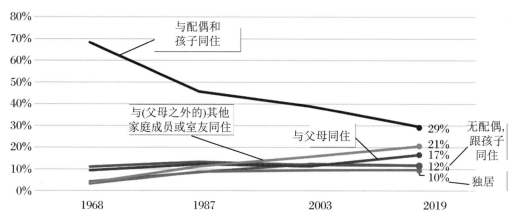

图 4.3　美国 23～38 岁年轻人的"家庭"构成变化(1968—2019 年)

数据来源:Brookings 根据美国国家统计局数据整理而得。

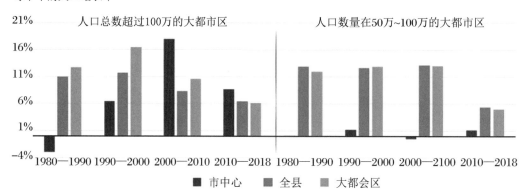

图 4.4　美国过去 4 个 10 年两类大都市区的人口增速变化图(1980—2018 年)

数据来源:Brookings 依据美国十年一次的人口普查数据和美国社区人口调查的统计分析而得。

年轻人,尤其是尚未婚育的年轻人,往市中心集聚,是因为"压缩"了住房开支后,他们需要将更多的钱花在娱乐、社交、医疗和休养等活动上。对这些晚育的年轻人来说,当前的生活品质越来越意味着靠近餐厅、零售店、文化和社交场所,而这些往往只有城市市中心才能集中提供。

但 COVID-19 会改变这种趋势吗?遏制流行病毒的隔离政策已经重创了市中心的各种商业活动,纽约出现了大量空置的办公楼、零售店、餐厅、娱乐和表演场所。但如果我们考虑到城市从传染病的侵袭中一次次重生的历史,就不会认为这次疫情会终结城市:只要我们仍然需要频繁地面对面交流思想,城市就不会消失,集聚了各类基础设施的市中心就总能调整自己的功能去适应新的需求。

总的来说,存在以下三种转变:知识经济的融合、创新生态系统的更加开放和人口结构的不断变化。它们刺激着对密集度、邻近度、合作性和适于步行的新需求,同时也在改写着创新地理的版图。在共同努力下,创新区的兴起极有可能为其所在城市和地区以及生活和工作在那里的人们带来许多便利。

第五章　创新区的经济学解释

创新区是布鲁斯金学会针对美国当前的经济发展状况提出来的一个区域经济概念，并进一步被适配到全球各个城市中去。但这总体来说是一个"发现"的过程：布鲁斯金学会要先从美国多个已经被认定的创新区中提炼出它的核心组成要素，然后在考察国外城市的区域经济时，看它们组织经济发展和创新的方式是否符合基本的设定（具体认定的方式方法，迄今仍在完善中）。

但这也只是说明了创新区可能是一种符合新时代经济发展的组织方式，既没有解释它为何会出现在现在的位置而没有出现在初始条件类似的邻近城市，又不能指导各个城市根据自己的经济条件去"组建"出自己特有的创新区（布鲁斯金学会发布一些简单的指导意见，但它不相信城市能直接组建出自己想要的创新区，我们会在后文谈及这点）。简单地说，创新区虽然新颖，但我们对它还处于"知其然而不知其所以然"的阶段，更不要说融会贯通去指导相关政策文件的发布和实施了。

这样，创新区似乎面临着和企业集群理论当初类似的境况。这两个概念的目的都是建立一套解释城市竞争力来源的理论体系，并依此反过来指导和组织城市的产业活动。但集群理论的核心概念由马歇尔在一个世纪前首次提出[①]，进而不断发展优化并在1990年前后由迈克尔·波特发扬光大[②]，但最后在全球化大分工的产业变迁背景下逐渐式微，尝试去寻求更丰富的解释空间。虽然我们已经在开篇从产业指向的集中程度、面积规模、存在的时间以及空间业态四个方面阐述了创新区并不是集群，但事实上两者的共同之处还是要比这些差异要多：内核上都是为了解释城市（或区域）的竞争力，理论上都脱胎于新经济地理学，最后的政策指导也基本流于新自由主义的教条——"认识市场但让市场主导，不要试图凭空创造集群和创新区"。夸张点说，两者的差异甚至只是同一套内核下的不同表征。集群更适于解释发达国家之间的商品贸易经济，而创新区是要在全球化时代努力开拓未有的产品和服务。但两者都是在所处的经济背景下在可及的范围内寻求生产要素的最优组合，从而突出城市的专业化水平，最终达到提升城市竞争力的目的。

---

① Marshall A. Principles of Economics[M]. London: Macmillan, 1890.
② Porter M E. The Competitive Advantage of Nations[M]. New York: Free Press, 1990.

当然，相比集群，创新区还是创造性地新增了一个建筑业态的维度。但那也只是将心理学的决定因素纳入决策，并没有改变理论框架的支撑结构。其他学科的发展，能让我们科学地认识更多来自底层的、决定经济发展的微观因素。这是创新区相对集群的一个小的突破点，也是集群理论在新的经济背景下需要更新的原因。但在此之前，我们需要先明白它的来源。

企业集群理论（Industry Cluster Theory）简称为企业集群，但如果现在我们看到商业集群（Business Cluster）、竞争集群（Competitive Cluster）或者波特集群（Porterian Cluster），甚至进一步简化的"集群"二字，它们想要表达的意思可能相差无几。词条的模糊，是因为集群这个概念过于成功。由于被广泛使用，尤其是被纳入城市经济规划和企业战略管理之后，集群原初的定义在新的使用场景中被不断赋予新的内涵，现在已经很难用一两句分析性的词句去精确定义它了。现在要对集群下一个定义，能够被大多数群体认同、不产生明显的分歧，就只能是基于概念的描述了。

面对集群概念的这种复杂性，我们需要回溯那些经济思想流派对它的不同诠释以及应用它来指导区域经济发展之后的实践反馈，才能厘清它的演化路径、理解它当前面临的困境。

新古典主义经济学

现在学术界普遍认为，集群的核心概念是由新古典经济学派（The Neoclassical Economic Tradition）的代表人物阿尔弗雷德·马歇尔（Alfred Marshall）首次提出来的。这个流派很自然地也主导了集群的概念演化，包括城市学家简·雅各布斯（Jane Jacobs）等人后来在马歇尔的论述基础上继续深化它的内涵，并最终在新经济地理学这个分支上用数学完成了对集群的完备解释。即使如此，这个理论也只能说明"集群为什么会存在"，但仍然难以回答"集群为什么会在这里出现"的问题，更不能指导城市去建立集群。

1. 阿尔弗雷德·马歇尔

马歇尔在1890年首次出版的《经济学原理》一书中，考察了当时英格兰工业区内企业集聚的现象。他认为有三个原因，让这些在位置上彼此依靠的企业拥有比各自分开时更高的生产效率，即整体大于部分之和。这就是马歇尔三位一体（The Marshallian Trinity）：劳动力市场集中（Labor Market Pooling）、供应商专业化（Supplier Specialization）以及知识溢出效应（Knowledge Spillovers）。

马歇尔观察到，同一行业的企业集中在一起，可以吸引甚至发育出一个强大的劳动力市场。工人们发现，在拥有很多潜在雇主的地方工作，不仅可以大幅降低被公司裁员或因公司倒闭而失业的风险，而且晋升的机会也更多，对那些高度专业化的工种来说，尤其如此，在只有单一雇主的地方，他们承受着被解雇的"流浪"风险，集群内潜藏着他们需要的安全感。

马歇尔还发现,大量工业企业集中在一起,为供应商提供了一个良好市场所需要的规模。供应商们能够专注于为这些企业生产过程中的某一小部分提供专门的机械,虽然这些机器非常昂贵、折损成本高,但因为客户企业的数量足够多,单一企业能够平摊这些专业的供应成本。同时,供应商的这些专业化知识和服务,反过来又增强了企业的生产优势。

最后,马歇尔还感悟到,这些工业企业集聚在一起时,知识"就像在空气中一样",总是很容易地从一家转移到另一家。机械、工艺和行业组织的发明和改进,其优点会在整个工业区内的企业间得到广泛讨论,并很快会被大家采纳,或者结合自己的想法,成为下一步新想法的源泉。工业企业集聚在一起,通过知识外溢共同进化,显然要比单一企业独守行业奥秘要好得多。

2. 区域科学

在马歇尔开创性工作之后的半个世纪里,经济学界都很少关注空间问题。直到1950年美国经济学家沃尔特·艾萨德(Walter Isard)在前人的基础上,正式提出了一个跨越经济学、城市规划、政治学、社会学和地理学的学科:区域科学(Regional Science)[①]。

这个学科完善了马歇尔的观点,认同企业会从邻近的企业中受益,并把外部效应从工业园区扩张到了外部区域。但外部效应的来源究竟是本地经济(Locational Economy),还是都市经济(Urbanization Economy),学术界并没有达成共识。前者指的是企业会从接近同一行业的企业中获益,后者是指企业能从邻近都市区内其他行业的企业中获益。当然,从行业丰富程度来说,本地和都市是两个相对的区域概念。拉斯维加斯是一个大都市区,但它的产业多样性要比很多小得多的城市更为单调。

区域科学把集群的外生性扩张到区域经济中,但给政策部门出了新的难题:当政府规划和招商部门的资源有限时,城市产业究竟是应该走专业化还是多样化的路线?应该选择深耕专业筑起高墙抵御外部竞争,还是着重优化创业环境让各类企业都能落地生根?对这种辩论直到现在还莫衷一是。

区域科学重启了经济学对空间的思考,但它只是一个折中的应用领域,虽然也有许多有用的分析工具,但在理论上缺乏全面的突破。1960年之后,学术界对该领域的兴趣也逐渐减弱。

3. 简·雅各布斯

在上述争论中,简·雅各布斯强烈赞同后者,她认为城市是经济增长的决定性因素。[②] 不仅如此,她还进一步扩大了都市经济的概念,认为城市不仅应该追求产业的多样性,而且还应该接纳人与思想以及其他类型的多样化。

---

① Walter Isard 在 1956—1960 年发表了三本关于区域科学的著述,最重要的是 1956 年发表的《Location and Space-Economy: A General Theory Relating to Industrial Location, Market Areas, Land Use, Trade, and Urban Structure》(Technology Press of Massachusetts Institute of Technology, 1956)。

② Jacobs J. The Economy of Cities[M]. London: Penguin Books, 1969.

雅各布斯以历史上那些贸易城市为例，说明正是人、思想和产品的混合，催生了贸易城市中的各种工作和最终繁荣。城市的活力源泉来自纷呈出现的新技术和新产品，而这些往往只有在那些行业和思想多元化、人口广泛互动的城市里才能出现。

雅各布斯不是接受过严格训练的经济学家，但作为一个城市学家，她敏锐地观察到了城市这个容器所具备的混合功能的重要性，并进一步提出，城市在创造人力资本上作用重大。现在学术界已经广泛承认了她对此的贡献，并把都市经济冠之以她的名号，称之为"雅各布斯外部性"（Jacobs Externalities）。

4. 新经济地理学

在 1990 年之前，政策部门已经广泛接受了学术界对集聚现象的解释性观点，企业在择址上也普遍偏向马歇尔式，与同类型企业靠拢。但当时并没有学者利用数学模型来证明，这种安排在经济效率是真正"科学"的：为什么采用同样的设备、人员和技术方案，企业在这块地上投产的效率和其他地块不一样？空间在生产上的"异质性"问题，当时还没有比较完备的数学解释。

这是因为经济学当时所能使用的数学工具比较有限。很长时间以来，新古典经济学都认为经济活动侧重于完全竞争，经济学家们开发出来的数学工具也是用来解决规模收益不变的世界（即平均生产成本与生产规模无关，大公司相对于小公司没有成本优势）中的均衡问题。直到 1977 年，经济学家迪克西特（Avinash Dixit）和斯蒂格利茨（Joseph Stiglitz）开发出了处理垄断竞争的市场模型[①]，才使经济学界有了用数学方法去模拟收益递增的方法。

迪克西特-斯蒂格利茨模型在 20 世纪 80 年代被迅速用到宏观经济学、国际贸易和经济地理学等多个领域。在经济地理学领域中，克鲁格曼等人用该模型研究了企业的区位决策问题。这些企业面临着将产品运输到市场上的成本、垄断竞争（即竞争是基于产品的差异化而不仅仅是价格）以及收益回报递增（即平均成本随着生产规模的上升而下降）的约束。[②] 而如果企业有能力制定价格、规模化收益强劲、运输成本低，并且客户、供应商和工人可以在地理上流动时，企业在地理上的集群就最容易形成。

这些研究大大促进了地理经济学领域的发展，也因此被独立命名为新经济地理学（New Economic Geography）。它和新古典经济学统领下的经济地理学的最大差异是，后者认为企业的选择决策是有一个最优均衡点的。但在新经济地理学中，企业的择址并没有一个单一的、确定性的解决方案。也就是说，集群最终形成的路径是多样化的，并且看起来很小的、偶然性的事件都可能会对集群的发展产生大规模的和持久的后果。

新经济地理学的解释模型对现实的提炼仍然比较抽象，针对它的实证检验并不太多，但它仍然是现在对城市收入差距等一系列空间问题上最具说服力的理论模型。

---

① Dixit A K, Stiglitz J E. Monopolistic Competition and Optimum Product Diversity[J]. The American Economic Review, 1977, 67(3):297-308.

② Fujita M, Krugman P R, Venables A. The Spatial Economy: Cities, Regions and International Trade[M]. Cambridge:MIT Press, 2001.

我们会在后文展开探讨。

5. 城市与区域经济学

新经济地理学用数学方程解释了企业集聚发展的原因,也间接预示了20世纪80年代以后大都市在全球的崛起以及中等城市的普遍衰落。大城市的产业相对中等城市,在规模和多样性上拥有明显的优势,这种产业竞争力会将下一代优秀的产业人才牢牢吸附在大城市里,反过来继续拉大与中等城市的差距。这个滚雪球的过程似乎是没有终点的。

但以爱德华·格莱泽(Edward Glaeser)为代表的新一代城市经济学家,观察到美国战后人口大量从东北部霜冻地带(Frost Belt)向南部阳光地带(Sun Belt)迁移的现象,提出一个新的关于城市与区域发展的经济学(Urban and Regional Economics)。这个新的理论认为,产业人口向大城市的集聚不会是永恒的。早先的那些产业工人能从大城市的专业化分工中获得高薪,但随着人口不断涌入,高薪会被推高的房价所抵消,届时产业和工人都会迁移到整体成本更低的地方。

综合考虑这点,格莱泽等人建立了一个空间一般均衡的综合框架[①],来说明人口和企业在各城市之间的迁移动机。最大的驱动力来自人对整体舒适性的追求,除了扣除房租的净收入,气候是另一个重要因素,其他还包括城市的交通和犯罪率等。而企业总是寻求利润最大化,选择在最靠近市场、各要素综合成本最低的地方建厂。其他因素还包括地方土地法规,它和自然地理环境息息相关,决定了一个地方愿意容纳的人口上限。

城市和区域经济学认为,人口增长才是衡量经济增长的重要指标,因为人们总是会用脚投票,最终反馈到效用指数中,实现区域间的均衡。城市和区域经济学利用了现代统计技术,研究了产业在地理上的集中度、多样性以及都市规模对区域发展的影响,但在实证上得到的支持有限——扣除房租后,大城市的净收入往往仍然高于小城市,而对舒适性的偏好是多样化的,也难以精确衡量,并没有证据表明大城市就比小城市更缺乏舒适。

社会与制度学派

新经济地理学从数学上解释了集群存在的合理性,但它无法回答企业集群在萌芽之初的那些"微小的、偶然的"事件到底是什么。显然,有些产业集群的位置是由附近有大量可以使用的自然资源,比如最早的钢铁厂往往建立在靠近有煤炭和铁矿石的地方,锯木厂总是在林场附近,炼铝厂周围必然有便宜的电力供应[②]……但在21世

---

① Glaeser E L, Kallal H D, Scheinkman J A, et al. Growth in Cities[J]. Journal of political economy,1992, 100(6):1126-1152.

② 爱德华·格莱泽和同事研究了一系列制造业的资源获取和关键投入成本与产业集中度之间的关系,认为集中度的20%在统计上可以由一小部分自然优势来解释(Ellison G, Glaeser E L. The Geographic Concentration of Industry: Does Natural Advantage Explain Agglomeration?[J]. American Economic Review,1999,89(2):311-316.)。

纪初,当美国各大城市纷纷重视生物医药这种新兴产业时,我们应该怎样"于细微处见精神",提前甄别出将来会脱颖而出的成功集群呢?新经济地理学家无法回答这样的问题。

社会和制度学派认为,试图用经济效率去解释企业集聚的现象,其出发点本身就值得商榷。因为这样自上而下地解释集群,非常依赖政府和行业的统计数据,但这两者的统计口径都不能真切地概括集群中的参与方[①],所以有时会出现把某些集群参与方错误归类的情况[②],有些细分的特色集群甚至并不在最小类别的统计目录中[③]。

因此,这个学派认为,在统计技术不能详细追踪集群参与各方的经济贡献之前,采用自下而上的方式解释集群才更合理。因为集群本身的含义就是一个微缩版的社会网络和组织,这个网络组织呈现出来的模样是由后台的社会关系决定的。也就是说,外部的市场并没有决定集群内的组织形态,而是集群内的社会关系塑造了外部的市场——市场本身镶嵌在非市场的社会关系中。当然,社会关系并不是一成不变的,它平时因循风俗习惯而保持稳定,但也会随技术变革而调整自己的组织形态,呈现在外就是集群的演化与变迁。

总体来说,这个学派认为塑造集群的社会和制度因素主要来自两个方面:一是企业之间组合的方式;二是本地愿意共享和相互依赖的文化。

1. 区域文化

前文提及的萨克森尼安教授认为,加州硅谷"战胜"波士顿128号公路,最终成为全球高科技领域无可挑战的领军者,其症结不在于资源和区位,而是两地截然不同的商业文化。

得出这样的结论并不容易。两地都有声誉卓著的大学,都在二战期间接受联邦政府委托开发高科技武器。在20世纪50年代,128号公路地区在真空管和晶体管技术方面占据了主导地位;1959年,128号公路地区电子行业的就业人数几乎是硅谷的3倍。至1970年,128号公路地区仍拥有全美第一大(DEC,Digital Equipment Corporation)和第三大微型计算机制造商,硅谷仅拥有第二大制造商惠普——其时128号公路地区似乎仍然领先,但随着太空竞赛和越战结束,来自国防部的军事合同大幅减少,128号公路地区出现了严重衰退,高科技行业的失业率超过20%,从此一蹶不

---

① 以后文将要提及的迈克尔·波特(Michael Porter)著名的加州葡萄酒产业集群为例,它包括化肥和农药、葡萄采摘和酿酒机械、包装、玻璃、公共关系、食品和餐馆以及教育组织等多个行业,但并没有哪个统计口径能把这些行业中那些参与葡萄酒产业的部分"单独划分"出来,因此葡萄酒集群的经济表现是难以真实统计的。所以波特在2003年统计美国集群的时候,也只能统计一个大类的农业集群,葡萄酒只是和白兰地合在一起成为一个分支(Porter M E. The Economic Performance of Regions[J]. Regional Studies,2003,37:549-578.)。

② 比如作为汽车制造业附属设施的仓库,经常会被划为仓储业。

③ 尤其是那些交叉行业,往往会被简单地归入一个更大的行业中而不被察觉。比如德国之前领先的融合了家用电器和家具产业的嵌入式厨房和家电业(Built-in Kitchens and Appliances)可能直接被归为家电业,美国肯塔基州的房屋船舶制造业(Boathouse)会被归为船业。

振。但硅谷在经受冲击后迅速调整，迎来了微处理器和个人计算机时代，到1980年，硅谷从事电子行业的人员已经是128号公路地区的3倍以上。

两地的文化差异在哪里？128号公路地区所在的马萨诸塞州是几个世纪以来商业企业和创新的所在地，家族企业历史悠久。商业理想是自给自足、孤立和内部等级制。这种商业模式被认为是经过考验的正确之路。DEC并不是一家典型的128号公路地区的企业，创始人肯·奥尔森（Ken Olsen）也曾经改革公司内部的等级制，改为以硅谷公司式的项目小组的形式开展工作，但最后仍然失败了。奥尔森总结两地差异时说："（128号公路地区所在的）新英格兰商业公司封闭性源自清教主义，稳定和节俭被高度重视，冒险被看不起，失败是一个人名声上不可磨灭的污点。相比之下，在硅谷，冒险是被人所欣赏的，失败是暂时的挫折，但不是灾难。"

当DEC内部的员工Edson De Castro出来创办另一家小型计算机公司Data General（DG）后，与母公司之间的恩怨持续了几十年。DEC扬言要以窃取专利技术为由起诉DG（DG后来也曾因此类问题起诉过其他公司）。最终的结果是，128号公路地区的每家公司都希望把新机会牢牢控制在自己手里——它们更看重安全而不是机会。相比之下，硅谷的技术人员之间似乎存在一种"共同体意识"，用后来LSI Logic公司[①]创始人Wilf Corrigan的话来说就是："人们认为自己是在为硅谷工作，而不是为某个公司工作"。这种开放的氛围让硅谷公司的技术员工更容易、更迅速解决技术问题——从长远来看，对行业的生存来说，硅谷培育出的这种灵活性和适应性，可能比任何商业机密的流失都要重要。

类似的差异还体现在各个层面上，比如两地高校对小企业的支持[②]、当时风险资本对创业公司的态度以及公司对着装的要求等。萨克森尼安教授历时十年对两地不同的公司以及相关人员进行了上百次访谈，最后不得不承认，是更具适应性的文化让硅谷在争夺科技高地的竞争中走到了最后：

"虽然128号公路地区以独立公司为基础的制度提供了经济规模和组织稳定性，这在早期是很有价值的，但到了20世纪80年代，它们的主要作用却妨碍了适应。本地公司致力于纵向一体化就意味着技术能力和诀窍……仍然被锁在大公司内。横向交流的匮乏扼杀了实验和学习的机会，而传统的企业结构限制了管理的主动性和技能的发展……这可能只是给大公司带来了些许不便，但对于初创企业和小公司来说，却是一个重大的不利因素，它们无法像西海岸的同行那样，迅速了解或获得最先进的部件或服务。"

[①] 一家成立于1981年的半导体和软件公司，在2014年被Avago Technologies（现在的博通公司）以66亿美元的价格收购。

[②] 麻省理工学院拥有当时领先世界的工程学院，但并没有切实支持128号公路地区的中小技术企业。当时要获得麻省理工学院的研究设施和科研成果，必须支付5万美元，但获得硅谷那边斯坦福大学同等力度的科研支持只需要1万美元。除此之外，付费公司的员工还能直接参加研究会议。接受访谈的DEC员工表示：虽然与加州距离很远，但公司与斯坦福大学和加州大学伯克利分校的关系比与麻省理工学院的关系更为密切。

2. 商业组织

除了区域文化外,对集群底层运行机制的另一种观察视角,是集群内不同角色之间的结构关系:企业的技术来源、企业之间的工作结构、甚至雇主和员工之间的关系等,企业之间相互勾连的生产组织方式,是影响企业择址的决定性因素。

这个视角来自两个美国社会学者 Michael Piore 和 Charles Sabel,两人在 20 世纪 80 年代考察意大利北方工业区的产业活动时,发现从纺织品到服装、家具、陶瓷和机械装置等多个行业,都不存在一家以大规模生产为绝对主导的企业,反而是很多大致上平等、同时竞争又合作的小企业集聚在一起,通过"灵活的专业化"去应对市场需求①。

这些小企业往往雇用那些具有较高手工艺技能的工人,同时利用计算机和其他先进、灵活的工具,去承接那些数量较小但质量较高甚至是定制化的订单,因此能够在逐渐饱和的标准化商品的大众市场之外,慢慢开辟出一个种类更多、质量更好、个性化更强的"非标"市场。除了品类更丰富外,这些小企业还能彼此配合,快速响应市场对产量的要求。比如,当某家企业的工作量超过了它目前所能处理的数量,它会把多余的工作交给该区的另一家企业;或者工人数量超过了它目前所能雇用的数量时,它也可以把多余的工人介绍给该区的另一家企业——另外,意大利北部工业区的这些企业还得到了各种机构的支持,各方合力让它们能够模仿或抵消美式大企业才能获得的规模优势,维持自己的市场份额。

何以如此?两位作者发现,这是因为这些企业背后拥有一整套支持性的机构和文化,让它们牢牢地镶嵌在社会中。在这里,劳动者和企业管理者的关系相比大规模资本主义下的完全不同。两位作者在当时认为,随着福特主义②的衰落,这种小企业集群的生产和组织模式会越来越普及,它们会取代大公司制成为资本主义经济增长的新引擎。他们将其冠名为"第二次工业分化"(The Second Industrial Divide)。

受到这两位学者对意大利北部工业区多个产业集群的研究启迪,后来陆续又有其他学者"发现"以其他组织形式存在的集群现象。1996 年,经济学家 Ann Markusen 归总了集群的四种模式③,她将"马歇尔式"(Marshallian)和"意大利式"(Italianate)归为一类,两者都由很多大致平等的企业集聚而成,内部互相竞争又公平交易,

---

① Piore M, Sabel C. The Second Industrial Divide[M]. Basic Books, 1984.
② 福特主义(Fordism)是现代经济社会制度中工业化、标准化大生产和大众消费的基础。这个概念以大幅提高汽车工业生产力的亨利·福特命名,后被广义地应用于任何一种制造过程,具有三大内涵:产品的标准化(没有任何东西是手工制作的)、使用装配线和特殊工具设备(广泛雇用非熟练工人)以及劳动者获得较高工资(得以购买自己生产的产品)。显然这三大内涵与上述意大利北部工业区产业集群的组织模式大为不同。福特主义开启了美国战后的经济繁荣,并终结于 20 世纪 70 年代末。现在福特主义常被用来描述与当时的社会、经济以及生产管理、工作条件和消费等相关的现象。更多可见词条 https://en.wikipedia.org/wiki/Fordism。
③ Markusen A. Sticky Places in Slippery Space: A Typology of Industrial Districts[J]. Economic Geography, 1996, 72(3): 293-313. (注:论文中她还是以更广泛的工业区(Industry District)来指代集群。)

但一般来说前者并不是有意合作,而后者经常性合作。第二类是前述以大企业为主导的模式,她称之为"枢纽和辐条式"(Hub and spoke),这家大企业往往能为周边很多供应商创造巨大的市场,但同时又主导它们之间的合作关系,为供应商设定技术条件和标准。这类企业的典型有波音和丰田等制造业巨头。第三类是"卫星平台式"(Satellite Platform),这种集群经常集合了很多大型制造企业的分支工厂,它们规模很大,但建立的目的要么是为了劳动力套利,要么是接近市场消费群体,但它们建立之后往往在本地逐渐摸索出了更符合自己生存的产业体系。第四类是"国家赞助式"(State-sponsored),这些集群严重依赖国家政府的支出,通常由国家研究实验室或军事研发机构所主导。

集群的这四大模式决定了它们内部企业在竞争、合作、投资、劳动力来源、对政府服务和支持的依赖以及集群对地区发展的影响等各方面具有显著差异。简单总结如表5.1所示。

表5.1 四大集群比较典型的特征

	商业结构	劳动力	竞争与合作	资本与决策	协会与政府支持
马歇尔式/意大利式	以中小型本地公司为主,规模经济程度较低	·区域内劳动力市场灵活,劳动力重视集群而不是单个企业,迁入多迁出较少; ·*从事设计、创新的工人比例过高	·*竞争企业之间高度合作,以分担风险、稳定市场、分享创新; ·买家和供应商之间在本地贸易频繁,长期合作或承诺,但与区域外公司合作较少; 也依赖区外企业的资金、技术和专业服务	重要投资决策来自本地	·*强大的行业协会,提供共享的基础设施——管理、培训、营销、技术或财政帮助,即风险分担和稳定机制; ·*地方政府在规范和促进核心产业发展方面发挥了强有力的作用
枢纽和辐条式	由一家或几家大型企业主导,规模化经济程度高	·区域内劳动力流动性较差,都希望先到大公司,再选择区域内就业,最后是小公司,但还是迁入率较高、迁出率较低	·主导企业和供应商之间联系频繁,也具有长期合作和承诺,与当地和外部公司都存在高度合作; ·但大型竞争性公司在分担风险、稳定市场、分享创新方面的合作程度较低; ·核心企业并非镶嵌于本地,而是与外部供应商之间和竞争者之间联系紧密	重要投资决策在本地做出,但影响范围在全球,而不是都集中在本地	·缺乏提供共享基础设施的行业协会——管理、培训、营销、技术或财政帮助,即风险分担和稳定机制; ·地方政府在规范和促进地方和省、国家政府核心产业方面发挥了强有力的作用

续表

	商业结构	劳动力	竞争与合作	资本与决策	协会与政府支持
卫星平台式	由外部的总部公司主导,能达到中等程度的经济规模	·劳动力更青睐企业而不是整个地区; ·管理、专业和技术层面的劳动力迁入和迁出率高;普通劳动力迁入和迁出率低	·与外部公司,特别是母公司的高度合作和联系; ·对当地供应商缺乏长期承诺,企业之间在分担风险、稳定市场、分享创新方面的合作程度较低; ·买家和供应商之间在区域内的贸易量较少	关键投资决定,甚至资金、技术专长、业务服务均由外部做出	·地方政府在提供基础设施、税收减免和其他一般商业诱因方面发挥了强有力的作用; ·但没有提供共享基础设施——管理、培训、销售、技术或财政帮助的行业协会,即风险分担和稳定机制
国家赞助式	企业结构由一个或几个大型政府机构主导,如军事基地、国家机构、大型公立大学,规模经济相对较高	·工人优先考虑大机构,然后是整个区域,最后是小公司; ·劳动力迁入率高,迁出率较低,除非政府撤销或关闭; ·专业人员和办事员的比例很高	·主导机构与供应商、客户之间的短期合同和承诺; ·总部设在外部的供应商组织与外部公司的高度合作和联系; ·当地私营部门公司之间在分担风险、稳定市场、分享创新方面的合作程度较低; ·主要机构和供应商之间有大量的地区内贸易,但供应商彼此之间比较少	各级政府做出关键投资决定,没有专门的资金、技术专长、商业服务来源	·行业协会分享公共部门客户信息的能力薄弱; ·地方政府在规范和促进核心活动方面的作用不大

注:＊经常为意大利式集群所有,在马歇尔式集群中少见。

迈克尔·波特商业战略

集群这个概念能够大范围流行,而不仅仅是像很多学术词汇一样局限在研究人员的小圈子交流,迈克尔·波特可以说是功不可没。他重新整理了新古典经济学和社会制度的研究理论,并糅合企业管理理论,基于集群这个现象提炼出了一套基于竞争力的"钻石理论"。

在1990年出版的《国家竞争优势》(《The Competitive Advantage of Nations》)一书中,波特将集群的形成分解为四大要素:要素条件(Factor (input) Conditions)、需求条件(Demand Conditions)、相关的和支持性产业(Related and Supporting Industries)以及企业战略和竞争环境(Context for Firm Strategy and Rivalry)。

其中,要素条件包括自然资源、人力资源、资本以及基础设施、管理能力、信息支持设施和科研设施等。这些要素的有机结合是为了提升整体要素的质量(Factor Quality)以及专业化程度(Factor Specialization)。因为唯有如此,才能提升生产率,这是集群得以生存的基础。

需求条件是指集群企业面向本地的那些复杂而又苛刻的客户,正是他们的挑剔让企业在提供产品和服务时不得不尽力考虑他们的诉求,这让企业能不断创新,保持竞争优势,并最终有助于它们在全球市场上取得成功。关于这点,波特列举了美国底特律汽车产业集群这个反面案例[①],认为它们在20世纪70年代之后的缓慢衰败,在于美国长期以来一直将能源价格维持在很低的水平,"诱导"了底特律的车企普遍生产动力强劲但高耗油量的车型,让汽车企业长期缺乏动力去生产更节能的汽车。当石油危机导致石油价格暴涨之后,这个缺点再也无处可藏,底特律因此在日本和欧洲同行面前节节败退。

值得特别说明的是,波特将需求条件列入四大因素之一,其目的主要是解释集群理论所遭受的那个难以回答的诘问:不同国家或地区的同行业的集群,表现为何大不一样?尤其是在全球化时代,人才是高度流动的、知识和工艺也很难独占,这些集群还经常共享大量的供应商,那为何即便是现在,美国、德国和日本制造出来的汽车也含有浓浓的国别特色?波特给出的答案是需求条件:民族国家的不同文化塑造了各国国民的不同偏好,所以即便集群的构成元素相似,各自生产出来的产品和服务也往往具有自己的特色,并不会随全球化而"优化"成一个统一的标准。

波特将需求条件纳入集群的理论框架,显著增加了集群理论的包容性和解释力,让整个理论显得更加丰满,也更具现实性[②]。

第三个要素是相关的和支持性产业。这点继承了马歇尔三位一体中的供应商专业化的观点,指的是那些互相竞争的企业会逐渐培育出一个专业性的供应商网络,而且集群规模越庞大,往往对供应商分工的细致程度要求就越高。比如,在清淡的商业环境里,律师事务所一般只能从事基本的公司法和商业法业务;而当商业活动旺盛时,律师事务所这个行业就能分化出专营收购与并购业务的细分市场。企业和供应商之间的合作是启迪和传播创新的重要渠道,因为它们之间往往需要交换新产品和

---

① Porter M E. Clusters and the New Economics of Competition[J]. Harvard Business Review, 1998, 76(6): 77-90.

② 当然,对这种现象的解释不止一种。迈克尔·斯托珀尔(Michael Storper)认为并不是这些不同的需求偏好在塑造产业,而是这些产业集群的产出要受它自己特有的"要素禀赋"所约束。这个禀赋实际上是各自的"地方环境"。比如德国汽车的高质量来源于高素质的工人,而这背后的支撑体系是德国的学徒教育体系;而缺乏这个教育环境的美国工人因为普遍缺乏技能,因此整条生产线需要尽量以流水线为主。斯托珀尔还列举了法式餐厅在美国和法国本土的差异。在美国要吃法餐只能去价格昂贵、装饰豪华的大餐厅;但在法国却能找到大量价格亲民、质量优秀的小餐厅。其原因在于两地的食材供应链、非星级厨师的入门门槛、盈利要求对餐厅规模、位置以及装潢这些固定成本的反向指导,甚至点菜服务员的数量和比例等等,这些"地方的互动结构"往往才是两地集群差异的重要来源——这些被称为"地方环境",事实上和区域文化和商业组织有关,可以归列到前文所述的社会和制度学派中(迈克尔·斯托珀尔. 城市发展的逻辑:经济、制度、社会互动与政治的视角[M]. 李丹莉,马春媛. 北京:中信出版社,2020.)。

技术的工艺与知识。

第四个要素是企业战略和竞争环境。波特将熊彼特"创造性破坏"的思想引入集群，把对集群的观察视角从静态的多维切片拉伸到了动态的全景变迁，不仅增加了集群的时间厚度，还为分布在各地的类似集群之后的发展差异给出了解释空间。

一个充满活力的集群，应该督促内部的企业不断投资和升级、采用最先进的技术、最复杂的方式去参与竞争。但集群并不会天然地锻造出一个优良的竞争环境：占有市场优势地位的集群内部会因为骄傲自满而僵化、过多的并购会降低集群生态系统的自我更新能力，内部成员那些有损集群整体利益的自利行为被姑息谅解……长此以往，当集群外出现破坏性技术去颠覆整个集群行业赖以存在的竞争力时，集群的衰落也就难以避免了。

对集群的健康来说，内部企业的优胜劣汰和更新换代是必不可少的。企业的战略发展、产品研发、生产流程和后期的服务条款，都应该基于企业自身的整体成本和市场潜力，而不应该局限在集群当前的业务范围内。如果企业认为，自身业务中的某个环节正受到外部竞争威胁，进而拖累了整体业务的市场竞争力，那么，将这些环节外包出去以优化整体的竞争优势，就应该是一个合理的选择。虽然它削减了集群的工作岗位，但进化了集群的整体机能。

深究来讲，集群的整体竞争力是由内部一个个独立的企业来维持的。这些企业是基层的决策主体，只有它们基于自己本身的竞争力去做出一个个合理的决策，它们联合起来体现在外的集群才会显得生机勃勃。

显然，这四个要素并不像它们定义上的那么独立，实际上它们是互相交叉支撑的。以斯托珀尔分享的法国和美国两地法餐行业为例，美国的法餐行业看似是无法打入平价市场，只能尽力向高消费阶层推广（需求条件），但这其实是因为美国的食材可获得性、厨师和服务人员和法国大不一样（要素条件、相关的和支持性产业），导致在美国经营法餐的餐饮公司只能选择在价格、规模和地段上将这个行业推向高端（企业战略和竞争环境）。因此，波特给集群归纳出四大要素，并连接出"钻石形状"，除了完善集群的解释体系之外，也是为了更好地推广和理解。

波特的钻石四要素模型如图5.1所示。

迈克尔·波特的集群理论似乎统一了学界对这个概念的解释，之后没有学者试图在此基础上继续完善和修正这个理论。发表于1998年的那篇关于集群的著名论文《Clusters and the New Economics of Competition》，迄今已经被引用超过17900次（截至2021年3月底），是波特"竞争战略"（Competitive Strategy）外引用率最高的论文[①]。

---

① 事实上，波特的集群理论只是其"竞争力理论"和"竞争战略"的一种变体和延伸。波特认为塑造企业竞争力的三个方法，差异化、成本领先和聚焦战略（将产品开发集中在细分市场上），都可以在集群"竞争钻石"的各要素互动中获得。因此也可以说，集群理论本身就是波特在不断塑造企业竞争力的过程中对企业地理的要求，出发点和地点自身的竞争力是有区别的。

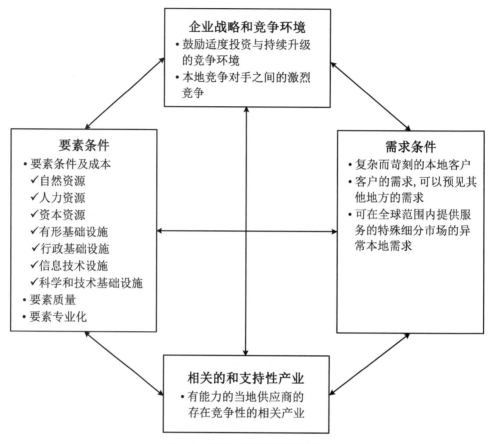

图 5.1 波特的钻石四要素模型

但这不意味着集群理论已经臻于完善。事实上,在波特提出集群理论之后不久,经济地理学界的学者就对波特这种"集大成"的概览性做法提出了批评[①]。其时学界普遍认为,集群还只是一个松散的概念组合,其中有些可以有效促进区域经济的发展,但有些是具有误导性的。但因为缺乏足够多的实证检验,学界暂时还难以对其一一甄别,因此对集群进行全面的批判性审查可谓是一项艰巨的任务。但波特在未能进一步量化企业之间的地理紧密度和产业联系度之前,就推出一套涵盖面更广的理论,并且据此去切实指导区域发展政策,其"收割"的心情显得有些过于急切了。

总结来说,集群的理论基础、形态、识别标准以及意义至此都还处于比较混乱的状态,需要一些强有力的实践检验来厘清其中的因果关系,而如果继续在集群理论之上堆砌要素只会让这个概念更加难以捉摸:首先是集群在定义上仍然是一个弹性过

---

① 最严厉的批评可能来自剑桥大学地理学院的两位学者 Ron Martin 和 Peter Sunley,他们认为波特的集群理论是波特为了把自己与其他产业集聚理论的学者区分开来而打造的一个"品牌"。这个品牌通过渲染和高生产力、丰富的知识、广泛而积极的创业以及社会进步等一系列积极形象联系起来,获得了极大的知名度,巨大普及了"产业地理集聚"这个生僻的专业理念。但它看似极具"包容性"的解释力实际上是以定义的"灵活、宽泛、不明确甚至混乱"为前提的(Martin R, Sunley P. DeconstructingClusters: Chaotic Concept or Policy Panacea[J]. Journal of Economic Geography,2003,3(1):5-35.)。

大的概念，它过于普遍、应用范围太广，因此用它作为因子去解释区域或地方的经济发展成就，这个因果关系本身就过于单薄和牵强。而且如果更进一步地追问，那些高增长的产业与企业地理集聚之间存在关联，也并不意味着这种集聚是其经济增长的主要原因——也就是说，两者之间所呈现的相关性背后的因果关系到底有多强，学界暂时并不清楚，但波特的集群理论似乎已经不再思辨和犹豫，直接以案例的形式将两者之间的特定关联当作了普适性的因果关系。

波特从产业地理集聚这个概念里提炼出一个个"条件"，并辅之以企业迭代更新管理的思维，最后将之封装为集群实体，可以说是学界在"搭框架"这个思路上的最终尝试。自此之后，地理经济学界开始跳脱出这个角度，回过头从其他多个角度来重新审视思考集群这个概念的内涵：集群对身处其中的企业一直都是有益的吗？集群会不会反过来阻碍企业发展，如果会的话，是什么时候？集群对企业的提升是普惠而平等的吗？是否存在有益某些企业而有损另一些企业的现象，如果有的话，分别是哪些企业？企业在地理上彼此靠近是为了方便沟通，但沟通能产生互惠效果的前提是什么？未来技术的发展变迁如果能保障这些前提，地理上的集聚现象是否会消失？集群作为一个自适应复杂系统，它是否遵循自然的生命周期最后必然消亡，那些重获新生的集群又是因为做对了什么……

通过解答这些问题，我们对集群的认识就会更加深刻。更重要的是，这些认识会引导我们更好地建设创新区。这反过来回答了本书开篇提到的那个问题：为什么创新区不是集群？我们已经从多个维度阐明了两者的区别，但那只是两者的表面特征。而这些特征的差别，正来自对集群这个概念深层次运行机理的审视。

我们将在下一章继续深挖这个主题，但在此之前我们先阐述创新区相对集群在空间安排上最大的差别，就是明确提出了除在尺度较小、空间排布更为紧凑的创新区之外，需要建构适宜步行的交通线和停驻空间。事实表明，这不仅是为了塑造宜人的空间形象，其背后有着严肃的科学原理作为支撑。

第六章　城市步行主义

　　集聚（Agglomeration）被认为是集群和创新区能在经济效率上达成"整体大于部分之和"的根本原因。这个词汇的原始意义，是大量不同的东西合在一起，最终整体能呈现出一些单体不存在的特点，比如大小和角度各异的石头碎屑能"集聚"在一起铺装道路。但这些石头碎屑需要"彼此紧挨在一起、甚至凝聚成块"才硬化到让车行人走。那么，企业彼此之间需要挨得多近，才能达到类似的效果呢？

　　一个正确（但无用）的答案是，必须近到能让很多企业之间能经常交流。但这个距离具体是多长？有部分案例曾经做出过类似尝试，试图解答这个问题，但答案莫衷一是。20世纪70年代，麻省理工学院的组织心理学家（Organizational Psychologist）托马斯·艾伦（Thomas Allen）就证明过，这个距离短至50米。超过这个距离之后，人们面对面的沟通就会减少[1]。而从企业层面的溢出效益来看，瑞典的一项调查研究显示，一所大学对周边企业的创新增益大约一半都集中在8千米半径以内[2]。Arzaghi等人研究发现纽约麦迪逊大道的广告行业溢出效应明显，但有效距离仅为750米，超过这个范围之后就大幅衰弱了[3]。Eva Coll-Martínez测算出巴塞罗那创意服务业（Creative Service Industry）集群的衰减距离只有500米——在这个距离之外落户的类似企业无法享受到溢出效应[4]。

---

[1] Thomas Allen当时发现，电话通信往往多发生在那些经常面对面交流的工程师之间，这甚至意味着你打电话给周围人的频率要高于同一楼层内那些较少交流的同事。这种交流频率随距离下降的现象后来被称为艾伦曲线（Allen Curve）。而每周技术交流会的辐射距离仅为50米，也就是说，超过50米之后工程师之间的平均沟通频率可能会低于每周一次。2006年，Thomas Allen与德国建筑师Gunter Henn合作出版的《The Organization and Architecture of Innovation: Managing the Flow of Technology》一书中发现，组织内员工的有效沟通距离仅为10米，再往外沟通水平就不断衰退，至50米时其沟通质量就下滑到引发质变的水平。这个发现甚至改变了很多企业办公楼的平面设计和内部布局，包括纽约的百得工程大楼（The Decker Engineering Building）、密歇根州的世楷办公家具发展中心（The Steelcase Corporate Development Center）和德国的宝马研究中心（BMW's Research Center）等大楼都依此进行了改进，以更好地激发创新活力。

[2] Andersson R, Quigley J M, Wilhelmsson M. Urbanization, Productivity, and Innovation: Evidence from Investment in Higher Education[J]. Journal of Urban Economics, 2009, 66(1): 2-15.

[3] Arzaghi M, Henderson J V. Networking off Madison Avenue[J]. The Review of Economic Studies, 2008, 75(4): 1011-1038.

[4] Coll-Martínez E. Creativity and the City: Testing the Attenuation of Agglomeration Economies in Barcelona [J]. Journal of Cultural Economics, 2019, 43(3): 365-395.

我们可以预计，随着未来数据采集的方式越来越丰富，数据获取和存储的成本越来越低，学术界对产业集聚的描绘将会越来越细致，类似的研究案例也将会越来越多。但就行业集聚的溢出距离到底有多远，恐怕仍旧难以达成共识。典型的原因至少有三点：其中前两点和"溢出"发生的机制息息相关，我们将在后文详细论述，在此简略介绍；第三点和我们当前讨论的集群所处的地理环境有关。

第一，集群的经济规模和结构不一样。"溢出效应"之所以发生，因为双方在知识储备上有差异可以相互借鉴，差异越大，溢出的辐射往往距离越远。显然，一所具有原发知识创造力的大学或研究机构，和一座以制造为主的工厂，双方对集群内企业的吸引力是大不一样的，但我们很难先用集群的性质来把这两者区分开来。

第二，是集群所处的行业和发展阶段，也决定了它的溢出效应是不同的。一个位于工业区的、以制造为主的产业集群和一个位于闹市区的媒体产业集群，去比较辐射距离是不适当的——一座集合了研发与制造的大型制造企业，规模上可能就会横跨半个媒体产业集群。同样，一个刚处于新兴发展阶段的集群（虽然它那会甚至难以被识别），与它处于技术发展成熟阶段时的辐射范围是不同的，因此处于两个阶段的企业所需要的沟通与合作的需求是不一样的。因此集群的动态发展也决定了它的溢出效应是不断变化的，很难说某个集群有一个确切不变的溢出距离。

第三，即便两个规模、结构和发展阶段都相似的集群，其辐射能力往往也会因为各自的历史、地理和建筑环境方面的差异而大不一样，因为环境本身往往就是沟通的天然屏障。的确，集群经济经常具备更高的生产力，这可以让身处其中的企业承担更高的租金去占据更好的地理区位，但事实上这种"更高"是和孤立在外的业内企业比较而来的。而和这个集群去竞争优秀地理位置的，其实更多是来自其他行业的企业。这些企业不需要多高端，只是满足人们的日常需求，但因为足够"靠近"消费对象而具有强大的价格转移能力，因此也能承担集群的高租金。因此，我们所讨论的集群，有规模很小的，事实上在地理空间上也往往不是连续的和统一的，而经常是被隔离开来甚至就是离散的。

以纽约曼哈顿为例，金融服务业是其中一个典型的集群。有两位学者[①]把曼哈顿岛编码为一个个 0.05 英里×0.05 英里的小地理方块（约为 80 平方米，该距离为曼哈顿南北向平均一个街区的距离），通过考察小方块内部不同产业的就业岗位数量（最终数据经过了加权处理），发现金融业（主要指美国统计分类中的 SIC 62 和 SIC 67，分别指证券和大宗商品经纪、控股和其他投资）就业岗位主要集中在曼哈顿中城（大约为中央车站和中央公园之间）和岛的南端（也被称为曼哈顿下城，Lower Manhattan）（图 6.1、图 6.2）。

[①] Rosenthal S S, Strange W C. How Close is Close? The Spatial Reach of Agglomeration Economies[J]. Journal of Economic Perspectives，2020,34(3):27-49.

有研究发现[①],和金融业类似,在都市区内集聚的媒体、广告、法律甚至零售这些现代服务业中,也普遍存在着溢出效应,但往往仅仅集中在同一楼宇内,甚至难以外溢到同一个街区中:当楼宇内存在这些行业的锚机构时,这座楼宇内锚机构所属行业的就业率会高出随机水平15%至18%;但对同一街区的相邻建筑来说,这一效应会下降到只有1%。

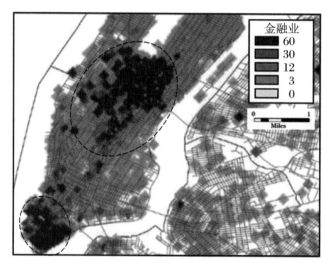

图6.1 曼哈顿金融业主要集中在中城和岛的南端两个区域内(图中两个圆框)

因此,考虑到现代服务业的这一地理分布现实后,再去计算其溢出距离,实际上是没有意义的。

以上三点大致解释了为何难以在地理上确定集群的精确范围。当然,如果未来各个行业的数据更加丰富、维度更加多元、频次更加高效,地理经济学界或许能基于企业的知识完备度、规模以及所处的发展阶段等多种要素,研究出集群规模的确定范式。但当前的信息技术和数据完备水平,的确还难以支撑这点。

在这点上,创新区没有陷入褊狭、尝试孜孜不倦地去求索答案,而是另辟蹊径从"外溢"这个现象所发生的过程入手,将重点放在如何塑造一个更容易触发知识外溢的空间环境上,而不是框定一个明确的集群范围后,再将企业导入其中——从这点上来说,创新区相比集群更进了一步。它没有回避溢出机制这个黑箱,而是在承认"接触—交流—溢出"这个活动的复杂性之后,尝试先从改善空间这个接触的环境载体出发,来降低阻碍各参与方相互交流的实体障碍。当然,这并不是说,只要做到这点,交流的溢出机制就会自然而然地自动发生,而是说,以我们当前对集群和创新区这类产业和空间联合体的有限认识,这是我们可以采取的、有助于提升其效率的步骤。

---

① Liu C H, Rosenthal S S, Strange W C. The Vertical City: Rent Gradients, Spatial Structure, and Agglomeration Economies[J]. Journal of Urban Economics,2018,106:101-22.

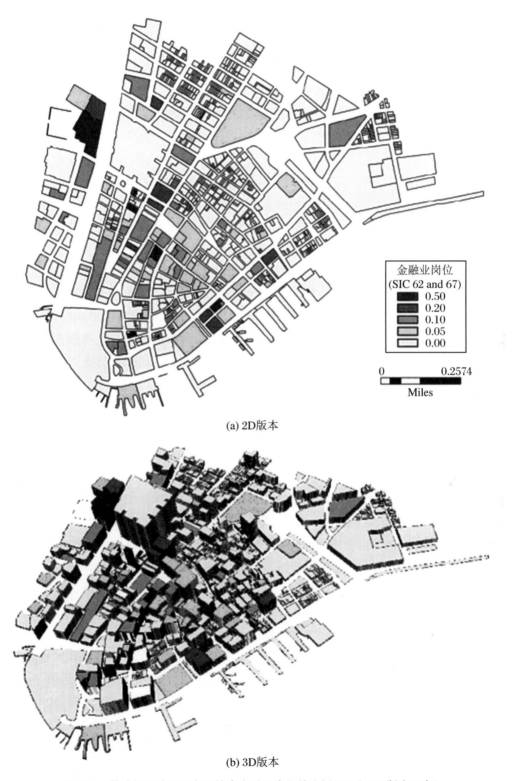

(a) 2D版本

(b) 3D版本

图 6.2 曼哈顿下城不同办公楼内金融业岗位的比例（2D 和 3D 版本示意）
数据来源：Dun & Bradstreet establishment data；US Census Tiger/Line Shapefiles。

那么，具体而言，可以采取哪些措施来改善空间环境、增加彼此的交流呢？一般来说，如果企业是按单独的楼宇分布的，那么重点应该落在连接这些楼宇的公共空间设置上：即如何让每个人都无障碍地到达这些公共空间，并且让这些公共空间具有吸引力，让人能不自觉地想参与其中——这部分的研究内容可以上升到"城市步行主义"。而如果是不同企业共同分享楼宇内的办公空间，那么室内的公共功能区将需要被重新设计，以引发彼此之间的偶发性碰撞，这部分研究被拔高为"创新办公空间"。

城市步行主义的要点

近年来越发流行的步行主义在城市规划里并不是什么新思想。前文提及的简·雅各布斯关于城市的外部性——人、思想和货物的混合，发生的主要场所正是"街道"。她所指的街道是广义的，指代的是那些能够激发城市居民互相交互的所有公共场所——当然，被最多的人最频繁使用的公共场所正是人行道。雅各布斯围绕人行道而规划城市的思想也是非常简洁而优雅的：一是保证一定的容积率和居住密度，如此才能保证单位空间内有足够多的人口，这是交流发生的基础；二是规划上采用小街段（Short Blocks），保证所有人都能尽快到街上，迅速到达目的地；三是人行道上要尽可能附加上更多功能（Mixed Primary Uses），这样保证各个时段的人行道上都有人在行走，这样安全的氛围才能吸引更多的人加入进来（关于这点，雅各布斯敏锐地观察到，人的目光注视也能营造安全感，因此她建议建筑物应该尽可能朝向街道）；四是保留数量足够多的老旧但修缮过的建筑物（它们是低收入人群不可或缺的庇护所），这样能保证更多阶层的人混居。

同样，雅各布斯对街道的规划思路也同样应用在城市公园和小广场上：与惯常观点相反的是，她不认为公园和小广场是天然友好的，如果设计不当甚至会很容易成为危险场所。因此公园和小广场也应该遵循街道的规划和设计思路，坚持以下四个原则：复杂性——保证公园和广场具备多种用途而能被反复使用；中心作用——建在十字路口和暂停点附近，保证多路线进入；阳光作用——保证公园和广场的每个角落都能被照射到，避免出现视线难及的死角；封围作用——公园四周被建筑物围合，内部活动人口时刻都被"注视"，增加无形的安全感。

从简·雅各布斯60年前对城市公共空间提出上述倡议以来，已经有大量研究人员参与进来，利用规划、设计、视觉、景观、心理、运动等多种学科的最新知识，来不断优化和提升我们对空间的认识和改造进程——关于如何塑造一个优秀的公共空间，已经成为一门专门的学科。我们在此不作更多的追溯性介绍。一个专注营造优质空间的机构 Project for Public Spaces，在评估了全球数千个公共空间后，简洁概要地将影响其品质的所有因素提炼为四个大类（图6.3）：通达与联结性（Access & Linkages）、舒适度与景观（Comfort & Image）、用途与活动（Uses & Activities）以及社交性（Sociability）。这四个门类又能被进一步细化为多个二级指标，接受不同量化数据的评估①。

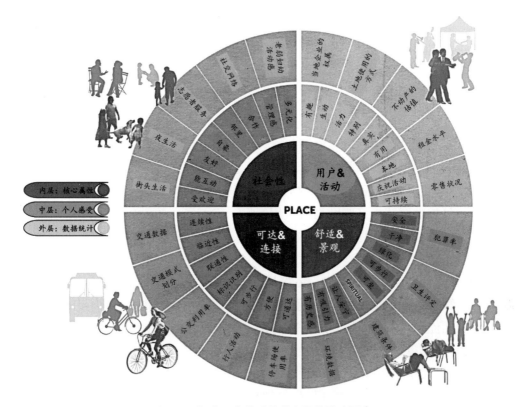

图 6.3 塑造一个优秀公共空间的影响因素

落实到创新区,这类偏向知识机构、初创企业以及各类辅助性商业机构的区域,它们对公共空间的诉求与城市日常活动类的公园和广场有什么不一样吗?区别不大。简单点说,创新区对物理空间的要求也主要是三点:密度、连接性和邻近性。

密度是为了在有限空间里容纳数量足够的工作人口,常规的思路是提高办公建筑的容积率。但如前文所述,高层建筑的溢出效应近乎为零。其背后揭示的原理是,高层办公楼与地面公共空间的直线距离是纵向的,它的疏离感比横向距离更强——高层办公楼内的视野是无法触达地面公共空间的。

提高密度的办法,是创造性地在创新区内开发更多的公寓和住宅。这首先是拓宽了对"密度"的理解,将原本狭隘的基于工作时段的人口密度扩大到全时段的 24 小时。为何能这样?这是因为对创新区内最具活力的初创企业和研发机构来说,工作时段和生活时段的划分并不像朝九晚五那么鲜明。工作区和生活区混邻而居,免去了创新人员的通勤之苦,节省了交通时间,让创新人口一直停留在创新区内,最终通过延长有效时长的办法达到了提高整体密度的效果。

---

① https://uploads-ssl.webflow.com/5810e16fbe876cec6bcbd86e/5a6a1c930a6e6500019faf5d_Oct-2016-place-making-booklet.pdf.

混入居住物业后，不仅可以降低办公建筑的容积率，让办公物业与公共空间更加紧密协同，而且反过来延长了创新区内服务设施的使用时长，进一步活化了空间的氛围。

连接性恐怕是创新区物理空间上被强调最多的地方，不仅是因为这点特别重要，也可能是各个创新区在实践上最为忽视、但一经改善整体提升效果又格外明显的地方。创新区的连接性分为内外。对外是指创新区需要与城市其他区域（尤其是城市核心区）建立广泛的交通联系，地铁（如果城市已经开通）和公车通达尽可能迅速。同时，创新区需要避免落址在高架路（快速路）、铁道、水体甚至大型公园附近，这些天然的障碍会降低创新区的四周可及性，不利于人员的对外交汇。

对内连接性是指创新区内的大部分人口不仅视线上"一览无余"，而且也能快速流畅地步行（或次选骑行）到达日常活动的地方。这听起来简单，但实际上是一揽子复杂的工程。首先是交通方式的结构所对应的道路规划。一个以车行为主的片区自然对应着多车道的宽马路，这等于是在心理上塑造了一层跨越障碍。因此，创新区规划之初对外连接上倚重公共交通，也是为了在区内塑造一个行人友好的环境——对车行方式的统筹，除了窄路和慢行，还有一点是禁止在道路和建筑物正面的区域内停车（不设地面停车位），同时还要严格限制在主要步行道路边上停车和装卸货物：停车对人的视线和跨越的阻隔作用不可小觑。

除了保持视线通畅，衡量对内连接性很重要的一点，是创新区在多大程度上是连续的？全区整体上是否是一个可步行的网格，并有频繁的交叉口？区内是否有不连续部分，被封闭的开发项目、死胡同、铁轨、没有活跃用途的过长街区或被其他障碍物切断，让人难以通行？

值得说明的是，创新区在连接性上首要强调步行友好，并以此为基础要设计路网尺度，不是因为这是最环保的方式（虽然越来越多的新区建设都将环保节能列入重要考量因素），而是因为这种出行方式不依赖任何交通工具，其"启动成本"是最低的，因此原则上来说它能最大化地激发区内人员的沟通——正像降低商品的价格总是会扩大消费人群，从而提高整体消费者剩余一样。但我们必须同时承认，在时间和精力有限的前提下，步行的覆盖距离往往是很短的。因此，创新区内必须同时配备多种速度的交通方式——尤其是在沟通意向已经明确或者沟通是定期举行的情况下，如果创新区的地理范围又超过10分钟步程，那其他更快捷的交通方式显然是更好的选择。因此，完善的创新区内往往还会提供自行车网络以及在区内流通往返的班车。

最后一点是邻近性（Proximity）。用这点来指导创新区有点让人费解，表面的意思是从路网到各个建筑物以及建筑物之间彼此靠近，方便快速通达。同时，它在这里也具备更深一层的含义，指的是建筑物对外的公共活动空间和功能需要具有吸引力，才能真正让经行的人想要去"靠近"。

上述关于创新区的密度、连接性和邻近性的直观解读，布鲁斯金学会曾在相关报告中用图6.4来作示范性解释。图6.4是一张典型的园区示意图片,图中已经标识出了不少我们所向往的关于科学园区的场景:无人喧嚣的静谧环境、绿树和草地环绕、高度适宜的现代化办公建筑、通达的道路和公共交通、供人候车的座椅……但这幅图景实际上更像是传统上位于郊区的科学园区,而不是我们所期待的创新区。

图 6.4 一个观感上比较典型的园区

布鲁斯金学会认为图片中至少有三点是不符合创新区的设计理念。如图6.5标示:第①点是图中的道路过于宽阔,双向三车道,是在鼓励机动车快速通过,实际上是不利于行人的;第②点是图中的建筑和道路的距离过远,削弱了两者之间的连接性和邻近性——在建筑与人行道和街道之间,应该形成一个看起来可以从这三方面同时进去的、吸引人的公共空间;第③点是草地上有些活动设施,但孤零零的,因为功能过于单一,所以实际上给人的感觉只是摆设,并不鼓励使用。

图 6.5 园区中不合理的地方(数字标示)

针对性的改善办法包括：压缩车行道路，拓宽人行道路的宽度，创造一个舒适的步行环境；办公建筑的沿街底层玻璃全部采用透明设计，让行人能看清楚建筑内的情况；要求沿街底层中一半以上的空间必须开辟出来用于公共商业开发，比如餐厅、零售店、咖啡店、画廊、表演艺术空间和创客空间等；在沿街底层拓展出一个户外公共空间，内部配置儿童活动区、流动食品车、自行车和流动班车站点等各种功能"目的地"，吸引各类人群前来活动；针对性地改善街景等。

塑造混合工作空间

要说创新区这种经济地理空间和我们熟悉的经济技术开发区、高新技术产业园区和特色工业园区之类的开发区最大的区别，毫无疑问应该落在"创新"二字上——虽然和高新、特色之类的词汇一样，创新的含义在这里需要被规范、具体和细化。但总体来说，创新区内最主要的企业载体，不论从事哪种行业，都应该从人才招聘、日常管理、文化建设和合作组织等多个方面实行创新的理念。也就是说，创新区内的企业应该有一种觉悟，自己在向市场提供产品和服务的组织和管理过程，应该是新颖的和科学的，虽然未必能被直接推广，但也值得广泛借鉴。反过来说，如果位于该区域内的企业，其组织流程大多是陈旧的，采用的技术方案也是一成不变的，推出的产品和竞争对手大同小异，仅仅因为成本控制和渠道先发而暂时占优，那么我们很难说这是一个创新区。

简而言之，关于创新区，我们之前已经谈论了足够多的接触、交流和启发，这些都是围绕企业之间所开展的活动，但我们不能忘了，创新最重要的载体仍然是企业本身。如果这些企业都不能首先开发利用好自己内部的人力资源，那么我们怎么会认为，它的组织管理能力会在和外部企业和机构接洽时碰撞出足够的创新火花？毕竟，企业与外部的合作最后仍然需要内部人员来执行。

那么，企业应该怎样才能更好地激励创新？或者说，管理理论对企业创新的最新研究成果是怎样的？作为创新区的管理方，又应该如何安排内部空间，来响应企业创新的潮流需要？

答案是企业应该更加珍视员工之间面对面接触的机会，并且应该在内部空间陈设上创造尽可能多的接触场景，助推交流发生，从而启迪创新。背后的原理仍然在于，面对面交谈这种日常的办公模式要远比我们想象的更为重要——当然，这首先需要办公室的组织结构是基于协作、鼓励参与，而不是传统上严格等级制的。

即便是在信息流通如此迅速的年代，面对面交谈仍然难以被取代的原因是，这种交流模式是多层次、复合型的。正像美国精神病学家 Edward Hallowell 所言，虽然邮件和电话沟通效率高，但同事之间面对面交谈时会有大量非语言的线索来补充谈话，而且有些信息的细微差别几乎只能在谈话中依靠眼神交流的辅助才能被准确捕捉到，这种多维度的信息交流会产生移情，进而加深彼此信任，而这正是深度交互、进而激发创新的基础①。

当远程交流时,虽然大家都能从屏幕上看到对方,但很多丰富的非语言信息都会在传播中流失掉,而事实证明,正是这些难以言明的信息,对创新企业来说才最为关键。因此,一般来说,企业内部那些高度复杂的信息交流活动,需要多轮沟通与协作时,应该直接选择面对面沟通;而那些纯粹的、以明确的任务为中心的、不需要情感联系的信息交流,可以选择远程沟通(事实上,神经科学已有研究表明,人们面对面交流时大脑内产生的化学反应与单纯的交易性接触大不一样)。

关于这点,前文提及的 Thomas Allen 与德国建筑师 Gunter Henn 合作出版的《The Organization and Architecture of Innovation: Managing the Flow of Technology》一书中已有精要总结。当传达的信息高度复杂时(High-Complexity),人们更多选择面对面沟通,即便彼此之间相距较远(Between Sites);而要传递的信息简单直接时(Low-Complexity),电话沟通是第一选择,即便两人位于同一楼层(图6.6)。

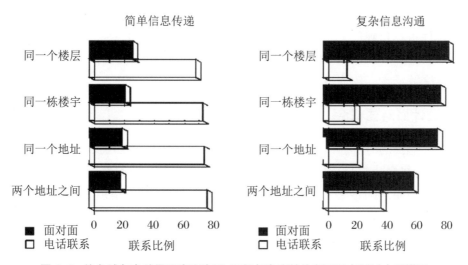

图6.6 信息越复杂越需要当面沟通,而低复杂度的信息可以多通过电话联系

当2019年底新冠疫情开始在全球各地大流行时,之前已经声名鹊起的远程办公(Remote Work)被骤然推到前台,除了非必要紧急状况,那些不需要和顾客直接接触的岗位都从办公室转到了家中。这个转换相当于是给面对面办公的真实价值进行了一次大规模的测试:日常工作到底有多少是必须聚集在一起才能完成的?最终的答案不尽理想。微软的事后总结表示②,不仅会议数量大大增加,而且会议时长也在增加;不同团队的即时通信流量增加了70%左右,而管理人员更为显著,普遍增加了115%,原因是那些在平时可以快速、一次性、面对面对话解决的问题往往需要在

---

① Hallowell E. The Human Moment at Work[J]. Harvard Business Review, 1999, 77(1): 58-66.
② Teevan J. The New Future of Work: Research from Microsoft into the Pandemic's Impact on Work Practices [R/OL]. [2021-03-22]. https://www.microsoft.com/en-us/worklab/work-trend-index/hybrid-work.

Teams、G-Chat 和 Slack 这些即时通信上多次反复沟通才能完成。但即便如此,那些创造性工作还是很难在屏幕上进行,比如小组成员在白板上的技术议题商讨、头脑风暴、技术分享会等。微软自己总结的原因也如前文所述:团队在远程沟通中缺乏身体线索、肢体语言和判断情绪的能力,因此也就难以产生那些富有成效的分歧和决策了。

类似的情况也出现在金融业中。摩根大通 CEO 杰米·戴蒙在 2020 年 8 月份与分析师的一次沟通会上表示[①],在经过了 6 个月的居家办公后,该银行部分部门的生产效率已经出现明显下滑,他进而表示:"在协作、培养创造力以及培训年轻人方面,当面交流具有巨大的价值。"比如在培养初级员工上,虽然摩根大通也通过虚拟培训来教授核心技能,但这些员工普遍表示,网络培训并没有给他们带来坐在办公室里的"真实感",以往他们只需要简单转身就能直接咨询身边资深同事一些很敏感的问题(比如怎么比较两支在技术上相似的股票?),但在邮件中这些问题总是因为"显得很愚蠢"而难以启齿。

类似的反馈还有很多,新冠大流行只是为面对面交流的不可或缺提供了一个鲜活的对比样本。在确信了这点之后,对创新区内的办公企业来说,剩下的问题就是,应该怎么设计和开发空间,才能创造出最多的、能有效激发不同部门和不同层次的员工之间的交流场景。较为成熟的办法有以下两种。

1. 设计面对面机会

完全无遮挡的、任何人都能随时找到任何人的开放式办公是最直白的答案,但实践证明,这往往会让整个环境过分喧嚣而导致员工分心。因此普遍的做法是,在公共空间和私人空间之间寻求一种微妙的平衡。当然,首要的举措就是摒弃传统办公室的筒仓和等级结构,改为由低矮隔板(或完全取消隔板)分割的开放式空间。这不仅可以降低材料成本,提高空间利用率,更重要的是创造了视觉上的透明度,从而提高面对面交流和互动的可能性(图 6.7)。

图 6.8 是 MIT 斯隆管理学院的某处办公楼层的平面示意图。在这里,教授(Faculty)、研究生(Grad Students)、博士后(Post-Docs)和行政管理人员(Groupadmin)的办公室都围绕一个开放的公共区域而布置。当老师与老师、老师与学生需要交流时,都会路过这个公共区域。他们会很"偶然地"被在这里举办的白板会议(Table For Information Meeting)和咖啡闲聊所吸引,激发创意甚至引发讨论。

当然,这并不总是有效,而且依照现在的标准,教授们的办公空间还是不够"开放"。但应该说,它是当前大量创意空间(Innovation Space)的"雏形"。后来大量的开放式办公依循这种思路,根据公司员工的活动特点以及建筑内部的陈列进行了相应改善。比如国际奥委会在瑞士的总部大楼,就以所有人都需要途径的巨大旋转楼

---

① 具体见其在 MSNBC 上的访谈:https://www.youtube.com/watch?v=FHJr4sd7czg。

梯为"中庭"(形似奥林匹克标志性的五环),周围布置了大量的沙发和咖啡角,"迫使"不同部门的人在这里相遇和交谈(图6.9)。为了达到这个目的,建筑师甚至在楼梯附近的社交区域内尽量少用吸音材料,让这个区域显得有点喧嚣,从而吸引路过的人坐下来聊天和社交。

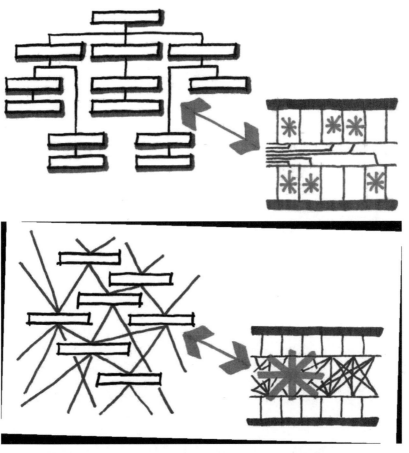

图6.7　将封闭的筒仓式办公空间改造为半开放的模式

说明:筒仓式办公空间往往是由一间间独立的房间构成,这种办公结构自然对应着等级结构,因为沟通发生在点与点之间,是被隐蔽起来的(上);将筒仓打破,并将部分功能重置在"走廊"或专门的中庭内,可以打破这种封闭结构,让关系公开化,进而增强点与点之间的联系(下)。

与之相对的是,在个人办公区域,设计师虽然也秉承了透明化的开放式设计,取消座位隔板,让人一目了然,但从地毯、家具到天花板都大量采用了吸音材料,尽可能创造一个不受打扰的个人空间(图6.10)。

除了楼梯之外,建筑师们还在创意空间内重新设计中庭和走廊这些公共区域,以激发交互的目的。更有甚者,会在建筑设计预装时采用可移动的墙面、家具、滑轮和机械组件,根据后期需要,随时调整和重构办公区域的内部空间。

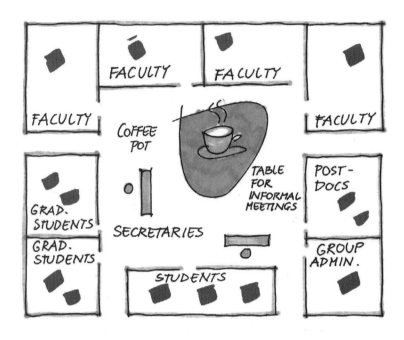

图 6.8　空间的布置应力求在私人与公共之间寻求平衡

说明：该楼层中间的公共区域是围合结构的中心，虽然学院的设施管理人员认为它是重大的空间浪费，但整体效果却比传统办公要好不少。

图 6.9　"奥林匹克之家"内的"五环"——旋转楼梯

2. 利用技术来"定制"

人工智能也已经被应用到这个领域。纽约一家房地产开发和管理公司 Silverstein Properties 开发了一个基于人工智能的平台 Dojo，这个平台跟踪所有员工在办公空间内的活动轨迹以及他们从事的活动类别,比如一天中参加会议的时间、会议期间的自由活动时间分布以及独自工作的时间等等。将这些参数输入一个基于数据驱动的评分系统,然后根据每天新增的数据来不断动态优化,最后可以设计出一个"最优"的办公室布局和座位表。

图 6.10　个人办公区域

Dojo 根据员工活动特点将办公空间分为五大类:工作区、会议区、社交区、焦点区和隐私区。这个 AI 平台最大的优点,是能根据不同行业内的活动特点来安排这些区域的比例,毕竟有些行业需要更多人独自埋头工作,而有些行业是依靠频繁的会议来推进的。但其空间的布局设计,也同样将"最大限度地提高偶然的非正式互动"作为最优先考虑的目标。

我们花了大量篇幅来解释创新区这个概念的提出,究竟是依据经济学领域的哪些知识点。我们最后也发现,虽然也有迎合时髦、青睐风险资本的倾向,但它的内涵在经济学上仍然是坚实的,是对集群理念的有力升华——它不仅规避了集群的部分概念难以在地理经济学领域内自洽的尴尬,而且紧跟过去 20 年全球城市大发展的现实潮流,新增了一些空间心理学的相关知识,并以有力的实践经验为先导,来响应全球众多城市未来对经济增长的孜孜渴求。

我们认为,相比集群,它的"先进性"主要体现在以下三点。

一是规避了具体产业的难题。集群看似是一个具体的产业,但实际上指代的是围绕生产某个产品或服务的全部经济活动。如果我们将这些活动逐一展开,不难发现它涵盖的是一系列技能各异的工种,而远不是我们所想象的单一活动。但我们当前的统计口径往往难以描述产业集群的真实全貌,这也就杜绝了从经济数据上进一步解析集群的可能——我们认为这是集群理论在过去 20 年仍然只能停留在定性描述上,而无法依靠定量统计进一步提升的主要原因。

创新区直接避开了这个"陷阱"。虽然在某个时间节点上，创新区内大概率会由某个产业所主导（事实上如前所述，集群产业也只是主导性的，而不是说某个地区内的所有企业都在从事这个产业），但它还是直接回避这个现实可能，将重点放在创新这个解释更为宽泛的点上——这显然也是参照了过去20年全球城市的发展趋势：一个比较普遍的现象是，不管是在发展中国家还是发达国家，大都市都成为吸引人口流入的绝对赢家。而更大的城市规模自然对应着更丰富的产业，因此知识外溢的源头也更可能来自其他行业——这也解释了为何当前交叉学科的重要性会越发凸显。

因此，创新区的定义相当于间接回答了那个经典问题：城市发展应该规模优先还是专业度优先？虽然现实并非二分，但创新区事实上呼应了简·雅各布斯之前的回答：参差百态乃幸福之源。

二是相比集群，创新区第一次尝试去"量化"地理范围，而且它没有被动地等待"溢出"效应在这个范围内自然地发生，而是主动尝试把这个地理范围营造成一个有利于让"溢出"发生的空间环境。依循这个思路，创新区的业态不再局限于集群的产业范围，而是将关注的重点落脚到区内最核心的载体——人才上，因此它也首次将住宅这个业态纳入考量：创新区内的住宅本身，也是全方位服务创新人才的重要载体之一，因此也理当成为创新环境的重要组成部分。

创新区明确提出自己的区域范围（虽然跨度很大），而不是在这点上继续模糊化处理，这是一大进步。因为明确的空间对象，是出台后期针对性政策的前提——我们无法想象，一个没有在地图上标明四至的经济技术开发区，应该怎么管辖。虽然和经开区这类由政策划定的区域不同，创新区是一种"事后被识别"的经济空间——也就是它起步的时候难以被察觉、直到形成不可忽视的市场力量时才被认知到——但只要空间边界是确定的，我们就能回溯创新区的发展历程，总结其中一个个样本的成功与失败之处，从而更科学地扶持区域内当前企业未来的发展，甚至将部分经验提炼为一般产业和经济政策，用来指引城市其他区域经济的更好发展。

而将住宅作为创新区内整体环境的一部分，显然是受到了前述理查德·佛罗里达关于创意阶层的影响，但不得不说，这种处理更贴近现实生活里的直观感受：产业并不是抽象的，最终都要追溯到背后的执行人，而人的工作和生活并不是简单二分的；相反，疫情之后"混合办公"（Hybrid Work）可能会逐渐成为很多公司的常态。因此，住在哪里对工作来说并非无关紧要。而对创新人员来说，住在创新区内可能就是最好的选择。

三是相比集群，创新区内一般积聚了更高比例的初创企业。对此我们倒没有确切的比较数据，也并非认为集群相比创新区总是更缺乏自我更新的能力；而是普遍认为，创新区内总是配置了大量如孵化器之类的创新支持性机构，因此可以预计区内总是会萌生出初创企业。

能给予初创企业的扶持资源以及每年培育出来的初创企业的数量和规模，本身都应该是衡量创新区的重要指标之一——这也是创新区定义的由来。我们如此决断也并非贬低集群的创新能力。事实上,集群内部企业面临着市场回报压力和与同僚的持续比照压力,为了突出自己而相互竞争,创新的动力并不低——这本身也是集群一旦建立优势就能维持几十年(甚至连续几个世纪)的内在原因——但反过来说,集群的领先优势是有期限的。事实上,集群的起落正像一个生命体一样,会经历一个比较完整的初生(Emerging)、增长(Growing)、维持(Sustaining)和衰落(Declining)的起伏。在不同阶段,它的创新能力是不一样的:当集群仅仅只能维持自己而难以演化更新的时候,它的创新力也就消亡了。

当然,我们承认创新区也存在和集群一样的竞争问题。破坏性技术的出现、消费者偏好的转移甚至企业内部的僵化等状况,都会让创新区内的领先企业丧失原有的竞争优势。但创新区和集群最大的区别是,前者的产业是多元化的,其中某个产业的衰败并不会直接让区域内产业全面覆灭;因此相比集群的单一产业,多元产业的创新区更能承受外部冲击,也更容易从冲击中复苏。

更高比例的初创企业,反过来又让创新区内的"溢出效应"更为旺盛。原因在于,对集群周期的剖析研究显示,在集群的整个生命周期中,溢出效应在初生和增长阶段最为显著。在此期间,集群内企业的生产率增速要高过集群外同类企业(相反,在维持和衰落阶段,集群内企业的整体生产率会被集群外同类企业慢慢追平甚至超越)[①]。因此,创新区内不断新生的初创企业能让"溢出效应"始终保持鲜活,避免创新区成为同类过度繁衍的一潭死水。

最后总结而论,同样是集聚的经济空间,创新区相比集群,好像是精准地规避了后者无法解决的弱点,同时又着重加强了它有益的部分,并且创新区似乎也更能自主地把控这个经济空间的发展进程,让它不致随波偏离——简单点说,创新区似乎可以看作集群"去芜存菁"之后的2.0版本。

但我们仍然要追问的是,集群的"菁"是怎么慢慢流失掉的而"芜"又是如何在不知不觉中滋生出来的?这是不可避免的吗?如果不清楚这点,我们修正之后的创新区版本,会不会以另一种改头换面的方式重复集群的衰落?或者说,更加"先进"的创新区,是否仍然无法回避集群衰落的终局?如果答案是否定的话,那我们还需要做点什么吗?

答案可能隐藏在集群从兴起到衰落的演化进程中。我们要解析这种力量。

---

① Pouder R St, John C H. Hot Spots and Blind Spots: Geographical Clusters of Firms and Innovation[J]. Academy of Management Review, 1996, 21(4): 1192-1225.

第七章　集群的生命周期与演化

集群是怎么失败的？波特认为主要来自三个方面。一是破坏性技术的出现。他以美国新英格兰地区的高尔夫球设备制造集群为例，它们生产的钢制标杆、钢头球杆和木头球杆，但当加州的公司利用自己在航天材料领域的知识，开发出性能更为先进的同类产品时，东海岸的高尔夫球设备制造集群就被解体了。最后部分公司被兼并收购，部分逐渐退出了市场。二是消费者需求的转变会让那些无动于衷的集群最终丧失竞争力。波特以美国底特律的汽车产业为例，该地的汽车制造商们长期迷恋高油耗车型难以自我革新，即便石油危机后油价高涨，消费者们宁愿花六个月去提日本低油耗的小型车，底特律三大汽车厂商仍然认为消费者会回心转意。三是来自内部和外部的力量让集群逐渐僵化，比如来自然内部的过度合并、相互谅解、形成卡特尔限制其他对手的竞争、规章制度不灵活等，以及来自外部的政府干预和延缓竞争等措施，都会让集群逐渐僵化而脆弱并减缓生产率的提升。而当经营成本的提升开始超越生产力提升的幅度时，集群的衰落就不可避免了。

波特对集群失败方式的总结性描述，是从已经衰落的集群身上回溯原因，但它仍然没有解释说明，拥有领先优势的集群是怎么走到这一步的。破坏性技术为什么没在集群内涌现，底特律汽车厂商为何对低油耗车型广受消费者欢迎视而不见？而集群的僵化是否就像人类的衰老一样，只能尽力延缓但最终无可避免……如果这些问题得不到解答，我们就始终无法探寻到集群（以及创新区这些经济空间）的内在运行机理，也就难以在这些经济空间的构建程式上进一步优化，从而更科学合理地设置这些经济空间。

破解集群内在运行的谜题，不管是跟踪调查的描述剖析，还是基于量化的数据分析，都显得必不可少。

兴起与衰落同源？

早在1996年，美国克莱门森大学的两位教授 Richard Pouder 和 Caron H. ST. John 就撰文认为，集群的兴起和衰落都是"注定"的：最初兴起的原因，在集群自我强化的进程里，最后变成了引发自己衰落的因由。

如图7.1所示，两位作者将集群与非集群企业的发展分为三个阶段：发轫阶段

(Origination)、趋同阶段(Convergence)与失败或调整阶段(Failure/Reorientation)。在发轫阶段,集群内企业的发展速度要快于集群外的同类企业。原因有三个方面:资源条件(Resource Conditions)、体制进程(Institutional Processes)和组织管理的心理层面(Managerial and Organizational Mental Models)。

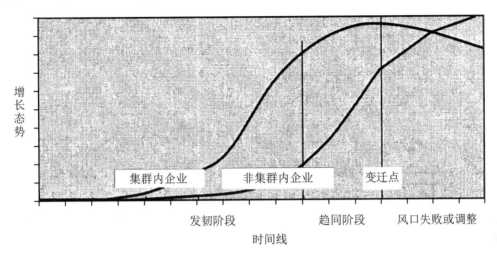

图 7.1 集群内企业与非集群内企业随时间变化的增长模式示意图

资源条件前文已有论述。在集群没有显露雏形之前,我们无法预计它会出现在哪里。但一旦第一家公司取得成功,合格的供应商、熟练的工人和知情的投资者就会出现在附近——这就降低了后续公司的进入成本,让该地区比其他地区更具吸引力。集群的这个成本优势最终促进了新公司数量的增长。

体制进程指的是,集群除了能给新进入的企业提供低成本和资源优势以外,还会寻求"正当性"(Legitimacy)并尽量避免承担责任。一个首要的办法是,集群会强化内部企业之间、企业与外部大学等研究机构(包括咨询研究人员、实验室和图书馆)、熟练的劳动力、高素质的供应商网络和知识渊博的风险资本家之间的联系,从而夯实集群的正规和紧密程度:这就是对外展示集群的正当性,从而可以向政府要求投入更多支持本集群的基础设施、出台更适配的政策条款,向资本市场寻求更优惠的扶持条件——一般来说,集群内组织的数量和规模越大,其正当性也就越强,所能争取的支持资源也就越多。

但这也是有代价的。集群对自身正当性的争取,影响了政府对公共基础设施的投资分布,间接阻碍了其他集群的形成,也间接影响了本行业非集群内企业的正常成长。

组织和管理的心理层面指的是,新兴集群的管理人员和关键技术人员的认知框架和心理模式往往是很相似的。一方面是因为同一个行业总是有类似的从业经验和技术培训,尤其是在某些高科技行业,几乎每个从业者都是从行业领头人的示范材料里接受的教育培训;另一方面是他们多生存在快速裂变的行业,对创业和承担风险的倾向是比较一致的。

集群的集聚效应一旦开始,集群内企业的运营经验将让管理人员的心智模式持续演化：早期创业的经验会影响管理人员认知结构的建立和发展，而这种认知框架又反过来确立了集群内的竞争规则，从而对后进企业和人员进行了相应的屏蔽与筛选。

因此，集群中企业家的心智模式会受到当地已有竞争者的极大影响——企业家将对当地集群的正当性和竞争水平非常敏感，从长远来看，他们将越来越关注集群内竞争对手的创新活动和能力；这也是集群自身对创新的反噬。简单点说，集群内竞争对手的心智模式在短期内将有助于增加集群内的创新活动，但从长期来看，它们将破坏创新活动。

1. 发轫阶段

这三种因素会怎样影响集群早期的发展？首先，集群内竞争者数量会快速增加。在研发、供应商和劳动力这些要素资源齐全之后，行业会迅速丰富起来，企业会以分拆、新增部门或者管理人离职创业的方式，去填补该市场上那些没有被满足的多样化需求。这些分拆企业了解母公司的战略意图，它们会继续充分利用集群内现有的资源要素，与母公司形成差异化竞争。

其次，集群内的公司会"主动"彼此靠近、共享资源，但同时又是互相竞争的情报系统。一方面，拆分出来的新公司会靠近母公司，并与之共享产业资源，这种自主创业的自豪感能激励集群内的发展动力；另一方面，竞争者、供应商和其他相关企业之间组建的集群网络，会在正式和非正式的信息交流中让竞争者的创新实践信息难以隐藏，企业会在集群内发展出良好的竞争情报系统。

最后，当集群内企业知晓本地竞争的信息状况后，其管理人员就更易于给竞争者心理建模，从而更深入地了解对手的创新战略，进而指导自己的开发创新——但反过来说，集群内企业将竞争重心放在了区内对手身上。因此，最后集群内的企业面临着相同的竞争约束：人力、技术、资源甚至组织模式都过于相似，导致竞争加剧。虽然短期内这可能会促进行业层面的创新，但长期可能会恶化。

总结来说，在集群形成优势的发轫阶段，资源要素的集聚、正当性带来的政策支持以及心智模型的自我强化，会互相交叉影响，提升集群内的竞争强度，从而推动创新。在此阶段，集群内的整体竞争力和创新能力都高于集群外（图7.2）。

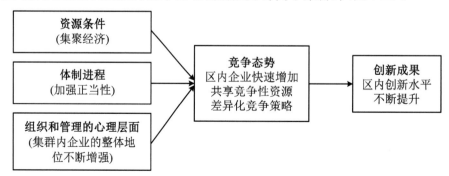

图7.2 集群在发轫阶段（Origination）的内在组织模式、竞争方式与创新表现

2. 趋同阶段

但反过来，集群因为过度竞争而耗尽了集聚资源和正当性支撑而带来的优势之后，发展速度开始放缓，而非集群内企业可以补足这些要素差异而形成"追赶"之势，这时集群内外的行业进入趋同阶段。至此，塑造竞争态势的三个方面也已经呈现出不同的效果。

随着集群规模的扩大，区域内企业过于拥挤和饱和之后会开始"扼杀"集聚带来的经济性：生活成本、房地产价格和技术人员工资会上涨；大量的风险资本可能会压缩投资周期并偏离投资方向；行业部分环节标准化之后，集群对技术（大学）和资金（风险资本）的要求也降低了。这时其他地区相对集群地区，会显得更具吸引力——集聚经济被破坏，就像制造业因为规模过大会从规模经济转变为规模不经济一样，多是因为内部的管理和协调成本已经超过了规模效应带来的好处。

同样，在趋同阶段，集群的体制进程的性质也发生了重大变化。集群在发轫阶段因为企业的类同和一致性而带来的好处，如正当性、稳定性、吸引人才以及获取政策资源支持的能力等，这些塑造集群竞争力的优点，在组织的演化中也逐渐丧失进而被异化了。比较典型的现象是，当集群网络过于紧密、彼此之间的战略创新难以隐藏之后，企业会呈现"同质化"的倾向。一是因为产业位于前沿之后，市场的不确定性天然地就会让部分企业选择节约搜索成本而与同行保持一致；二是集群内占主导地位的企业会有强烈动机推行某种标准而"胁迫"其他成员采纳；三是如果集群对本地的研究型大学过于认同，长期从中大量招聘人才，最终以同样方式培育出来的人才就会倾向于以同样的方式定义问题和过滤信息。总之，随着时间的推移和集群的演化，区内的企业会自觉或不自觉地陷入同质化的境地，丧失变革能力，最终难以自主地进行战略选择。

然而在心智模式上，因为注意力有限，集群内企业的管理人员也往往会集中去关注那个脱颖而出的竞争对象，从而陷入同质化的认知。它们不会像集群外的同行企业，反而因为没有接近竞争对手，而能更客观地审视业内不同优秀企业的长处，进而吸纳不同特点形成各自独特的心智模式，从而避免了同质化。

总结来说，在趋同阶段的集群因为自觉或不自觉地陷入同质化的境地，而逐渐丧失了战略创新的主动性，其对集群外企业的生产率优势也一点点被蚕食。我们可以想象的情形包括：① 企业难以和本地竞争者差异化，其战略认知、选择和行动陷入同质化；② 偏安集群的"孤陋寡闻"、认知评估的偏见将使同质化的宏观文化长期存在；③ 制度力量将鼓励同质化和惰性；④ 尽管竞争对手和市场条件发生了变化，深层结构将让趋同倾向长期存在，增加惰性，并进一步降低竞争警惕性；⑤ 经理人将延续心智模式，随着时间的推移变得更加扭曲，并产生竞争盲点；⑥ 由于同质化、惰性和功能失调的宏观文化，企业将创造更少的创新。

图 7.3 简略地描述了在趋同阶段，前述三个方面将如何影响集群的竞争态势与

创新成果。

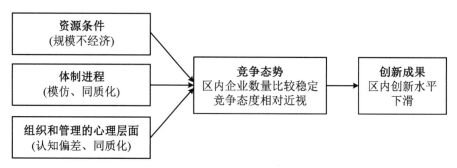

图7.3　集群在趋同阶段(Convergence)的内在组织模式、竞争方式与创新表现

3. 产业冲击

最后,当集群产业面临经济环境上的冲击和变迁(Jolt)时,集群会怎么反应和应对? 它们能顺利转型、在冲击后顺利复苏甚至再次繁荣吗? 两位作者认为很难。

我们将冲击分为三个阶段:感知、反应和调整。在感知警示信号上,集群内企业因为总是倾向将环境扫描的资源放在本地集群企业身上,而更可能会对外部正在发生的颠覆性信号失去警觉——集群网络的相互依赖曾经赋予内部企业力量源泉,但也可能因为"过分"依赖而让企业产生惰性,丧失灵活度。

同样,在感知到行业冲击后,集群的应对和调整也难免让人气馁。很大原因是,企业的调整虽然看似"只是"改变企业的战略、结构、权力分配、组织文化和控制系统,但实际上真正的变革需要首先改变管理人的核心价值和心智模式,否则上述这些方面的改变也只会流于表象。但这往往正是集群内企业的问题:它们在集群发轫阶段所形成并因为成功而不断强化的心智模式,面临环境冲击往往更难以被舍弃。此时,集群内的企业家要么会直接否认和抵制这种冲击、要么是将冲击带来的影响分解到企业的日常运营层面,只启动那些在旧有的认知框架下所允许的渐进式解决方案——当集群内的企业仍旧采用那种已经不合时宜的心智模式来应对行业冲击时,最终效果如何,自然就无需多言了。

图7.4描述了集群企业在面临行业冲击时的困境。

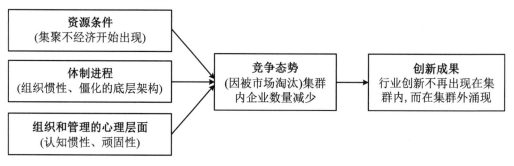

图7.4　集群遭受行业环境冲击(Jolt)后的竞争态势和创新表现

从兴起到衰落,集群这种载体,表现出了和企业类似的发展轨迹。两者在兴起时,同样因为功能完备和规模效应而展现出了优于竞争对手的生产力;但在衰落阶段,又同样因为结构上的僵化而难以应对和调整。可以说,虽然集群是一个组织结构上相对松散的集合,但其成员之间因为正式或非正式组成的网络结构,事实上已经达到了企业内部通过行政命令来运行的类似效果,虽然并没有一个实际的部门来对集群内的企业发号施令。

那么,有办法让集群"趋利避害"、永葆年轻、不陷入僵化吗?奇妙的是,两位作者给出的建议,是在集群内大量增设孵化机构。在集群发轫阶段,孵化器将可以从集群内诞生大量初生和分拆企业的契机,催化、激励和帮扶尽可能多的中小微企业。但当这些企业孵化成功之后,就应该从多方面综合考虑,寻求最适合自己长期发展的战略,而不为本社区或区域的发展政策所限。因为集群发展至趋同阶段之后,先期来自集聚与合作的基础优势已经被耗尽,企业的生存将主要取决于自身层面的资源和能力。

如此一来,集群的演化之路就可能会呈现另一种局面。部分企业可能会改变发展战略迁出该区域,去寻找下一阶段发展所需要的支撑性基础设施;而留下的企业中的一部分可能会在约束更为宽松的集群环境里取得更好的业绩。当然演化的必然,意味着其中部分企业将失败而消失。但最终的结果是,原有的集群逐渐不再代表一个热点行业,因为那些迁移出去的企业将在新的地点、以新的战略方式创造一个新的发展热点——虽然原有集群的规模可能停滞甚至缩小了,创新能力也逐渐显得匮乏,但这是在更大区域范围发展出更多样化的行业、培育出更多新企业和创造机会而付出的"代价"。

必然还是或然?

Pouder 与合作者认为,集群的兴起和衰落的原因其实是一样的,它们只是同一批相似的管理者和技术人员在某个行业的不同发展阶段的不同外在表现而已。当行业刚开始兴起时,他们敏锐地发现这个迹象,进而快速行动起来,集聚起各类行业发展所需的生产要素,并能联合起来寻求政策支持。在这个阶段,集群是大幅领先行业整体发展进程的。

但同样也是在这个阶段,集群领先的发展模式吸引了一批具有相似心智框架的管理人员,他们在集群的演化进程中进一步互相交流和影响,排挤掉那些"不合群"的内部企业之后,其心智模式更加整齐和统一。但这种一致性最终反过来让集群在耗尽现有的资源和技术储备之后无法应对突然而至的外部冲击,最后不可避免地走向衰落,被行业发展甩在身后。

虽然 Pouder 给出的缓解方案是在其中增设更多孵化器,让集群的构架更像创新区。但我们仍然得问,集群从兴起到衰落的发展进程是必然的吗?集群衰落时其内部人的心智模式的过分单调是怎么回事？可以怎样避免？

首先，这个进程显然不是必然的。虽然 Pouder 悲观地认为走向衰落的集群总是难以复兴，因为在漫长的趋同阶段，集群内的企业被"隔离"在行业发展趋势之外，技术上停滞，组织上低效。即便它们最终挣扎着克服了这种惯性，也很难再与集群外企业的组织和创新能力竞争了。但如果我们审视一下很多新兴行业的集群发展历史，会发现更普遍的情况是，在发轫阶段往往存在两个甚至多个集群分布在全国各地，就如萨克森尼安教授比较分析的波士顿128公路和硅谷的半导体发展以及过去十年生物科技产业在全美遍地开花一样。我们固然需要总结集群衰败的症结，但更应该多个方面横向对比，是哪些因素让其他同类的集群逃避衰败的命运？

事实上，Pouder 认为集群必然走向衰落的根本原因，是笃定集群内的所有参与者都会彼此约束、整齐划一地被禁锢在某个技术节点上而无法逃逸——症结其实就是集群缺乏知识多样性。那么反过来说，如果能确保在任何一个阶段集群都能维持多样化的知识，那么它可能就不会必然走向衰落。

但首先衍生出来的问题是，怎么定义知识的多样性？

1. 解构集群的维度

谈到集群知识的多样性，第一反应是集群需要"规模大、企业数量多"。事实上，企业数量正是量化集群的重要维度。这带出另一层意思是，知识多样化的集群涵盖的必须是一个大的行业。一个"规模大"的集群，如硅谷的计算机集群，包含半导体、存储媒介、软件开发和社交媒体等子集群。这些子集群并不是同时出现的，但一代又一代新的子集群都是在旧的基础上演化出来的（相当于是在旧的知识框架中添加新的要素，形成新的知识框架；新的知识框架会重新适配新的应用场景，变更和舍弃掉其中的部分知识，成为又一个"旧的知识框架"……），这种规模更广的集群，因为可以延展出更丰富的应用场景，自然也就具备更多样化的知识。一个羊毛制品集群的知识广度显然是无法与其相比的。

两位学者 Max-Peter Menzel 和 Dirk Fornahl 曾经以图 7.5 为示意，来说明集群范围的定义问题[①]。波特曾经以企业之间的"联系"来确定集群的边界："集群是某一领域内相互联系的公司和机构的地理集中地"，并且指出了联系的方式："既指贸易性的也指非贸易性的相互依存关系，如商品和服务的市场交换、劳动力市场的流动性、行为的模仿、社会网络以及面对面的互动和合作，其中大多数需要高度的相互信任和技术接近，以及技术活动的横向和纵向互补"，但显然，现实中的企业与机构的对外"联系"并非二进制的，而更可能是一个连续的光谱，波特并没有在这条光谱上核定"联系"与"非联系"的分界点在哪里。

---

① Menzel M P, Fornahl D. Cluster Life Cycles—Dimensions and Rationales of Cluster Evolution[J]. Industrial and Corporate Change, 2010, 19(1): 205-238.

图7.5示意的集群只有一个"聚焦点",但事实上一个集群可能包括多个聚集点(也就是上述的子集群)。因此,集群内的一些公司和机构如果扩张了自己的生产和销售网络,将合作模式延伸到集群外,那么被新联结进来的合作企业可能会成为另一个集聚点,这不仅增加了集群内企业的数量,还丰富了集群内的知识。因此,集群可以通过扩大其边界自我更新,增加异质性。这可以通过整合同一行业但在其他地方的企业,或者整合空间上相邻但在集群主题之外的企业来实现。

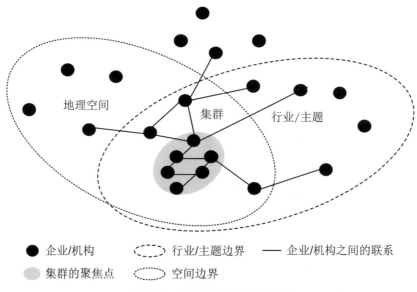

图7.5 恰当地定义集群的范围

集群增加知识多样性可以跨越本地空间,集群空间的定义自然就需要重构,因为空间是由集群内企业所在的位置以及它们之间的联系紧密程度塑造而来的——一个强大的和不断增长的集群在空间上的体现,就是能够将遥远地区的经济活动整合到集群中。萨克森尼安教授和合作者以硅谷为例,它起源于斯坦福大学研究院的园区,并逐渐扩展到周边的几个县,而当中国台湾的新竹产业园大量承接了它的制造环节之后,硅谷这个集群的地理范围也扩张到了新竹(虽然它的地理中心仍然是硅谷)[①]。因此,集群的空间和知识的多样性也是相辅相成的:当包含异质性知识的企业和研究机构被纳入集群时,集群的边界往往也会扩大;而当行业主题中那些边缘性的企业离开集群时,集群的边界也会随之缩小。

当然,仅凭企业数量(或员工总数)并不能描述集群的知识和能力状况。但从技术发展的轨迹来看,当一个新的技术原理被发现后,利用该原理去开发产品的路线事实上存在很多种(比如光伏发电的原理从1839年问世,贝尔实验室在1954年首次将其应用化,但之后为了提高转化效率,其三大核心组件——太阳能电池面板、控制器

---

① Saxenian A, Hsu J Y. The Silicon Valley-Hsinchu Connection: Technical Communities and Industrial Upgrading[J]. Industrial and Corporate Change, 2001, 10(4): 893-920.

和逆变器经历了多次技术迭代。每一次技术迭代都意味着会用新的原材料组装和控制方式来替代旧的部分),每一种技术路线是相当"异质"的,并且这些技术路线的未来发展前景具有不确定性。

但随着时间推移,某个技术路线会脱颖而出,被固化为最有希望的发展方向。这时,集群内的部分公司会逐渐放弃那些被"淘汰"的技术路线,导致集群内的技术路线越来越集中,企业数量越来越少,蕴藏其中的知识异质性自然也就随之降低了。最后,随着产业的逐渐成熟,集群更新异质性知识的动力会减少。但是大多数成熟的产业仍然能够保持一定程度的异质性——如果不能,技术轨迹就会变得越来越狭窄,与此轨迹相关的公司也会失去更新和适应的能力,其结果是前文 Pouder 所预示的行业衰退。

两位作者用图 7.6 形象地描述了集群的规模、知识多样性和异质性的问题。

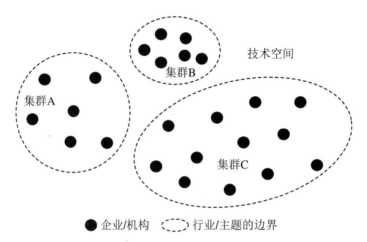

图 7.6 同一个技术空间下不同规模、知识多样性与异质性的集群

为了简化实际情况,假定上图中每个企业/机构都有相同的规模和创新能力,集群 ABC 的差异体现在以下三点上。一是规模,集群 A 和 B 的企业数量和规模相同,而集群 C 是它们的两倍。二是知识多样性,衡量的是企业和机构共存在多少种不同的知识。因为我们已经简化处理,假定图中每家企业/机构的知识是一样的,因此知识多样性和集群规模一样。三是异质性,描述的是企业和机构之间的"技术距离"。图 7.6 中技术上最集中的集群是 B,虽然它的企业数量和集群 A 一样多,但后者涵盖了更为广泛的技术领域,因此其知识也更加"异质"。集群 C 的规模和知识多样性是集群 A 与 B 的两倍,但其异质性与 A 相当。

最后,我们可以从定量与定性、内部与整体这两个交叉维度(表 7.1)来总结集群的特征,更好地解释集群生命周期的演化缘由。

从内部视角来看,要直观定量地衡量集群的规模,可以用企业/组织、总雇员以及协会成员的数量等指标;而定性地看,集群的好坏优劣应该以其多样性来衡量,其中包括知识的多样性、知识以外实际解决问题的能力以及多样化的组织形式等。

表 7.1 集群的维度

	定量	定性
内部视角	直接规模 • 企业/组织的数量 • 雇员的数量 • 协会成员数量等	多样性 • 知识 • 实践能力 • 组织形式等
系统整体	规模的利用 • 对集群的看法 • 集体行动的能力	多样性的利用 • 协同作用 • 网络和价值链的利用

而集群作为一个系统整体,定量的衡量方式就是它的规模效用。比如外部人对集群的评价(如全球最大的电动车制造基地)、集体行动的能力(如对标准产品的出厂价格维持、对政府的扶持与补贴诉求等);从定性的角度来看集群整体,反映的正是集群最根本的兴衰迹象,也就是它是否仍然具备提高整体多样性的能力,比如集群内部各个角色是否还能互相协作,去改善和更新集群内部的知识是否还能利用集群网络去吸纳新成员进入,从而提升集群整体效率。

集群能否跳脱出"命定的衰败",取决于集群内部知识的多样性以及异质性。尤其是后者,是集群增长的根本原因——可以说,知识的多样性只是异质性的基础,而集群效率提升的真正原因,是集群内企业对异质知识的吸收与利用。这个不断吸纳新知识、促进企业相互学习的动态进程,才是保障集群不会枯竭的源头活水。

2. 吸收与学习

基于本地的集群学习主要取决于两个因素:一是取决于本地的自身特点,也就是"一些知识创造和交流的形式,仍然非常扎根于特定地方的文化、制度和社会结构";二是指空间上的"接近"对互动的影响。第一点我们留待后文分析,先讲述适用于各个地区所有企业的第二点。

集群内互相邻近的企业之间的知识交流可以通过以下两种方式进行:一是直接互动:企业可以合作的方式促进双向学习,但这是显性的。大量隐性的学习方式是,企业之间相互监督,观察它们的竞争对手在做什么,进而评估竞争对手的行为和活动结果,并将对方的想法与自己的知识相结合。二是通过劳动力在企业之间的流动来完成(甚至不流动,但是企业的员工们私底下的社会接触比较活跃)。

这些不同的知识交流的方式在集群内塑造了一种看起来分散,但稳定且普遍的信息流。其最大的特点倒不是交易成本低、知识转移的效率高(当然的确也是如此),而是集群内的企业可以切身感知到,它们可以就地获得多样性的知识。因此,与集群外的企业相比,集群内企业可以在同一地点以更大的技术距离向更多的异质性行为体学习。

实证结果也支持这个论点。一个典型的现象是,一个国家/地区的同行企业之间技术差距往往比较容易弥补，但向国外同行学习要难得多。这也解释了为什么像瑞士的大型制药企业要在世界各地建立研究设施，因为它们需要将自己嵌入本区域去获取相关知识，仅凭跨国界的交流是不够的。

在学习过程中，企业会把现有的知识和资源与来自外部的新知识相结合，根据新知识的来源调整自己的知识基础，并相应地移动自己的技术——虽然技术的移动是由合作者的新知识驱动的，与他们的位置无关。那么，当企业在集群内学习时，它们会向集群内其他公司的技术方向移动，特别是向那些成功的公司和集群的主导方向移动：这个共同的关注点进一步促进了学习过程调整，而这种学习过程又被集群的特定机构所强化。结果是，在其他条件相同的情况下，企业之间的技术距离，以及集群内部的异质性，都会相应地减少。

总体来说，异质性的增加经常是通过集群外的学习而发生的。由于较大的技术距离的突然弥合，所带来的异质性增加还会格外强烈。因此，企业最终能够甩开同行业的竞争对手，在于它自身吸收知识的能力，被匹配上了一个可感知的知识丰富并且多样性的外部环境，其实不在于它是否位于集群内——只是我们天然地认为，集群一直都在提供这个功能（其实并没有）。

图 7.7 是在图 7.5 对集群形象描述的基础上，增添了"知识吸收能力"这个概念，有助于理解集群内部的企业为何会出现同质化的现象。

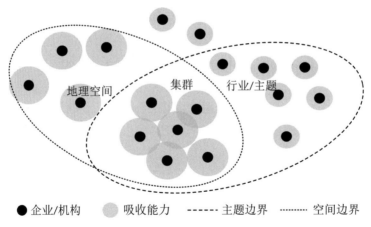

图 7.7　企业的知识吸收能力与它们之间的空间距离

3. 生命周期

我们已经说明，集群的发展进程并不必然是一条从崛起到衰落的单向直线。只要集群内的企业不被本地同行的思维框架所同化，能时时将技术视野放到全球领先的同行身上，能学习并吸收新的行业知识，那么集群就始终能够随时移动自己的技术路线，更新自己的生产方式，甚至进行革命性变迁，从而获得新生。

简单点说，能够被集群内企业获得的异质性知识才是预测集群发展态势的前导指标（图 7.8）。当异质性知识在本地快速增长的时候，或许预示着一个集群正在成形,虽然此时从企业和员工数量上来看,集群还未能被外界识别;而当异质性知识见顶之后,意味着集群结束了在该领域内探索新的知识,重点转向技术的开发与利用。这个过程会横亘集群的增长、维持和衰落三个阶段:集群会在某条技术道路上达成共识,并大力投入资源、横向开拓并逐步占领利基市场,最终因为"极度内卷"而走向衰落。

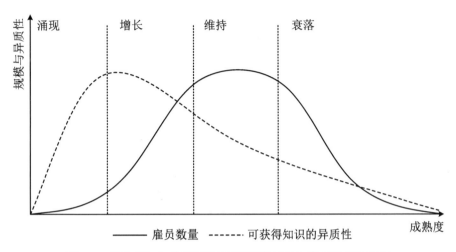

图7.8 可获得知识的异质性是"预示"集群发展前景的重要指标

如果这个过程没有"意外",那么集群会经历一个比较典型的四个阶段兴衰周期。

(1) **涌现**(Emerging)。很难精确定义一个集群首次"产生"的具体时间,其主要原因是,涌现状态的集群实际上还不是一个真正的集群。当硅谷在20世纪50年代初露端倪时,它只包含一些相当小的公司。这些公司的员工很少,并且在地理上也并不集聚。尽管如此,这些企业已经指明了集群未来的技术方向,就像硅谷的仙童半导体和作为附带产品那群"仙童"一样[①]。

此时,这些企业因为知识的异质性过大反而阻碍了交流,客户和供应商的关系也很稀少,限制了集群网络的组建。涌现阶段的企业协同主要体现在母公司和分拆公司之间(通常是利用从研究机构或大学取得的研发专利来创办企业)。而在此时,几乎不存在由行业主题联系起来的企业集中在某个空间内,而且正在"涌现中"的集群所在地区的经济活动也几乎无法与其他地区区分开来,因此,集群的"涌现"可能无法被察觉(见图7.9)。

但是,涌现中的产业集群在两个方面与其他地区存在不同:一是以公司本身为基

[①] 1957年成立的仙童半导体公司被认为是硅谷第一家具有现代化意味的初创企业,当它在20世纪60年代末左右分崩离析的时候,其旗下的员工又开始创建了无数的新公司,包括著名的英特尔、AMD和美国国家半导体公司等。而在1969年加州的森尼韦尔市(Sunnyvale)举行的一次半导体工程师大会上,400位参会者中只有24人未曾在仙童公司工作过。而此时,距离电子新闻记者Donald C. Hoefler(他最开始也供职于仙童半导体的公关部门)正式以"美国硅谷"的名称来命名该地区还有一年有余。据信,在20世纪70年代末硅谷大约有70家主要的半导体公司,其中半数是由仙童半导体公司的离职员工创办的。

础。出现的多个公司已经为当地新的技术道路提供了持久的愿景;二是当地的环境。比如强大的科学基础或政治支持,使涌现中的集群最终有可能达到临界质量。

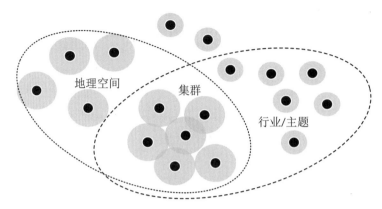

图7.9 处于涌现阶段的集群内部特征

说明:当集群还处于涌现中时,相互学习和吸收的"交互"部分较少,此时其内企业之间的异质性很大。

涌现中的集群所呈现的特征如表7.2所示。

表7.2 涌现中的集群的各项特征小结

	定量	定性
内部视角	企业和员工数量都很少	知识的异质性相当大
系统整体	难以被外部察觉,采用集体行动的可能性很小	内部互动的可能性也很小

集群的涌现阶段什么时候才能被外界真正察觉到,去认同这里出现了一个集群?一般来说,本地所有共同主题的企业数量或规模越过了某个临界点(比如某个行业已有50家企业或超过1000名雇员),并且本地区的该行业增长率仍然显著地高于其他地区。要突破这点,首要的关键是要围绕一个"焦点",快速形成多个企业之间的相互协同。

但需要说明的是,在这个协同过程中,现有企业并不是静止的,而是在技术空间中不断移动——这个相互学习的趋同过程减少了企业之间的技术距离,并使进一步的合作成为可能,同时也加速了企业的专业化、彼此的分工以及随之而来的市场回报。而当这些效应开始明朗时,基本上标志着集群已经被发现并进入了下一个"增长"阶段。

当然,"涌现"中的集群也可能面临难以突破临界点,从而无声无息地消失并从未被察觉、识别的可能。典型症状是,新兴的集群失去了那个"焦点"而难以在本地塑造协同效应。有两个决定性原因:一是已经分散的公司在主题上继续稀疏化。这些公司朝着不同的技术方向发展,从而扩大了它们之间的技术距离;二是企业数量减少,例如通过公司的破产或搬迁。这些"消失"的公司在新兴集群的能力结构中留下空白,进一步限制了互动的可能性。最后,这个新兴的集群可能从未涌现出来。

(2) **增长**。现有公司的强劲增长和大量新创公司的出现以及就业人数的强劲增长是一个集群的典型特征。与涌现中的集群不同,增长中的集群的边界是可以确定的:现有公司和新成立的公司都以集群确定的主题为中心快速增长,并且那些位于主题边缘的公司逐渐被淘汰也减少了集群的异质性——这种融合进一步缩小了集群的边界,让集群变得更加集中,形成了一个具有明显导向性的区域。

同时,随着集群边界内的企业和机构的密度不断增加,培养了客户和供应商的关系网络,并逐渐形成了一个专门的劳动力市场。新的潜在的网络伙伴不断出现,避免了个人被孤立。同时,完善的支持性基础设施和集群组织也被建立起来,去游说相关政策去不断满足集群的实际发展需要(见示意图7.10和表7.3)。

表 7.3 增长中的集群的各项特征小结

	定量	定性
内部视角	企业和员工数量快速增长	不同的技术路线快速"聚焦"
系统整体	外部明显察觉到的增长,集体行动,机构建设	内部是开放而灵活的

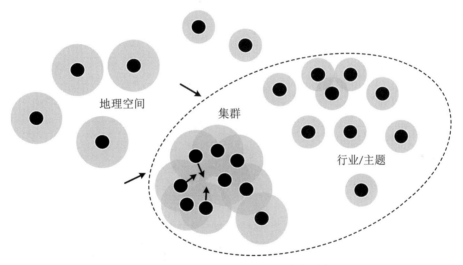

图 7.10 处于增长阶段的集群内部特征

说明:在此阶段,集群内的企业相互学习,交互部分明显增加,并且整体技术主题不断缓慢移动和调整(图中箭头的方向表示企业和行业技术主题的移动方向,下同)。

最后,当集群的增长减速到行业平均水平时,成长阶段就结束了,集群开始进入维持阶段——这种调整的主要原因是企业的不断洗牌,集群在技术方向上的不断集中,最终让多样性枯竭。底特律就是这方面的一个例子:在经历了初创企业的广泛创立、随后的洗牌、成长和大量并购之后,该集群最终进化为克莱斯勒、福特和通用汽车三寡头竞争的最终形态。

(3) **维持**。集群处于维持阶段时处于一种动态的平衡。这时它的发展速度相比集群外的同行,既没有显著提高,又没有在雇员数量等指标上出现明显下降。当然,在这些指标上,集群仍有波动,但更多的是行业周期性而不是结构性的。处于维持阶段的集群中的企业所需要的各种行业支撑,都可以通过密集和成熟的网络来实现。

需要说明的是,集群网络仍然是对外开放的,其中的企业仍然通过与外部企业和机构的联系为集群带来新的知识。并且随着新技术被纳入集群,集群的主题边界也会逐步移动,从而反过来影响塑造了它的区域环境——如果集群的影响力特别大,它甚至可以反过来定义环境(见示意图 7.11 和表 7.4)。

表 7.4 维持中的集群的各项特征小结

	定量	定性
内部视角	企业和员工数量的增长已经停滞	技术路线聚焦集中,呈现出强烈的区域特征
系统整体	集群反过来"定义了"本地区域	内部网络仍旧是开放的,同时协同效应显著,并能利用外部知识维持集群竞争力

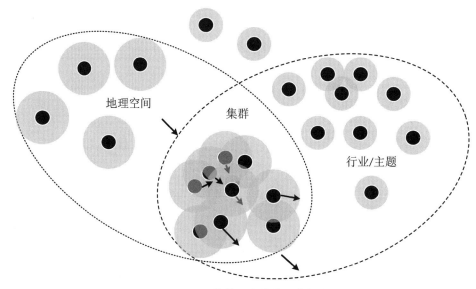

图 7.11 处于维持阶段的集群内部特征

说明:在此阶段,集群内部企业的学习交互更加深入,技术主题进一步集中,也有部分企业因各种原因被逐渐淘汰。同时,在这个过程中,集群网络对外仍是开放的。

处于维持阶段的集群最典型的例子包括德国巴登－符腾堡州的汽车(及零部件)集群[①],该集群在战后经历了 40 年的快速增长、总就业人数增长了 4 倍有余之后,进

---

① 德国巴登-符腾堡州是汽车的诞生地,当前州内积聚了 300 多家汽车直属企业,1000 多家汽车配件企业,以高品质的汽车著称(保时捷就产自该地),全州汽车行业的就业人口占到全德国 1/4,是欧洲遥遥领先的汽车产业集群。该地汽车产业集群在战后经历了一个快速增长的时期,就业人口从 20 世纪 50 年代的 5 万人左右一路增长至 1990 年前后的顶峰 23 万左右,随后该集群进入调整时期,就业人口曾经也出现小幅下滑,但至新世纪后逐渐又稳定回升,该集群进入了一个比较稳定的"维持"阶段:在 2008—2020 年,该集群的就业人口稳定在 21 万～23 万人之间(同期该行业占全州就业人口的比例也稳定维持在 17%～18%)。虽然该行业仍旧是全州最具创新性的行业,每年的研发投入超过 80 亿欧元,占到全州的一半左右,但整体上来说,该集群已经结束了增长阶段而停留在了维持阶段。如果考虑到汽车行业正处于快速的电动化变革之中,如果应对不当,巴登－符腾堡州的汽车集群可能即将面临严酷的"衰落"考验。

入稳定的"维持阶段",自 1990 年至今 30 年内总就业人口随国际形势周期性起伏,但总就业人口数量始终停留在 23 万人左右。集群的维持阶段最终会有两种不同的结局:第一种是沿着集群的多样性被逐渐耗尽的轨迹,慢慢走向衰退;第二种是通过"注入"新的异质性知识、移动产业主题的边界,重回新的增长阶段。但是一般来说,集群要"逆天改命",重获新生,也往往在经历实质性的危机之后(也就是彻底进入衰退阶段之后)。一个成熟而稳定的集群即便已经嗅到了未知的危险气息,但在没有全面的证据验证之前,要达成共识——集体行动起来自我革命,的确是不太现实。

(4) **衰退**。集群进入衰退阶段的迹象是,集群内的企业和雇员人数因为失败或合并等原因而大量减少,并且同期新创的企业数量很少。一个集群已然衰退的地区,经济活动会呈现强烈的集群导向:包括偏向特定的知识基础、过剩的高素质和专业化员工、对特定技术和市场的强烈关注等。

这样的集群最终所能承载的企业数量有限。但与预想中的情形相反,衰退集群其内部强烈的竞争往往会激发大量创新,但遗憾的是,这些创新都是在现有的和已用尽的技术路径中产生的:集群被消极地锁定在其先前成功的发展路径中了。可以说,这是长期存在的、封闭的、同质化的网络,无法引入外部知识来整合和更新集群之后的必然发展轨迹。

因此,一个衰退的集群已经失去了维持其多样性的能力,失去了适应变化的能力,也失去了独立更新的潜力。然而,由于强大的集群网络仍然健在,即使是一个衰退的集群也能采取有效的集体行动,如游说政府支持,去挽救自己的命运(见示意图 7.12 和表 7.5)。

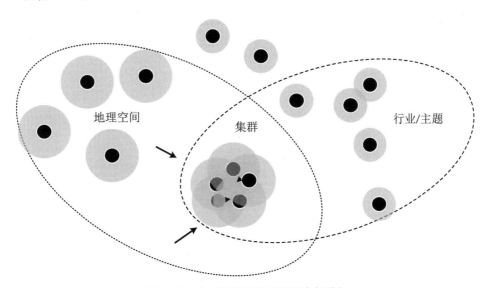

图 7.12 处于衰退阶段的集群内部特征

说明:在衰退阶段,集群内的企业因为都"消化"完了技术主题而变得过于相似,导致企业数量不断减少。集群只有采用新的技术路线才能获得新生。

表 7.5　衰退中的集群的各项特征小结

	定量	定性
内部视角	企业和员工数量都在下降	技术路线集中到一个过于狭窄的领域
系统整体	集群仍在游说政府的支持，本地开始对集群持负面看法	内部网络基本封闭，不再寻求引入外部知识去适配新的技术路线

集群的衰落阶段最终会演化出三种结局：一是遵循集群的周期，不断萎缩下去。另外两种都是因为异质性的增加而出现新的突破局面。二是嫁接来自其他地方的、与当前现有技术相关的新技术，重新激活集群；三是直接向完全不同的领域转型，这意味着将全新的行动者纳入集群。这种转型需要将本地完全不同领域的行动者联合起来，并经历一个强烈的学习过程才能完成。

总结来说，集群的生命周期模型包括四个阶段：涌现、增长、维持和衰退。并且只有在两个特定点之间，集群内的企业才能从集群网络中获得其他地方难以提供的支持：起点是集群的涌现被外界识别到之后，这时集群的集中度达到一个临界值，内部企业的表现要优于外部；终点是维持阶段的尾声，此时企业已经利用了集群的异质性，内部企业的发展环境已经落后于外部。这两个点标识出了集群发展的关键问题：一个集群应该如何跨越"涌现"的临界点进入快速成长阶段，但又同时防止集群滑向衰退？

如前文所述，知识的异质性正是集群发展的关键。如果集群的异质性不能持续，集群就会衰落；而如果异质性再次增强，该集群就能"返回"前面的发展阶段，再次焕发新生，并进入一个新的增长阶段。因此，集群的发展不是从左到右的决定性移动，而是如图 7.13 所示一样，可能会在倒 U 形曲线两边稳定地来回摇摆。

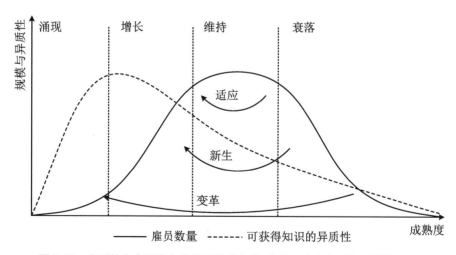

图 7.13　集群的生命周期之路并不是单向的，事实上存在多种"回溯"的可能

根据摇摆的幅度，我们总结了三种不同的方式。最普遍的可能是渐进式的，也就是不断将相关技术中的新知识汇入集群，逐步适应不断变化的环境，设法保持其异质

性，以维持住集群的行业地位（图 7.13 中的"适应"）。前文提及的巴登－符腾堡州的汽车集群就属于这种类型[①]。

异质性增加的方式也可能更加"激进"，此时集群会整合新的技术来更新自己的生产方式（上图中的"新生"）。典型案例是意大利马尔凯地区（Marche）的手风琴集群。该地区的手风琴产业最早可以追溯到 1853 年，在战后该集群达到巅峰时一度雇用了超过 1 万名手艺工匠，年产超过 20 万台手风琴。但随着 20 世纪 70 年代电子产业的兴起，手风琴行业也面临痛苦的转型。该集群最终从意大利北部工业区引入了大量电子行业的专家与本地熟练工匠的合作，将外部知识和信息经过调整后融入当地环境，把电子技术编码技能整合到当地传统的乐器生产过程中，最终让该集群从传统手风琴制造转向了电子乐器生产[②]。

集群"摇摆"幅度最大的类型，发生在彻底摆脱旧有产业进入全新领域时（图 7.13 中的"变革"）。这种巨大变革最典型的例子就是德国的鲁尔地区。作为德国工业的发源地，自 19 世纪以来鲁尔地区的经济就一直深耕煤炭开采、发电和炼钢等严重依赖煤炭的重工业，到战后 1955 年的巅峰时刻，鲁尔地区拥有 48 万煤矿工人。但自此之后在国际竞争等大环境下，鲁尔地区经历了痛苦的经济转型，到 2018 年关闭最后一座煤矿时，鲁尔地区从事煤矿开采的工人仅剩 3371 人。与之相对的是，鲁尔得益于几十年以来全地区的前瞻性结构政策和支持经济多元化的大规模公共投资形成了协同效应，许多举措建立在该地区的遗产和现有工业资产的基础上，侧重于环境技术、工程、商品运输和大型社会文化项目，包括位于埃森（Essen）的前煤矿综合体，成为联合国教科文组织的世界文化遗产，开发出了多样化的文化产品；以及改造而成的、提供了 5000 个工作岗位的国际建筑展（IBA）Emscher 公园。最重要的是，鲁尔地区拥有的 22 座大学，在恢复煤矿和保护自然环境等方面研究开发出了大量专业技术，从事该领域的毕业生最终支撑起了一个强大的环境服务产业，至 2000 年中期，鲁尔地区从事环境技术研发的人员已超过 10 万人。

[①] 巴登符腾堡州的汽车产业集群当前主要由大型汽车整车厂主导，在这里进行研发、整车设计、高科技部件和质量保证，而中小企业通过专注于高科技配套产品，与大企业紧密集成，整个行业呈现高度的横向一体化。但作为大型车厂二、三级供应商的中小企业，普遍严重依赖大型车厂的需求和策略，产品开发也是按照大型车厂拟定的渐进性创新目标而进行的，基本上缺乏自主探索的资源和动力。集群的异质性知识主要来源于本地声誉卓著的大学和研究机构，但在汽车逐渐向电动化和信息化变革的历史环境下，大型车厂仍然缺乏动力与更广泛地区的信息科技公司建立更广泛的联系，即便本地两小时车程内存在像 IBM 和 SAP 这类信息巨头。更多的信息见兰德公司的报告《万向创新聚能城：关于发展创新型产业集群的建议》中关于巴登-符腾堡州汽车产业集群的案例介绍。

[②] Tappi D. Clusters, Adaptation and Extroversion: A Cognitive and Entrepreneurial Analysis of the Marche Music Cluster[J]. European Urban and Regional Studies, 2005, 12(3): 289-307.（随着全球化发展，中国已经成为手风琴的主要生产市场，意大利马尔凯地区的手风琴产业也逐渐转型为"小而美"的集群，不少生产商已经专门经营定制化的高端市场，最昂贵的品牌售价可达 4 万欧元。）

第八章　集群是一个复杂适应系统

集群的发展进程似乎在"模拟"生物体的生命周期，但它同时又能够跳脱出生物体必然从兴起走向衰落的必然命运，再次回复到增长和维持阶段。这个现象很难不让人觉察到，集群可能也属于复杂适应系统（Complex Adaptive System，CAS）[①]。事实上，已有学者从该角度来分析集群。来自英国剑桥大学的Ron Martin和南安普敦大学的Peter Sunley认为[②]，集群具有生命周期的这个隐喻，虽然在解释集群的发展变迁历程上是具有启发性的，它生动地对外展示了集群内部事实上蕴藏着不断变化的生命力。但"生命周期"这个词汇同时暗含了"依照时间顺序无法逆转地不断老化"的意思，安置到集群身上却并不合适。事实上，如果将观察集群的视野放宽、时间段放长，就会发现集群的命运并不像生命的演变那么必然：实际上集群更像一个复杂适应系统，它在多个节点上都可能会根据外部环境发生变迁，也就是说，其演化路径是开放的，传统的生命周期模式只是其中比较典型的一种情况而已。

适应与进化？

1. 复杂适应系统

两位作者在集群生命周期模式的基础上开发出了一个适应性循环模型（图8.1）。这个模型继承了集群生命周期的四个阶段，但根据复杂适应系统的特点进行了相应"调整"。将出现在生命周期发轫之初、并且仅会出现一次的"涌现"（Emerging）阶段

[①] 复杂适应系统是由社会学家Walter F. Buckley在1968年提出的，他认为心理和社会文化的进化类似于生物物种。经过多年发展，这个概念近年来已经发展成为一个跨学科、试图融合自然科学和社会科学并且包含多个理论框架的综合性学科。现在该领域的研究认为，典型的复杂适应系统至少包括气候、城市、公司、市场、政府、工业、生态系统、社会网络、电网、动物群、交通流、社会昆虫群（如蚁群）、大脑和免疫系统、细胞和发育中的胚胎、政党、社区、互联网和网络空间等。研究人员认为，这些不同领域的复杂系统所呈现出来的类似特征，可能是因为其底层具有"相似的基本原则"在起作用。因此，可以利用一个系统的关键特征来深入了解看似不同领域的运作情况。但更多的研究仍不明朗，我们在此不作深入介绍。

[②] Martin R, Sunley P. ConceptualizingCluster Evolution: Beyond the Life Cycle Model[J]. Regional Studies, 2011, 45(10): 1299-1318.

变更为能出现多次的"重组"(Reorganization),将"增长"(Growth)阶段换成了情感色彩更强烈的"开发"(Exploitation),将持续时间最长但同时又缺乏变化的"维持"(Sustaining)阶段批评为"保守"(Conservation),最后又认为"衰落"(Declining)应该不是集群的终点而应该只是这个循环的"消退"(Release)。

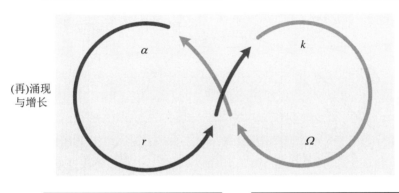

图 8.1　集群作为一个复杂系统进化的适应性循环模型(Adaptive Cycle Model)

同样,前述生命周期论认为,驱动集群阶段变迁的决定性因素是知识的多样性与异质性(尤以后者为甚)。与之相对的是,作为复杂适应系统的集群,将这个多样性和异质性划分为以下三个维度。

一是集群内累积的、可用的资源能力。该指标看似指的是"知识多样性",但实际上是直观可见的集群内企业、机构以及雇员的数量,总体反映的是集群的活跃度,与集群的兴衰直接相关。

二是系统各部分内在的联系。这个指标其实相当于知识异质性的一个变量。如图 8.1 所示,当集群处于"重组"或"涌现"阶段时,此时知识异质性很高,集群内部联系程度很低;而当集群处于开发和保守阶段,知识异质性降低,集群内部各方对技术开发的方向逐渐统一,此时联系程度反而会加强;而当集群进入衰退或消退期之后,因为异质性严重消退,内部的联系度也会随之降低——除了衰退阶段,集群内部联系程度更像是知识异质性的一个反向指标。

三是集群的复原力,它衡量的是集群系统对外部冲击、干扰和施压时所展示的恢复能力。显然这个指标就是在适应性复杂系统这个语境下专门设置的,它实际上就是前文所述的知识异质性:异质性越多,复原力往往越强,因为集群总是从多样化的知识储备中找到能在冲击之下存活下来的技术路线。但在实际处理上,两位作者为了体现集群的"适应性",在重组和消退阶段,对其作了首尾相连的处理。

这三个维度在复杂适应性系统的变化情况,如图8.2所示。注意图中右下角的A、B、C路线,它显示了集群在走完衰退与消散阶段之后被重组时,可能存在的三种不同命运。其中A路线表示集群因为无力重组而直接消失了;B路线表示集群经历一个更新的阶段(类似前文意大利马尔凯的手风琴产业集群);C路线表示有一个新的(完全不同或不相关的)集群出现并取代旧集群(像前文德国鲁尔地区的例子)。

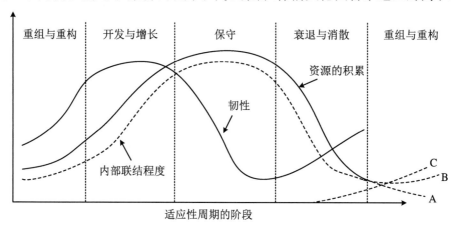

图 8.2 适应性周期中集群的资源积累、联结程度和复原力的典型演变

2. 集群的适应路线

从已经可观察到的案例研究来看,集群这个复杂适应系统的演化路径主要包括以下六种,如图8.3所示。

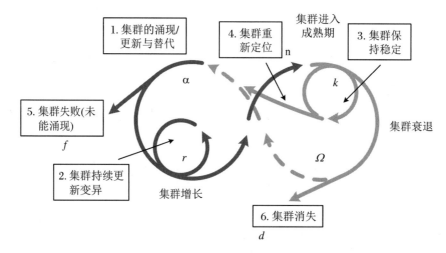

图 8.3 集群适应性循环的六种模型

其中,对6种适应性循环模型的演化轨迹的阐述如表8.1所示。

第八章 集群是一个复杂适应系统

表 8.1 六种适应性循环模型的演变轨迹

进化轨迹	进化的阶段和典型特征	可能的机制	对应的集群案例
1. 集群的涌现/更新与替代	• 涌现、成长、成熟、衰退，最终被一个新的集群替代 • 集群演化遵循典型的适应性周期，替换或更新集群会利用从旧集群中继承的资源和能力	• 当集群经过周期的各个阶段时，复原力会先上升后下降 • 由于内部僵化、收益增加效应的耗尽，无法承受重大的外部竞争冲击，集群会萎缩 • 但留下的足够资源、继承的能力和实力，为基于相关或同源专业的新集群的出现提供了基础	这可能是经典的生态循环，沿着涌现、成长、成熟、衰退再到重构、维持、衰退再到重构这种模式。除了前文提到的德国鲁尔地区从煤炭到环境服务的转型，这类被总结的案例还包括： • 美国俄亥俄州阿克伦市（Akron, Ohio）周边原有一个轮胎制造产业集群，但后来逐渐衰落之后，原先围绕该产业的那些生产性的"遗产"，包括私人和公共的研究机构等，这些因轮胎制造的消退所释放出来的资源在某种程度上被重新组织到了一个更专注于聚合物领域，从而让集群再次焕发新生[1] • 英国伯明翰地区原先珠宝产业的萎缩，也释放出了大量的产业资源，让本地成为了一个更专注于珠宝专业零售的创意区[2] • 英格兰北部曾经繁来转移到户外设备和服装行业，成为地区新生的重要力量[3]
2. 集群持续更新变异	• 涌现、增长、以及不断的结构和技术变化 • 集群不断地适应和发展，可能是通过相关多元专业化和技术变异或扩大 • 现有企业的衍生生产活动的新分支有连续发展 • 在基本技术具有通用用途或一般用途特征的情况下，这种情况尤其可能出现	• 集群企业能够多或少地持续创新，集群在产业专业化和技术体制方面不断变异 • 现有企业和相当地研究机构的衍生生产品的比率很高 • 集群具有高度的复原力	这些集群往在同于高科技产业，不会依赖大量固定资产投资或者外部廉价劳动力，并且区内企业之间会形成一个"开放性网络"，展现出非常强的适应性和集群学习能力。这些集群内的企业会储备非常多的"预备知识"，用来在当前的集群中试验，最后形成突变，从而一次次"复兴"集群： • 最典型的案例是硅谷，然是佳径 • 但不是每个高科技集群都能持续保持在"增长"区间内，英国剑桥大学附近的高科技产业集群过去也一直被认为符合这种年轻的、不断进化和变异以增长为导向的管理文化，但一系列内部的拥堵现象，居高不下的土地成本以及缺乏以支持这个持续更新的集群出现已经让这个持续更新的集群出现了僵化之相[4]（Stam, Martin, 2011）。

① Carlsson B. Institutions, Entrepreneurship, and Growth: Biomedicine and Polymers in Sweden and Ohio[J]. Small Business Economics, 2002, 19: 105-121.
② Propris D L, Lazzeretti L. Measuring the Decline of a Marshallian Industrial District: the Birmingham Jewellery Quarter[J]. Regional Studies, 2009, 43(9): 1135-1154.
③ Parsons M, Rose M B. The Neglected Legacy of Lancashire Cotton: Industrial Clusters and the UK Outdoor Trade, 1960–1990[J]. Enterprise & Society, 2005, 6(4): 682-709.
④ Stam E, Martin R. When High Tech Ceases to be High Growth: The Loss of Dynamism of the Cambridgeshire Regio[R/OL]. [2012-12-10]. https://dspace.library.uu.nl/handle/1874/309976.

续表

进化轨迹	进化的阶段和典型特征	可能的机制	对应的集群案例
3. 集群保持稳定	• 涌现、成长和成熟、然后停留在稳定状态、尽管剩下的企业是以一种规模大大减少和受限的形式 • 集群可能在很长一段时间内保持这种状态	• 虽然集群可能会经历一个规模下降的阶段，但剩下的企业专注于高利基市场而生存下来 • 该集群保持了一定程度的弹性，但仍有可能受到（进一步）衰退的影响	同样，很多集群在进入稳定状态后，内部企业虽然也呈现出多样化的发展迹象，但并没有达到让它们重新焕发活力或启动另一个新集群的地步。类似的案例包括： • 英国的西米德兰（West Midlands）地区的锁具制造集群通过转换市场焦点，最后集中于高附加值的销具及时交货的服务而得以生存下来① • 意大利有些地区通过成品生产转向产品规模而稳定下来，而另一些地区则提升了产品质量，在设计和营销方面更加专业化而得以维持② • 苏格兰的阿伯丁石油综合体（Aberdeen Oil Complex）中的很多中小型企业多年来虽然没有进入新市场，但通过出口市场的多元化战略，维持了整体稳定③
4. 集群重新定位	• 在达到或接近成熟时，或在集群处于衰退的早期时，企业重新调整其产业和技术专长，新的集群出现了	• 该集群实际上是以一种新的形式进行分化，而没有经历长期的衰退 • 在这个过程中，更具创新性的主导企业可能会发挥关键作用。例如，对市场饱和或主要竞争对手的崛起做出反应，或者技术突破可能会激活重新定位	和第一种进化轨迹不同，重新定位的集群从一个产业进入衰退阶段之前，就已经在另一个产业中开拓了新的发展路径。能在根在、往往是成熟集群内的企业仍然保持了难得的内在活性、足够的弹性和灵活性。因此在旧产业集群进入衰退之前，就已经开始重组和调整经营活动。类似的案例包括： • 意大利蒙特贝卢纳（Montebelluna）市从传统的制靴产业集群主动"重新定位"于以技术为先导的运动鞋服市场（包括滑雪靴、登山鞋和徒步鞋等）可能是一个比较典型的例子，虽然新集群同样分享了旧集群的一些分包和供应商，但体育技术是重构的④

① Bryson J R, Taylor M, Cooper R. Competing by Design, Specialization and Customization: Manufacturing Locks in the West Midlands (UK)[J]. Geografiska Annaler: Series B, Human Geography, 2008, 90(2): 173-186.
② Rabellotti R, Carabelli A, Hirsch G. ItalianIndustrial Districts on the Move: Where are They Going[J]. European Planning Studies, 2009, 17(1): 19-41.
③ Chapman K, Mackinnon D, Cumbers, A. Adjustment or Renewal in Regional Clusters? A Study of Diversification Amongst SMEs in the Aberdeen Oil Complex[J]. Transactions of the Institute of British Geographers, 2004, 29(3): 382-396.
④ Sammarra A, Belussi F. Evolution and Relocation in Fashion-led Italian Districts: Evidence from Two Case-studies[J]. Entrepreneurship and Regional Development, 2006, 18(6): 543-562.

续表

进化轨迹	进化的阶段和典型特征	可能的机制	对应的集群案例
5. 集群失败（未能涌现）	·新兴的集群未能起飞和成长，本地企业因数量和质量不够而难以形成一个有效的集群	·集群未能达到足够的临界值，外部性或市场份额、创新也可能出现障碍，新企业形成率低，企业失败率高，从而让有意进入者望而却步	不少规划中的集群最终因为规模效应不足而无法起飞，多是因为政策倡议下的新兴集群在任何社会遭遇到无法吸引足够的私人投资（尤其是锚定企业和机构）以及企业家之间缺乏社会网络的问题。这方面的例子很多，包括： ·爱尔兰都柏林规划数字集群的失败尝试[1] ·马来西亚规划建设生物科技产业集群的失败实践[2]
6. 集群消失	·涌现、增长、成熟、衰退和淘汰，没有转化为新集群或被新集群取代型，但继承的资源和能力不足以或不适合形成新集群的基础	·集群经历了与完整适应性周期模式相同的最终萎缩和衰退（第一种类型），但继承的资源和能力不足以或不适合形成新集群的基础	集群被"锁定"在衰退阶段而无法重生，之后慢慢被"终结"而消失，可能是大多数集群的命运。这类集群难以摆脱衰退、创新重组，因此也无法留下"后代"。这类例子很多，包括： ·英国谢菲尔德（Sheffield）的钢铁产业[3] ·苏格兰邓迪（Dundee）的黄麻产业[4] ·意大利科莫（Como）的丝绸产业[5]

[1] Bayliss D. Dublin's Digital Hubris: Lessons from an Attempt to Develop a Creative Industrial Cluster[J]. European Planning Studies, 2007, 15(9):1261-1271.
[2] Cyranoski D. The Valley of Ghosts[J]. Nature, 2005, 436: 620-621.
[3] Potter A, Watts H D. Evolutionary Agglomeration Theory: Increasing Returns, Diminishing Returns, and the Industry Life Cycle[J]. Journal of Economic Geography, 2011, 11(3):417-455.
[4] MacKay R, Masrani S, McKiernan P. Strategy Options and Cognitive Freezing: The Case of the Dundee Jute Industry in Scotland[J]. Futures, 2006, 38(8):925-941.
[5] Alberti F G. The Decline of the Industrial District of Como: Recession, Relocation or Reconversion [J]. Entrepreneurship and Regional Development, 2006, 18(6):473-501.

当然，以上总结的六种集群进化轨迹只是基于经济地理学领域已经归纳整理的案例研究，它显然并没有穷尽集群所有的进化轨迹。事实上，对集群进化轨迹的剖析，严重依赖我们所截取的时间跨度。比如，那些我们认为保持在突变阶段的集群（轨迹2）或者停留于稳定阶段的集群（轨迹3），最终也可能不得不接受衰退的命运——但好在我们对集群的研究目的并不是想要找到一个永生的集群，而是探寻出这些演化路径所对应的复杂集群环境是如何形成的，它们如何影响其中的企业，又如何被这些企业反过来塑造。

总结来说，集群"适应性循环"的隐喻是对生命周期模型的一次"升华"。两者都认同"复原力"是集群的生命之源，但前者的解释力更具有普适性，更能概括不同集群的发展历程，而后者只是前者的一个典型轨迹而已。适应性循环的模型也揭示出了一些集群以往没有被观察到的特点。

首先，集群虽然并不遵循一个既定的僵化路径，但它的确是"连续动态"变化的。集群仿佛时刻受到地心引力一般，被拉坠向衰退，是它内在的复原力让它在其他几个状态之间来回移动，而不至于掉下来。

其次，虽然集群在不同状态之间的迁移是"连续动态"的，但在任何一个节点上，它下一步的方向又往往是不可预测的。这是因为，我们还难以从集群内部视角出发，去量化每个企业对集群复原力的贡献：集群网络中某个节点性企业因为搬迁或破产而消失，是否会形成无法弥补的窟窿让网络越发松散，还是反过来激发其他节点的直接联系从而让网络更加紧密结实，对此我们仍然不够知晓。

最后（也可能是最重要的一点），适应性循环建立在资源重组和再利用的基础上：事实上，集群的更新取决于如何再加工前几个周期遗留的问题，当然，这个加工过程吸纳了外部引入的和内部新生的元素。新集群能否在旧集群的遗址上崛起，取决于集群内部是否具备利用新元素去重新使用、组合过去遗产的能力——因此，集群的演化轨迹总是存在一定程度的路径依赖：这个词汇经常和"技术锁定"联系起来形容集群失败的原因，但它事实上是中性的。重生的集群即便是重新定位、跳跃到新的行业，但它所依赖的技术储备也往往来自旧集群中的关键企业和机构，并且这个新行业中的新生企业也经常是脱胎于旧的企业和机构——可以说依赖是既定的，成败的区别在于意愿，并且能否从现有路径中找到新的出口。

迄今，我们对集群和创新区的讨论重点，主要放在知识溢出、技术锁定、路径演化等这些产业地理空间的特定属性上，还没有将不同产业的差异，如竞争状况、环境法规、政策监管、全球市场等这些广泛的产业因素纳入集群模型。但实际上，集群演化的动力和约束其实更多来自这些外部因素。比如，近年来我国以上海为主的半导体产业集群与中国台湾地区半导体集群、日本半导体设备集群以及美国硅谷半导体集群之间，一直处于一种竞争而合作的状态。国内半导体厂商深受这些集群企业的影响，但同时也是这些其他集群内企业所面临的外部环境的一部分。

集群看起来像一个丰富而完备的"知识社区"，企业也能从本地的溢出效应中获益,但来自外部竞争对手与合作者的知识,可能在驱动集群内企业创新上更加有效。当然,集群与外部企业的竞争、合作和渗透是双向的。最后展现的效果是,集群与外部市场的界限会越来越模糊——事实上,这正是复杂适应性系统的进化功能的核心:在一个开放系统中,组成整体的各个部件会各自穷尽所有的改进办法,探索出最短最便捷的道路,从而让整体效率上升一个层级;在这个层级上,整体又会分解出新的结构,从而再次进化……

除了全球市场的联系,在其他很多方面也同样如此,集群内的企业可能还"来不及"足够雷同而陷入衰退,整个集群可能就在整体扩张过程中因为耗尽了廉价劳动力、触碰了环境法规、遭遇了知识产权冲突等原因而不得不从原有的路径中"改弦易辙"。

总体来说,虽然我们之前基于在知识社区这个相对封闭的模型中对集群的进化之路进行了"模拟",但显然现实中,因为和外部环境之间的双向互动是深入而频繁的(图8.4),因此它的进化驱动力会更加复杂。

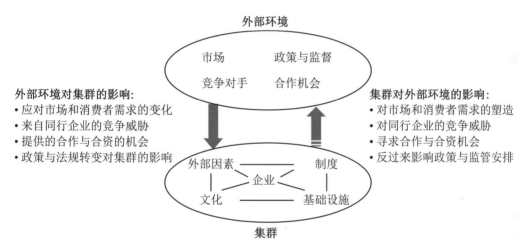

图8.4 集群与外部环境之间的双向互动

国内有学者针对曾经用北京中关村科技产业园和东莞的个人电脑制造集群的案例,来说明集群在现实中的演化之路的复杂性[①]。三位作者认为集群的自组织(Self-organization)进化过程是景观设计[②]、正反馈和边界约束三方面共同作用的结果(见

---

① He Z, Bacchus R L, Wu Y. Self-organization of Industrial Clustering in a Transition Economy: A Proposed Framework and Case Study Evidence from China[J]. Research Policy, 2011, 40(9): 1280-1294.

② 原文为"景观设计"(Landscape design),内涵上相当于博弈论中的"机制设计"。该词汇引用了进化理论(Evolutionary Theory)中的核心概念适应性景观(Adaptive Landscapes)。"景观"的概念最早由人口遗传学家 Sewall Wright 在 20 世纪 30 年代提出,他认为进化就像是登山,而景观就是登山过程中看到的不同风景。这个概念后来被 Stuart Alan Kauffman 扩展为"适应性景观"(Fitness Landscape),用来表示个体行人在努力适应环境的同时其行为反过来又重塑了环境。在这里,三位作者的"景观设计"指的是集群以及指导它运行的整个宏观制度环境,包括政府制定的政策和非政府机构的倡议与支持条件。这些政策和机构倡议在短期内对集群可能是外生的,但从长期来看,它们在指导集群(以及其他)逐渐发展之后"影响了"附着于其上的整个经济,经济环境变化反过来又对整个宏观制度环境提出了新的要求,所以它们又成为内生的。

图8.5)。

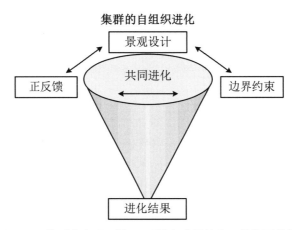

图8.5 集群在宏观环境、正反馈和边界约束下的共同进化

图8.5中的正反馈(Positive Feedback)正是集群在集聚过程中所呈现出来的经济加速现象。集群在涌现出来之后让其所在的地理空间呈现出超越本地的竞争力,从而吸引劳动力、资金和供应商前来落址,这反过来又增加了集群空间对外部同类企业的吸引力。

而边界约束可能来自集群内部或外部,它们可能会限制、减缓甚至叫停集群的进化。常见边界约束的例子包括自然资源的限制、政策制定者的短视、集群身份的锁定和宏观条件的不利变化(表8.2)。

表8.2 集群进化进程中可能遭遇的边界约束

边界约束	例 子
自然资源限制	自然资源的过度开发、基本资源的短缺、环境污染
高成本	劳动力成本、地租和生活成本的上升
短视的政策制定	追求短期收入而牺牲(长期)可持续发展,政策行政干预大于企业自由
战略近视	战略惰性、战略同质化、无法(或不愿意)适应变化的环境
集群身份固化	观念聚焦、对流向集群的外部资源的排斥
宏观条件	劳动法规定更好地保护雇员免受剥削、更严格的知识产权保护、外汇汇率的上升、国际贸易壁垒等

国内的适应性案例

1. 中关村科技产业园

中关村科技园区的前身曾经集聚了大量的科研院所,可以说是中国最早的高科技集群,行业覆盖半导体、计算机和电信等。它的市场化改革起始于20世纪70年代末,当国家经济改革首次以市场化为导向后,该地区研究机构的科研经费被大量削减;同时,这些机构被鼓励出去建立企业,将科学创新的成果"转移"到市场上去自筹资金。为此,政府还专门启动了"火炬计划",资助新成立的技术公司。

1980年10月,隶属于中国科学院物理研究所的陈春先和一批同事建立了一个准商业的实体。这个实体最终发展为一个平台,促进了科学研究从实验室到市场的直接转移。到20世纪80年代初,已有多个研究科室被剥离出来,在本地形成了40多家高科技公司,后来它们一起成了中关村电子街的核心。

在接下来的几年里,这些企业向政府施加压力,要求加大政策扶持力度,包括降低税收、更灵活的就业和更便捷的财政支持。最后在1988年,政府在全国范围内批准了28个"高新技术开发区",中关村电子街被规划为最大、最著名的一个,并被改名为后来广为人知的"中关村科技产业园"。作为政府项目,中关村科技产业园会直接给新公司部分资金用于基础设施建设并提供管理指导,同时还会充当连接这些高科技企业和金融机构的桥梁,比如为这些企业申请的银行贷款和政府资金提供担保。

中关村科技园区的官方统计数据显示,从1988年到2007年,高科技企业的年增长率为48%,企业数量从1988年的527家增长到2007年底的21025家。其中,总收入超过100亿元的大型企业只占4.2%(大多数企业仍是中小型企业)。到2007年底,中关村高科技产业集群主要集中在电子信息(62.2%)、生物医药(3.2%)、先进制造业(5.8%)、新材料(8.4%)和新能源(9.0%)等领域①。

(1) **景观设计**。中关村高科技集群这些年所面临的宏观制度环境是逐步建立起来的,并且经常回应集群内企业的诉求而调整,这个相互影响的过程比较典型地反映了"适应性景观"的设计进程。

在改制之初,中央政府也很难知道哪种企业和组织能更好地刺激经济增长,因为充分将权力下放给了微观的个体和企业,当时对组建企业的指导方针被戏称为"四有原则":自选伙伴、自筹资金、自营业务和对所有损失自负其责。这种宽松的政策结构鼓励企业去自我摸索,也客观反映了当时我国政府对总体政策框架的结构、范围和潜在影响的不确定性。一位接受访谈的政府官员回忆当时的情形时说:

"一开始,我们不知道市场经济在中国是如何运作的,因为我们已经经历了很长时间的计划经济。由于这个区域有大量的大学和研究所,有很多人想创业。我们所要做的就是等待。当他们遇到一些困难时,他们就到我们的办公室寻求帮助。渐渐地,我们了解了他们的需求。对于常见的问题,如注册程序、税收、融资等(你知道,在

---

① 该论文发表时能获得的统计数据。从可获得的最近数据来看,2019年中关村科技产业园的企业总数量为24892家(比2007年仅增加了18.4%),其行业分布如下:电子信息15779家(63.4%)、生物医药1708家(6.9%)、先进制造业2168家(8.7%)、新材料1071家(4.3%)、新能源1255家(5.0%)等。中关村从2007年到2019年的企业数量变化不大,而且行业分布的结构也基本类似。但最大的变化显然是这些企业的规模扩大了数倍。比如总员工数量增加了2倍有余(218万人 vs 89.9万人);总收入更增加了6.4倍(66422.2亿元 vs 9035.7亿元);自然,总收入过亿的企业在中关村再也不稀罕了,2019年这样的企业达到3959家,比2007年增加了6.5倍,占总企业的1/6左右——我们可以初步认为,2007年的中关村是当前成熟阶段的雏形。

当时,即使是注册一个新的公司也是如此麻烦),我们会与其他政府部门开会,并试图找到一种方法,使其为创业者提供便利。"

在该案例中,在实施放松管制的政策方针之后,政府起初对中关村集群来说"只是"一个外生因素。集群内的那些高校和科研院所的研究人员在适应了管制放松的政策之后,迅速在中关村内掀起了一波创业高潮,创新产品和服务因此纷纷出现。仅几年之后,中关村就成了一个高科技产业集群,不同公司之间积极互动,员工在企业之间相互跳槽也已经相当普遍。

而当中关村电子街开始向政府要求更多的政策扶持,并间接促进我国出台具体的条文政策去建设 28 个高新技术开发区时,政府此时对中关村集群来说显然又是内生的——这种宏观机构和微观主体之间的持续互动,是中关村集群得以稳步进化的基础:作为首个高新技术开发区,中关村在此之后进一步扩大了企业发展的范围和自由度。

当然,政府也并非对集群的发展"不闻不顾",对新企业来者不拒。从企业资本的所有权来看,中关村集群在 2000—2007 年的外商及中外合资企业的总比例一直停留在 11% 左右[①],说明政府仍在设计和控制集群,关注企业的资本结构,甚至只批准符合国家产业政策的企业。

(2) **正反馈**。中关村科技产业园能加速发展的动力主要来自两点。一是人力资源的引进和开发,二是知识溢出。该地区作为国内最大的知识和资本密集区,集中了一大批国内领先的大学以及 20 多个隶属于中国科学院的高等研究机构。强大而紧密的校际网络将大量高素质的毕业生源源不断地吸引到这个集群里,激发了人才专业库和潜在可分享的知识潜力。这反过来又吸引了更多专家来中关村创办企业。接受采访的一位经理说起自己当初的就业经历:

"我于 1990 年毕业于清华大学。当时,我的同学们几乎都梦想着能在中关村找到工作,不仅是因为中关村能提供更高的薪水,而且工作环境也很有吸引力。在中关村有很多同学和朋友,大家来往频繁,交流信息和跳槽都很方便。这些对于既没有工作经验又没有社会关系的我们来说都特别重要。"

高科技产业的另一大特点,是企业特别依赖熟练的高精尖人才。专业技能依附在人才身上,驱动了这个行业的高跳槽率,间接带动了知识溢出。中关村集群"分拆"公司层出不穷,研究所或高科技企业中的雇员总能找到机会,出去创办新企业去满足自己在之前工作中发现的行业空缺——信息与知识在中关村集群内快速流转。

中关村的快速成长让西方跨国公司认识到了它未来发展的潜力,它们逐渐将中关村作为自己在中国投资的首选地点。这反过来又刺激了后来的跨国公司在中关村的集中——有证据表明,外国直接投资在落地时也更倾向于选择一个已经表现出聚

---

① 到 2019 年,外商企业仅有 842 家,占比为 3.4%;算上港澳台总计 1409 家,占比达 5.7%。

集效应的地点。

智力资源、知识溢出和外国直接投资,这三个要素的发展和其相互碰撞产生了大量的正反馈,从而促进了中关村集群的再组织进化。

(3) **边界约束**。虽然各种类型的积极反馈刺激了产业集群的再组织进化,但抑制因素也同时在限制这个演变过程。中关村虽然有源源不断的研究项目等待商业化,并且享受高技术园区的低税率和财政返还等优惠政策,但其成长进程还是遭遇不少阻碍。一是成长中的企业一旦初具规模就会被其他地方"诱拐"过去,总有地方具备更好的交通条件、能提供更优惠的财政激励;二是北京作为首都,其生活成本和生产成本一直较上海和广东更高,因为产品商用化之后的大规模生产环节更容易落址到这两个地区(尤其是广东)。1994 年时,在中关村注册的高科技公司的工业总产出,有 64% 都集中在广东,落址在北京地区的只有 8.7%。

北京在交通、生产和生活成本上的相对劣势,导致中关村企业"外逃"、商业资源和知识的流失,大大削弱了中关村的发展优势以及北京市应该享有的外溢利益。到 2000 年前后,中关村科技园区甚至一度以"电子城"著称,由大量专注于 IT 零售的中小型企业组成,而不是利用创新来发展自己的核心技术。

(4) **进化结果**。成为 IT 零售与贸易中心,显然有违政府对中关村的期望定位。政府认为造成这一困境的主要原因是集群内的知识被"过度"分享,产权保护不足,导致搭便车的现象严重,整体研发创新的意愿低迷。因此,为推动中关村转型,政府在 2002 年推出了"羚羊计划",旨在为分拆出来的公司和中型公司提供财政支持,鼓励它们加大创新投入力度。受支持的公司在接下来两年里从 1300 家增加到 1778 家,总利润翻了一番。同时,对中关村长期发展至关重要的技术创新也开始复苏:整体研发强度从 2004 年的 2.7% 上升到 2007 年的 3.7%[①]。

当前,虽然中关村的生活成本仍然居高不下,"破坏"研发投资的搭便车现象也还是比较普遍,但尽管如此,政府对研发的重新刺激仍然让中关村集群突破了这些障碍,去再次组织成为一个更具创新性的集群。

在中关村集群的案例中,其主要的景观设计、正反馈、边界约束和进化结果的特征表现如表 8.3 所示。

表 8.3 中关村高科技产业集群的适应性进化特征

景观设计	正反馈	边界约束	进化结果
・放松对高科技产业的管制 ・优惠政策	・人力资源 ・知识溢出 ・跨国公司择址	・融资困难 ・运营成本高 ・以政治为导向的政策 ・搭便车现象	・贸易和零售中心 ・创新型集群

---

① 2018 年中关村企业总研发投入达到 2749.4 亿元,研发强度达到 4.7%,相比 2007 年提升 1%。其中有研发活动的企业达到 1.5 万家,占示范区企业总数的 69.8%;研发强度超过 20% 的企业,更占到了总企业数量的 30%。

2. 东莞个人电脑制造集群

东莞的 PC 产业集群最早可以追溯到 20 世纪 90 年代初。当时个人电脑领域的跨国公司正在全球范围内为硬件制造业务寻找新的成本洼地,我国在整体开放的态势下最终承接了这部分业务。而东莞在一些机缘巧合下,成为该集群的落脚点。

1989 年 10 月,台资在东莞成立了第一家合资企业——东聚电子工业有限公司,生产电脑安全插座。虽因为担心政策有变,投资规模很小。但其高额的回报很快就引起了其他台资企业的注意,很多当时知名的代工厂商如泰达、郴州和深宝等,随之纷纷前来东莞投资建厂。优惠的经济政策、廉价的劳动力和土地,外加靠近香港,对东莞 PC 产业集群的出现与兴盛起到了重要的刺激作用。到 2005 年时,东莞的 PC 产业集群的规模已经位列国内首位:共有 1800 多家整机厂商(包括康柏、戴尔、宏基、联想和方正等)和配套企业。其中,95% 的 PC 零部件都可以在 100 千米范围内买到,部分零部件甚至已经成为全球基础性供应节点,比如驱动器占全球总产量的 30%、扫描仪占 20%、键盘占 16%……

(1)**景观设计**。和中关村集群不一样,东莞 PC 制造集群中的微观机构一直知道自己的诉求,以台湾地区厂商为主的这些外来资本其实早在 20 世纪 80 年代初期就"盯上"了我国当时丰富而廉价的劳动力,只是因为担心我国的开放政策会出现反复而不敢进来投资。东莞政府主要的任务是"拆除"这种担忧:它们采用的办法是主动与这些外资厂商频繁沟通,细致地了解他们的切实诉求。这种主动服务的意识和精神在我国 20 世纪 90 年代初的政府里是比较少见的。一位受访的外资企业 CEO 说:

"我们选择在东莞落户有两个原因:一是交通便利,二是东莞政府的态度。虽然在当时,政府的政策和基础设施并不完善,但当地政府花了很多时间来了解我们真正需要什么。他们每周都会到我的办公室,询问我是否需要帮助。然后他们会尽力帮助我,给我反馈每个问题。"

可以说,东莞政府与企业频繁互动,建立起来一系列对企业友好的管理措施,搭配以低税率、廉价的土地租金和人力成本,这些宽松的商业环境奠定了东莞 PC 制造集群得以涌现的基础,对其后来的发展壮大至关重要。

(2)**正反馈**。东莞 PC 制造集群的正反馈体现在供应链和劳动力供应两个方面。前者的触发因素包括东莞政府为吸引 PC 厂商而采取的低税率和廉价土地的政策。这些信息先是通过企业主之间的个人关系网络被传播开来,配合东莞市政府的有利政策宣传形成发酵;当这些激励措施吸引的外资数量足以让集群开始成形之后,产品供应链的高效信息流动接过正反馈之手,利用缩短 PC 组装时间、降低流通和交易成本的方式让更多代工企业"不得不"加入这个集群;最后是复杂的社会网络,包括合作伙伴和供应商之间的知识共享以及组建起来的行业协会,集群网络吸引更多行业企业来东莞投资,完善了产业链的一体化。

在劳动力供应方面,东莞在20世纪80年代是为数不多的在新经济开放环境下获准经营的地方之一。相对较高的工资很快吸引了农村人口前来就业,早期大量非熟练劳动力被压抑的工资是吸引更多企业迁入东莞的重要诱因。它们在东莞陆续投资,持续吸纳劳动力,最终也通过提高劳动力的价格,将外出意愿比较低的农村劳动力一层一层吸引到东莞——这种对劳动力供需关系让企业和工人同时受益:越来越细致的分工丰富和完善了PC制造集群所需要的紧密供应链,企业被镶嵌进供应链网络,也提升了自身的整体竞争力;而工人从企业转向整个集群,也增加了就业的安全感。这两者相互依存的关系产生的正反馈循环,在东莞PC制造集群的自我再组织中发挥了重要作用。

(3) **外界约束**。当初有利于东莞PC制造集群崛起的条件在2005年之后逐渐式微。首先是我国农村可转移的非熟练劳动人口的数量已经枯竭,招工问题越来越突出,人力成本上升压制了集群整体回报,延缓了后续投资;其时国家为缓和区域发展不平等的问题,陆续提出了"中部崛起"和"西部大开发"的战略,从政策上提高了投资中西部地区的吸引力;PC制造等行业属于电力消耗大户,当时赶上东莞夏季用电高峰,停电是经常的;而制造业带来的空气、土地和水污染的问题也到了不得不治理的时候……

(4) **进化结果**。PC制造集群的根本特点是,它是一个附加值特别低的产业。东莞生产的大量外围零部件的毛利率只有10%~15%,那些高附加值的部件如CPU、内存、集成电路面板和特殊材料等都需要从海外进口,而研发、设计和营销等均在海外。当国内的人力、环保和监管等各项成本纷纷上升之后,东莞PC制造集群被陆续迁出也是正常的(正像当年迁入一样)。

因此,东莞PC制造集群的再进化组织难题,是东莞市政府以及本地企业和机构在塑造这个集群的过程中,积累了什么样的组织和活动能力?这份积累能否让这座城市去开发和利用更加复杂的技术知识来创造新的产业成果?

三位作者当时对此是比较悲观的。因为东莞本地缺乏适当的智力资源和文化遗产去应对这种调整,因为这些元素普遍存在于著名大学和研究机构内,而且开发这些智力资源也需要时间①。而东莞作为一个低附加值制造中心的城市形象当时已经深入人心,要直接吸引知识密集型企业来改变集群方向也是很困难的。

但现在回头看,东莞还是依靠原有集群的组织和网络积累开辟出了新的道路。2009年东莞规模以上工业企业的工业增加值达1453.3亿元,其中与PC制造集群息息相关的"通信设备、计算机及其他电子设备制造"大类增加值为339.3亿,占比达到23.3%;而2019年,东莞的这两个数值分别为4192.9亿和1496.7亿,比例高达35.7%,比10年前高了12.4个百分点。东莞对高技术制造的深化不是继续深耕

---

① 东莞第一所本科普通院校——东莞理工大学于1990年开始筹办,直到2002年才被教育部批准变更为本科全日制普通高等院校。这条培育本地人才的道路漫长而艰辛,直到现在东莞才有机会引入其他的高水平大学:当前东莞正在积极筹建大湾区大学和香港科技大学(东莞)校区,两校计划在2030年前后分别招生1万人和6000人。

PC制造，而是将重点转移到了高端电子信息制造业①这个相邻制造业，作为东莞先进制造业的典范，2019年该行业增加值已经高达1266.4亿元。而东莞的PC制造集群在2009—2019年这个转型周期内，PC整机制造企业从15家降到了9家，增加值从84.6亿下降到了10.1亿；PC外部设备制造企业数量从130家下降到56家，增加值从269.3亿下降到20.6亿②。可以说，在PC制造集群逐渐式微的同时，东莞已经成功地将技术重点转移到了与个人计算机制造相关的高端电子信息制造业，比较顺利地提升了全行业的知识和技术密度③。

在东莞PC制造集群的案例中，其主要的景观设计、正反馈、边界约束和进化结果的特征表现如表8.4所示。

表8.4 东莞个人电脑制造集群的适应性进化特征

景观设计	正反馈	边界约束	进化结果
·土地和税收优惠政策 ·高效的行政管理	·供应链 ·劳动力	·劳动力短缺 ·来自其他产业集群的竞争 ·基础设施资源有限	·该集群逐渐衰退 ·更多高附加值产品的制造中心

国内这两个集群进化再组织的案例似乎显示，集群在西方国家缓慢发展的历程在我国被剧烈压缩了。迈克尔·波特曾认为集群一旦形成，往往会给地方带来延续数十年甚至超过百年的竞争力。但中关村和东莞的集群案例却显示，仅仅在30年时间内，两个集群就已经耗尽了自己的竞争优势而不得不转向另一个技术方向。是波特的集群理论在我国"水土不服"吗？是，也不是。我们认为，集群在中外持续时间上的这个重大差异，主要来自两个方面。

第一，因为西方发达国家早已经完成了工业革命，在国内实现了生产要素的基本均衡发展。这意味着国家已经根据国内自然资源的特点、交通路网的设计、智力资源的积累和分布以及文化遗产的传承等禀赋，完成了不同行业在各地的集聚与分工。在这个格局下，每个成形的行业集群甚至都是附带了地方基因的、难以被异地复制的寡头垄断组织，因此只要整个行业不出现颠覆性的技术变迁、彻底改变行业的商业模式，集群的进化就要么体现在以多样化为导向的横向平行开发，要么体现在对前沿领域的微小边际改进。在这种竞争环境下，寡头垄断组织的生命周期自然可以延续很

---

① 高端电子信息制造业包含"集成电路及关键元器件""信息通信设备""新型显示"三个子类。
② 该集群的另一个重要指标是"PC零部件制造"，2019年东莞有131家该类企业，工业增加值为64.4亿元（约为整机制造的6.4倍）。但遗憾的是2009年的该数据欠奉。但考虑集群整机行业收缩了88%，外部设备行业收缩了92.3%，我们基本可以认定，东莞PC零部件制造行业也经历了类似的深度衰退，因为零部件、外围设备和整机制造，这三者在PC制造集群中是成体系转移过来的。
③ 从东莞统计年鉴对这些行业的分类就可以看出来，传统的PC制造集群被划归到"高技术制造"类，与医药耗材、通信设备、医疗仪器设备等同列；而高端电子信息制造业被归为"先进制造"，与先进装备、先进轻纺、新材料和生物医疗及高性能医疗器械同列。值得一提的是，东莞高端电子信息制造业的工业增加值占到先进制造的56%。最大的贡献无疑来自引进的华为公司，后者在三个分项——"集成电路及关键元器件""信息通信设备""新型显示"都具有非常强大的市场竞争力。

多年。基于这种现实,波特的结论是有道理的。而早些年国内集聚的那些产业集群,主要从事的多是技术比较成熟、附加值较低、利润率很薄的环节,这类集聚虽然能迅速利用规模效应占领市场,但整套商业模式是很脆弱的,因为它成立的前提本身就要求各种生产要素都同时维持在一个很紧张的水平。因此,只要有其中某个生产要素触到天花板,整个集群的竞争优势就会被瓦解。表现出来的,就显得集群的来去在国内都似乎特别汹涌。

第二,发达国家与发展中国家的人口比例过于悬殊,结果是那些被转移出来的制造集群总是有动力在广阔的其他欠发达国家内寻找成本洼地,因此可以说发展中国家的这些集群的根基天然就是不稳固的,普遍缺乏徐徐图之的条件。而如果考虑我国洲际级别的人口规模、多层次非均衡的发展水平,那么这些基于制造的产业就更容易直接在国内转移了。事实上也的确如此,当前我国最大的个人电脑制造产业集群在西部的重庆①。

最后,从上面两个案例中,我们拓宽了对(国内发展的)集群的哪些方面的认识?首要的一点是,对那些处于较低发展阶段的(中央或地方)政府来说,集群在进入快速增长阶段的时候,反而可能是正危险的时候。因为这时政府会自然地将前期的基础设施建设和相关资源调配、政策等,和集群良好发展的势头联系在一起,误以为自己能管控集群的发展历程。但事实上,集中在低价值链条的集群的根基是脆弱的,其规模的快速膨胀会让它很快触及到某个尚未被察觉的隐性壁垒,让集群受困。

其次,集群越是集中在附加值较高的环节,韧性可能越强,越不容易被迁移。因为支撑该集群的生产元素会更多带有本地基因,短期内难以被转移或复制。

最后,从这两个集群案例的适应性自组织的进程中我们再次看到,集群的发展受到外部环境的影响要比内部同类企业严重得多——当集群与外部的联系结果呈现出正面的正反馈时,多是因为此时集群的内聚力强大到可以吸引外部资源进来;而当结果表现为负面的约束条件时,说明集群依靠堆积资源(包括人力资源、自然资源和政策资源等)来塑造竞争优势的道路已经走到了尽头,但同时因为内生能力过于虚弱,一时找不到新的进阶之路,最后只能在外部挤压下一步步走向衰落。一个不太恰当的比喻是,集群就像一颗行星,因为自重形成的引力,它在运行中会不断地将附近的"尘埃"吸附到表面来壮大自己,但同时更沉重的行星会经受恒星更大引力的拉扯;而随着周边的可被吸附物越来越少,该行星如果不能利用更大的重量惯性把自己推向另一个新的运行轨迹,那么它最终很可能会被恒星的巨大引力撕裂。

那么,集群的引力的范围有多大?那颗决定它命运的恒星又远在哪里呢?很明显,在全球化时代,集群的外部环境经常会"外出"国界。以东莞PC制造集群为例,它

---

① 这座城市从2008年开始布局笔记本电脑,引进了第一条笔记本电脑生产线。到2020年笔记本电脑产量突破7000万台,总产值突破3000亿元(连续7年居全球产量第一,2020年总产量占到全球1/3),产业链上规模以上企业达到639家。而按照前文数据回溯,2019年以营业收入衡量的东莞PC制造集群的整体规模已经"仅剩"616.2亿元(包括整机、零部件、外围设备和其他制造共四项),总企业数210家。

实际上是硅谷信息技术集群的一个二级延伸集群：首先是台湾全面承接和管理了源自硅谷的电脑产业的硬件环节，比如供应链管理和生产线的安装调试等；然后台湾熟悉这个过程之后，再进一步将中低端零部件制造和整机组装的业务转移到东莞——反过来看，东莞 PC 制造集群衰落的直接"外部环境"实际上是在本地从事这些业务的增值部分越来越薄，投资该行业的回报率难以为继，而不得不将该集群转移到其他地方——从这个角度来看待这三地的 PC 业务，给它们都贴上"IT 产业集群"的标签并不过分，但实际上三地的实际业务千差万别。在这个视角下，继续采用集群这个词汇不仅会显得过于笼统、不够细致和精确，而且容易引发误解。因为业务环节的增值多寡才是驱动它们变迁的力量。经济学家专门用了"全球价值链"（Global Value Chain，GVC）这个词汇来表述这种商品的不同环节被分布在多个国家，并彼此沟通联系的产业现象。

第九章　脱离本地走向全球化

全球价值链的概念在 1990 年中期被提出来[①]，可以说是新自由主义下发达国家南向投资的自然衍生物。之前的外国直接投资（Foreign Direct Investment，FDI）主要发生在两个发达国家之间，产成品也大多不是为了填补市场空白（直接出口更合适），而是用差异化去满足消费者多维度的需求。比如 20 世纪 80 年代中期以来，日本和德国的汽车厂商纷纷在美国投资建厂。前者偏向节能经济型消费者，后者满足高档奢华需求，但两国的汽车厂商都针对美国市场在专门研发、设计、制造、营销和分销某些特定车型。

但发达国家向发展中国家投资中，第一次大规模地将这些环节放置在跨越国界的不同地点。这么做的直接原因自然是因为利用两边的人力成本落差去挖掘利润；而能这么做的原因，一是这些集群成熟之后，其中的制造环节的技术已经渐渐固化了，整个制造过程并不需要再频繁调整，可以用低技术水平的工人来操作；二是信息技术与跨洋海运的持续发展，沟通和运输成本被极大地降低了，制造与其他环节的衔接是流畅的，半成品来回跨越国境的综合时间成本也是划算的。

上面所说的"制造环节"也并不是指所有与硬件有关的业务。东莞个人电脑制造集群最开始的业务是装配，也就是将各个已经制备完好的零部件组装起来，随后再逐渐将那些技术含量较低的零部件本地化生产，而 CPU 和内存条这些高技术含量的零部件一直是进口的——在这种体系下，一个产品从研发设计到最终交付到消费者手上，零部件要多次穿越不同的国境。自然而然，在贸易统计口径上，中间品的贸易总量最终会自然超过产成品：首次超越发生在 2009 年，该年中间品出口总额占到全球

[①] 这个概念现在被认为是杜克大学社会学名誉教授 Gary Gereffi 首先提出来的，后来他在杜克大学成立了全球价值链中心（Global Value Chains Center at Duke University），但真正在经济学界被正式提出是在 2001 年的 Hummels 等发表的一篇论文《The Nature and Growth of Vertical Specialization in World Trade》。经过 20 年的研究，现在全球产业链已经是跨国投资、国际贸易、外包和离岸这些领域无法回避的研究重点。在这里我们主要研究它如何影响本地集群和产业升级。

非能源商品贸易的 51%[①]；也就是说，以往被认为是基于本地化的集群，身在其中的企业和机构在组织生产的时候，所采用的工业初级品、零配件以及加工过的中间品，很有可能是来自国外。

除了实物生产的链条要触达国外，集群安身立命的"思维碰撞引发创新"也在经受来自远方的考验。咨询机构麦肯锡的一份研究报告显示，在跨境流动对经济增长的促进力度上，数据已经超过商品、服务、金融和人员这几个因素，而且其效应将来会越来越明显[②]。一个普遍的情景是，越来越多的中小企业开始在亚马逊和阿里巴巴之类的全球电商平台上直接面向全球消费者出售自己的产品；大量传统的售卖-交付的厂商，纷纷转型到订阅服务；未来信息技术的发展还会进一步降低物流和数据处理的成本。这也意味着集群对信息的收集、处理、加工和决策，需要从以本地空间为主，慢慢转移到以本地和网络并重。

全球化以及数据的跨境流通，已经无可避免地一定程度上稀释了集群的集聚功能，这对集群的支持者来说是重大打击。集群是否就像它的批评者所言，只是一个被归纳总结出来、定义又不够精准、更难以根据它来施行针对性政策的概念，本身就毫无存在的必要？我们认为这个观点多少有点因噎废食。一个全球不同经济体内普遍存在的经济现象，不太可能是偶然。当前集群的面目仍然比较模糊，可能只是因为我们对"类生命体"这一适应性复杂系统还缺乏足够的认识工具，所以难以剖析出它的力量源泉——这反而提示我们，应该在更多不同的经济场景下，用多样化的视角、更细致的方式去分析集群的表现。只有更深刻地认识集群，才能有针对性地利用它的特点，来更好地组织建设我们的经济空间（不管我们是否还把它叫"集群"）。

商品和信息的全球化，是进一步甄别集群的绝好背景。

集群与全球化

集群的哪些部分能留在本地，哪些部分会被全球化？这显然是集群最为关注的问题。经过前文大量铺垫，答案是清晰的：集群只能留下那些自己最为擅长的环节，而不得不将自己不擅长的环节交给全球化。因此，集群最后可能既是本地化的又是全球化的：比如将生产集中在靠近原材料的地方，同时研发、设计和销售之类的环节

[①] 见 WTO 和 IDE-JETRO 发布的《Trade Patterns and Global Value Chains in East Asia：From Trade in Goods to Trade in Tasks》(2011)。2009 年中间品（Intermediate Goods）贸易首次超过消费品（Consumer Goods）和资本品（Capital Goods）之和，该年中间品贸易占所有商品贸易的 41.4%，自此之后世界贸易组织的统计口径出现了变更，全球商品贸易总额也经历过起伏，但在 2010—2019 年中间品贸易占全球商品贸易的比例，始终维持在 41.7%～44%。详细点说，前 5 年均值为 42%，后 5 年为 43.6%。相关数据见《World Trade Statistical Review 2021》。

[②] 麦肯锡对全球 97 个主要国家在 1995—2013 年的上述跨境因素进行计量经济建模，发现它们整体拉动全球经济增长了 10%，其中数据跨境的作用最为显著，接近 1/3。并且在 2005—2014 年，跨境数据增长了 45 倍。相比之下，同期货物贸易、服务贸易、金融贸易和移民仅仅分别增长了 10.5 倍、3.1 倍、2.3 倍和 1.6 倍。而预计到 2021 年底，全球跨境数据流动还将在 2014 年的基础上扩大 9 倍到 1914 Tbps（相当于每秒有 24 万 GB 的数据跨境传输）。具体见报告《Digital Globalization：The New Era of Global Flows》(2016)，以及附属评论《数字全球化时代的五个关键问题》。

分布在靠近市场的地方。

当然,这种二分法显然也是对现实的简化。现实中,任何一个行业产品的生产制造,原材料可能只是其中最为简单的部分(而且再简单不过的产品也往往需要多种原材料,比如一支普通的铅笔,就至少需要木材、石墨、金属、橡胶和涂漆),大量工序环节是依靠外部市场支撑来完成的。以汽车行业为例,这个复杂的工业品涉及的零部件数以万计,包括金属制品(如车身、底盘等)、精密机械零件(如发动机等)、模塑塑料(保险杠、装饰件)、半导体、电子器件、织物(内饰)、化学品(黏合剂、涂料等)、玻璃和先进材料等。现实中,一个整车厂可以全盘采购零部件、专注于组装、测试、仓储运输和市场营销这些环节来获得市场竞争力吗?

答案是悲观的。一是全部采购显然无法压低成本;二是部分之和远远低于整体。现在的汽车不仅是一个机械产品,同时还是一个电子产品,不少功能都是由大量电子器件来组合完成的。整车厂主要的任务之一,就是编码控制这些电子元器件,并将结果以易用的界面呈现给用户。三是汽车核心部件的测试、检查和维修所需要的知识(这些甚至已经成为汽车行业最重要的利润来源),是无法脱离前端的研发与设计的。事实上,在那些最能体现汽车品质和感受的环节,整车厂往往不会假手于人,比如发动机和变速箱,整车厂一般会自己生产,或者委托给自己控股的企业。其他重要的高端零部件,也经常是整车厂自己研发出来委托配套厂商生产,它们会为后者指定零部件的性能、材料和尺寸,甚至会提供全套的图纸,并且会在交付之后严格质检。

拨开这层关系的迷雾,我们会发现,汽车集群内的分工只是市场效率最大化的结果,这个行业并不是每一个零部件厂商掌握了独有的知识,然后通过市场交易的指令组装起来的。相反,制造任何特定零部件所需要的能力和工艺可能都是与其他行业共享的。比如,用于制造发动机部件的精密加工,也同样会用在飞机制造、医疗设备、科学仪器、高端工业装备和许多其他精密配件生产。反过来说,是精密加工、空气动力学、震动和噪声控制、内燃机、燃烧与排放等这一系列的知识水平支撑起了国家和地区的汽车集群。自然,汽车集群如果解体和衰落,其实早在零部件厂商纷纷迁往他处之前就已经注定了——当这个国家或地区无法在世界上保持上述这些知识储备的领先水平时,其衰落的进程就已经开始了[①]。

展开点来讲,一个汽车集群实际上要比它展现在外的那种"相互靠近"要复杂得多,它底层的支撑系统是跨越行业界限的。这也是前文所述,为什么我们观察到的集群附近总是有很多看起来和这个行业"毫不相关"的企业。因为这些企业选择在"其他行业"的企业附近办公,可以利用它们共同的知识库与开发能力。比如,当前国内

---

① 两位哈佛大学管理学教授加里·皮萨诺(Gary P. Pisano)和威利·施(Willy C. Shih)在其备受赞誉的著作《制造繁荣:美国为什么需要制造业复兴》(《Producing Prosperity:Why America Needs a Manufacturing Renaissance》)中,将这些所谓基础技术称为"工业公地(Industrial Commons)";一个国家只有不停地"研发和制造科学基础设施、专有技术、工艺开发技能和工程能力",才能在此之上进行流程开发,去面向社会不断开发创新型产品。

先进显示器制造商(如高清晰度电视或智能手机中使用的类型)和半导体生产商也倾向于在同一地区集聚,因为两者都采用了类似的基础工艺技术和相同的资本设备供应商。更夸张的是,同一家企业甚至能基于同样的技术开发出完全不同的产品来。如日本富士公司,在传统胶片业务逐渐走低之后,将胶片业务中用到的"显影"和"颗粒沉淀"技术专门用在化妆品业务上,开发出了更好地将胶原蛋白"沉淀"在人脸上的护肤产品。富士公司认为它们属于材料研究,将之并为同一大类"医疗健康及高性能材料"(Healthcare and Material Solutions),该业务板块在2020年度已经成为富士最大的营收来源,占总收入的45%。

因此,集群所擅长的环节(即竞争优势所在)基本来自对全社会掌握的知识与技术的开发,同时,集群也会从全球市场购买那些自己所不擅长环节的部件,将之组合成具有特定市场特色的成品或半成品……最终的产成品经历的所有加工环节组成了自己的全球产业链(GVC),而每个加工环节对产品价值的提升就是该环节的增加值(Value Added)。

当然,因为全球市场的交易成本并不为零,产品并不能无摩擦地在全球畅通无阻地流动。具体哪些中间品会被布置到哪里,还要考虑到运输成本、商业风险、知识产权保护等因素,但总体来说,在全球化时代,基本上每个国家的每个行业集群都已经深层次地融进全球产业链条,是显而易见的现实。那么,哪些产品容易被全球化、具有更长的生产链条,而哪些产品的产销更集中、更倾向于留在本地呢?

一般来说,最终价值与运输成本之比越高的产品,生产过程越容易被全球化,价值链条越复杂,生产规模也往往很庞大。典型的就是 iPhone 之类的电子产品。而这个比例越低,生产就越需要靠近最终市场,价值链条就越短,并且规模效应不明显。这种典型产品是水泥和啤酒等。图9.1是一个简略的示意图,来说明不同行业的集群被全球化"分割"的程度。

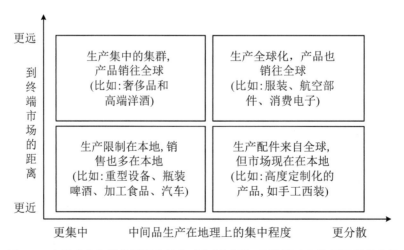

图 9.1　产品生产与销售是否会被全球化"分割"？可能取决于你属于哪类产品

当然，实际的情况要远比这种粗略的划分复杂得多。即便同一行业的企业，也可能会选择不同的生产和销售模式。比如，国际化的服装品牌一般采取全球生产和销售的策略，但 ZARA 为了快速响应市场，却尝试将生产集群和销售市场尽可能都集中在本地。

在全球化时代，原有的集群选择保留哪部分、将其余哪部分全球化，可能就决定了集群未来在应对市场风险时，是否具有重生的能力和韧性。在意大利相距仅 50 千米的两个集群，一是前文提及的蒙特贝卢纳（Montebelluna），专注于专业运动鞋生产，如滑雪靴和登山鞋；二是里维耶拉·德·布伦塔（Riviera del Brenta）的高档女士皮鞋集群。两者都在 20 世纪 80 年代吸引了大量的本国和外资品牌前来投资，前者集聚了 Tecnica、Nordica、Lotto、Diadora、Nike 和 The North Face 等品牌，而后者吸引了阿玛尼、普拉达、迪奥、路易威登这些品牌前来投资。但两个集群的全球化之路蔚为不同。蒙特贝卢纳的运动鞋集群因为产品规模巨大，而选择了逐渐将生产环节外包出去（斯洛伐克、罗马尼亚和中国）的典型方式，专注于研发设计、营销以及分销。在这个外包过程中，企业需要将鞋子的组件，如鞋底和外壳，通过编码模块化，以利于非熟练劳动力组装。在这个进程中，研发与生产所需要的技能逐渐脱钩了。

而布伦塔集群生产的高档女鞋因为高价量少（90% 均价超过 500 美元），集群在 80 年代之后迈向全球化时采用了不一样的组织方式。很多企业没有外包生产环节，相反，它们在布伦塔保留了自己的熟练技术工人，并主动将总部设在时尚之都米兰。这样一来，企业就相当于一个链接行业知识的平台：一方面它们能在米兰及时了解全球设计师对高档女鞋提出具有挑战性、新颖性的复杂要求，并将这种要求转化为对技术工人的业务培训和知识储备；另一方面，它们又能利用丰富多样化的制作知识和技术，把全球设计师构思的设计草图"转化"为实物原型，并规模化生产和上市。

布伦塔的这些女鞋企业事实上是这个行业的"知识整合者"。它们把前端的设计理念和后端的实践生产有机整合起来，并在这个链条上去横向协调其他供应厂商，最终通过对整个供应链的直接或间接控制，把这个行业不同形式的知识整合进自己的知识库中——这些知识最后成为维持公司竞争优势以及供应链伙伴竞争力的关键。

两个集群在适应全球化的进程中，演化出不太一样的商业模式。蒙特贝卢纳的专业运动鞋集群在尽力让产销全球化，而布伦塔的高档女鞋更希望将生产网络限定在意大利境内。相比前者，后者在应对外部冲击时的韧性更强，调整能力也更为迅速。在 2008—2009 年全球金融危机期间，蒙特贝卢纳集群大约损失了 1000 个就业岗位，占到全行业的 19% 左右。并且到 2012 年时，这些消失的岗位也仅有小部分得以恢复，总就业人数仍比危机前的 2006 年下降了 15%。而布伦塔在金融危机期间仅丢失了 7% 的工作岗位，并且在之后迅速反弹，到 2012 年时不仅收回全部失地，行业总就业人口还增加了10%[1]。

总体来说,集群以什么方式应对全球化,不仅和集群所在社会的拥有知识和技术能力有关,还和集群所属行业的不同环节之间的联系程度有关。那些越是容易被标准化、不需要实时响应的环节,越容易脱离集群被远程控制。显然,联系、远程控制的能力与信息技术的发展水平息息相关。全球化并没有达到自己的终点,但我们已经知道,当前那些在全球各地分布、被冠以同样称号的产业集群,其内在其实根本不是一回事。

集群的环节化

集群的环节化,也是从集群产品的全生产周期着手的。产品的生产流程一般可以按生产前、生产中和生产后三个阶段来划分。如表9.1所示,其中生产前环节包括研发、设计和采购等;生产中环节包括生产、管理和维修等;生产后环节包括物流运输、营销和分销等。

表9.1 各个生产环节的不同生产活动

生产前环节	生产中环节	生产后环节
·研发 ·设计 ·安排生产计划 ·材料采购 ·市场前景分析	·生产 ·管理 ·质量检查 ·维修 ·流程优化	·装配 ·物流 ·客服 ·销售 ·营销

集群的环节化会按照生产流程来吗?并不尽然。从全球化对集群的实际分割效果来看,更像是按照整个生产流程过程所需要的能力来划分的。丹麦奥胡斯经管学院的三位教授将集群在全球化冲击下的"专业化"分为三种类型[2](图9.2):

第一类是我们常见的被外包出来的生产型集群。这类集群主要从事生产加工活动,总体上是由技术驱动的,集群提升的主要目的是采用更为先进的技术来降低成本、提高产品的质量和功能。生产型集群中的劳动力主要由受过初等教育(基础教育)和中等教育(高中和职业培训)的人组成。

---

[1] 参见 Buciuni Giulio 和 Pisano Gary P 的《Can Marshall's Clusters Survive Globalization》(2015)。该论文还分析比较了意大利相距近60千米的另外两个集群,来自利文扎(Livenza)的家具产业集群和曼扎诺(Manzano)的藤椅产业集群。前者同样更多地承担起集群内"知识整合者"的角色,将集群产业链整合进了宜家的全球销售网络中。因此发展更为稳健,也能承受较大冲击;而后者一早就将自己定位于OEM角色,最终在座椅行业更多地采用塑料等新材料之后,陷入衰退而无法自拔。

[2] Andersen P H, Bøllingtoft A, Christensen P R. Erhvervsklynger Under Pres:Globaliseringens Indflydelse På dynamikken i Udvalgte Danske Erhvervsklynger [C]. Industrial Clusters Under Pressure:The Influence of Globalization on the Dynamics of Selected Danish Clusters,2006.

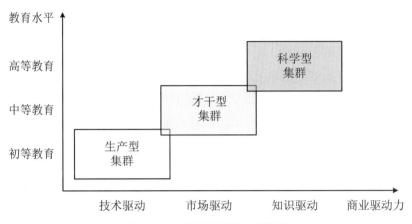

图 9.2 集群分化后的三种类型

第二类被称为才干型集群。专门从事设计、采购、营销和销售等生产前和生产后的活动,其劳动力主要由受过中等教育(大专和职业培训)和高等教育(大学)的人组成。这类集群中的企业多受市场驱动,它们的活动就是充分参与到全球价值链中,以新的方式组合每一个环节的从业人员,去开发和占领主要市场,并渗透到利基市场。

第三类被称为科学型集群。主要任务是研究新的知识来源,并将其研究的知识与公共和私人行为者的实践知识结合起来。从事的业务活动包括研究和开发、设计和采购。劳动力基本上接受过高等教育。

显然这只是一种比较粗糙的分类方法,与当前制造业的实际情况并不完全相符。武断一点,只需要初等和中等教育的劳动工人的制造集群,基本上属于那些生产技术已经非常成熟、已经长期没有更新技术的行业。现实中,很多被认为是技术成熟的生产线,在生产现场被一点点改进和优化,提高效率、增减功能,甚至基于市场反馈的信息去调整生产线、开发新产品也是很正常的。这些活动显然需要更高教育水平的工人才能完成。因此,西方学界不少人认为,正是因为制造环节转移到了东欧和中国,西方发达国家也连带地丧失了创新能力[①]。即便它们仍保有非常充裕的智力资本,但长期脱离现场,创新也会成为无土之木。

因此,将集群划分为以上三类,并非指集群只能包含这一种活动。而是说某集群的主要功能可能以生产、销售和研发为主。现实中,生产型集群同样也会与市场部合作以改进产品;而科学型集群也会保留小体量的生产线,来试验新的样品。但集群在全球化的冲击下,其活动的重心发现转移的现象,却是屡见不鲜的。

上述三位丹麦学者在调查日德兰省西部历史悠久的纺织服装集群时,也发现了全球化冲击下的重心转移。1600—1940年,该地区起源于羊毛袜开始的纺织业,随

---

① 关于这点,国内也有不少学者认为,我国所承接的制造环节并不是机械和呆板地配合流水线作业,谨守在"微笑曲线"的底端。相反,制造环节的管理人员和技术工人们通过和前端的研发设计以及后端的市场营销高频和深度互动,创新成果显著。

着工业革命和铁路网络的铺设,逐渐将纺织品销往了全国各地。在该阶段,当地的农民、不断增长的工业化和销售网络主导了集群,当地和销售区域建立起了广泛联系,但集群的重点是生产加工活动。

而在20世纪50至80年代,在国际竞争压力下,该集群为了让服装设计紧跟时尚潮流,开始将纺织服装生产加工活动自动化和标准化。它们甚至进口了很多定制化的机器,来应对那些特殊的加工环节。最终,该集群在欧洲市场成功地维持住了自己的竞争力,快速而稳定地向欧洲各地交付面料和服装。这一时期内,集群渐渐分化出独立设计师、计算机辅助绘图服务、编程中心以及随时配合的缝纫工种。它们在多年积累的深厚社会资本下,分工与合作显得轻松而灵活。此时,虽然合作关系扩张到国际上,但价值链上所涉及的生产前、生产加工和生产后的活动仍然都集中在集群内部,并且仍以生产加工活动为主导。

而在20世纪80年代之后,为了适应纺织服装市场更加激烈的竞争,该集群内的大部分生产加工活动被逐渐外包到南欧、东欧和亚洲的低成本国家。很多蓝领工作岗位慢慢流失,让集群内的企业在重组的过程中开始更加关注生产前和生产后的活动。在这期间,集群的关键岗位变成了设计、采购、市场和销售;主要活动是紧跟最新的时尚趋势,推进与外部合作伙伴的关系建设,更好地出口。这种转变让集群能对外提供更多高学历的岗位,也维持住了自己的出口竞争力。

在这一时期,该集群的合作关系从内部更多地转移到了国际合作上,集群的活动重心也转移到了生产前和生产后(图9.3)。这里需要说明的是,该集群之前的活动重心集中在生产加工上,并不是说设计、采购和营销这些工种的价值低于生产加工。如此表述只是因为,此时这些工种所创造的增加值被内化在集群中了,没有被单独列出来;集群所创造的价值都直接体现在对外出售的纺织服装品这个载体上了。在生产加工环节外包之后,这些环节的价值才都得以直接从留存的服务性公司身上体现出来。

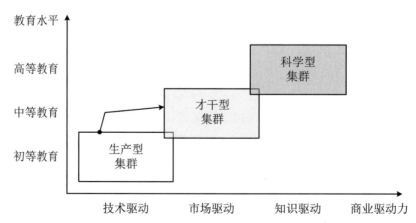

图9.3 在20世纪80年代之后,丹麦日德兰省西部的纺织服装集群的业务重心主要从生产转为了设计、采购等一系列基于"才干"的活动

究竟是哪些企业推动了原有集群的全球化呢？丹麦日德兰西部纺织和服装集群的案例表明，毫无意外，是原有集群中少量的市场领导者推动了原有集群的全球化。只有它们有能力把自己整合到全球纺织服装行业的价值链条中去，并在其中找准自己的定位，承担这个开拓过程的成本和风险。

这个进程改变了该集群内部原先的关系结构。很典型的一点就是，生产加工活动的外迁削弱了很多企业之间互动的重要性，因为与该业务相关的联系已经转移到了全球合作伙伴和自己的生产网络里了。但与此同时，因为全球化之后的集群的活动更加集中在设计、采购、营销和分销这些环节，与这些活动相关的联系也就加深了。比如该集群与公共当局、知识和贸易机构之间建立的日益紧密的联系——本地的VIA 大学（VIA University College）的商业、科技与创意产业学院（Business, Technology and Creative Industries）在该集群中扮演了至关重要的角色。它所提供的时尚和生活方式领域的研究和教育，是设计师、采购商和品牌经理们在激烈的全球竞争中保持业务领先的源头活水。

另外，集群内部也因为新的关系需要产生了很多新的企业，如面向关键客户的设计公司。它们在充分了解客户需求的基础上，以联络员的身份开展工作，将科技机构研发的新材料与专业供应商的生产技能相结合，共同打造定制化的面料和服装。

集群的全球化是在重塑自己在价值链条上的位置，让自己更加专注于那些擅长的环节。有时候这种重构体现为肉眼可见的活动重心的变迁（如上面这个案例所示，从"生产型"到"才干型"），但这并不是必然的——加工环节仍然可能留在本地，并且集群的增值环节仍然以产品的形式交付给客户的，且新的生产加工环节也必然加持了新技术。丹麦另一个被考察的集群，位于丹麦三角区（Triangle Area of Denmark）的不锈钢制品产业，进入 20 世纪 80 年代之后，大量企业纷纷被跨国公司收购。生产前和生产后环节被转移到国外，加工生产环节反而被保留在本地得到了加强。更科学的加工程序，辅佐以更高的质量，让丹麦不锈钢制品集群的声誉日隆（图 9.4）。虽然这个新集群的对外联络已经被跨国子公司的项目经纪人所控制。

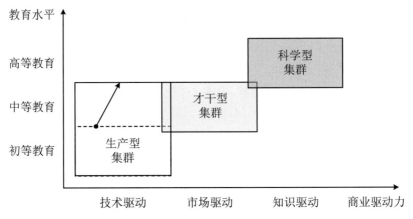

图 9.4　丹麦一个不锈钢制品集群在全球化之后更加集中生产加工了

集群与全球价值链

基于本地的集群与基于全球的价值链之间，如何在矛盾的形式之下达成实质上的统一，要克服的困难实际上比我们想象得要多：技术的获取与使用、产品与流程的升级、知识的创造与管理、严格的国际法规与标准、社会与环境可持续性的管理……跨国企业要在地方视角与全球背景之间建立起一套复杂的相互依存的关系，才能克服种种困难，让每个环节稳定地输出相应的价值。

如此一来，集群的发展自然会引申出两个关键问题。一是集群被全球化之后，其内部企业更加专注于擅长的环节之后，其主要产品与服务将会如何变化？我们已经通过前文零零散散地回答过这个问题：集群会在原有知识体系的基础上，对产品与服务"升级"(Upgrading)来应对全球化的竞争。升级的结果按照产品提升的幅度可以分为四种：流程升级(Processing Upgrading)、产品升级(Product Upgrading)、功能升级(Functional Upgrading)和部门升级(Inter-sectoral Upgrading)。

流程升级是通过采用新技术和调整产线，来提高既有投入的最终产出，但它不会改变最终的产品。

产品升级改变了产品功能，为的是更好地服务不同的消费者。需要说明的是，此处的"升级"不一定表示产品功能更加复杂或价格更高，而是指升级之后的产品能更好地满足新消费者的需求。前述丹麦的不锈钢制品集群就是产品升级的例子。

功能升级是指集群获得了新的功能，或者放弃现有的部分功能，以提高生产活动的整体技术含量。前文丹麦日德兰省西部的纺织服装集群的业务重心就是从加工生产"升级"为"才干服务"。

而部门升级是指集群内企业进入新的生产活动。例如，在生产电视机中获得的知识可以用来制造显示器和其他计算机设备。我们在前文富士公司的例子中已经说明过这点。

这四类"升级"都是集群在应对全球化竞争压力时的调整与进化结果，而且并没有穷尽现实发生的所有可能。但这不应该是追问的重点，关键问题是"何以如此"：为什么集群在适应全球化时选择了不同的"升级"方案？是什么限制了它们？这个"升级"的进程是可控的吗？

这实际上引出了第二个关键问题：参与全球化的集群内企业与价值链上企业之间的关系如何？我们认为，集群与远在万里之外的处于价值链上的企业（或者说，另一个集群）之间的关系，可能决定了原有集群如何"升级"，并将哪些环节转移出去。当然，两者的关系显然是动态调整的。在回答这个问题之前，先让我们总结一下集群以及价值链上企业所呈现的一些特征（表9.2）。

表 9.2　本地集群与全球价值链的特点

	集　　群	全球价值链
地方治理	・地方治理的环境是集群赖以生存的土壤 ・良好的地方治理一般体现为公私之间的顺畅沟通以及私营企业之间的广泛与密切合作	・地方政府很少颁布专有政策,指导处于价值链上的本地企业去适配万里之外的集群需求 ・对本地企业的外贸政策基本都是无差别的
与外部世界的关系	・集群内活动主体多样,它们并没有建立起一个统一的与外部世界联系的方式 ・一般认为,各主体对外联系都是基于公平的市场交易	・相反,全球价值链上的企业对外关系是其生存的根本 ・当前的国际贸易甚至有很大比例是由跨国公司内部的价值链条所塑造的
升级	・集群内企业的紧密互动引发的知识外溢,是创新升级重要来源 ・这个过程是渐进式的,不少企业在其中边干边学(Learning by Doing) ・但重大创新往往来自集群内部的顶级知识机构	・全球价值链上的企业也是通过边干边学来提升自己的 ・但它们依赖产业链上的龙头企业来给自己分配新的任务,让增量升级成为可能 ・它们"继承"了自己在不同环节生产和组织能力,并把它们应用到下一阶段,从而完成了向更复杂价值环节的不断攀升
关键的竞争挑战	・集群整体效率来自企业之间的异质性,同化(僵化)是集群的噩梦	・能否进入价值链的核心环节,并与主要客户建立牢不可破的紧密联系

集群与全球价值链在上述多个维度上的重大差异,说明集群的全球化之路并不是顺滑无碍的,其间要克服的障碍不少:由谁来主导集群的全球化、价值链中的哪些部分被全球化了、价值链上的企业与主导方的关系如何?

集群全球化的主导方基本上是那些能承担这个成本的龙头企业(Lead Firm),但"全球化"出去的是价值链上的哪些环节呢?前文提及的哈佛商学院的两位教授 Gary P. Pisano 和 Willy C. Shih 对此曾经提出过一个"模块化-成熟度"(Modularity-Maturity)的理论框架[①],来说明哪些环节适合被转移出去、哪部分需要斟酌、哪部分绝对不应该考虑。图 9.5 是对该框架的简要总结。

两位作者的观点是,只有那些产品的制作工艺已经非常成熟,并且制造装配环节基本可以独立开来的时候,将制造转移出去才是可行的(图 9.5 中的"创新来自制造环节")。该领域最典型的例子就是当前的半导体行业,高通专注于芯片设计,但并不拥有晶圆制造厂。当然,如果行业的工艺仍在迭代,但因为一些约定俗成的规则,此时的迭代也难以与后面的制造环节产生创造性的合力了,因此将这部分转移出去也是可行的(图 9.5 中的"创新由工艺驱动")。作者给出的例子是 iPad 的电路板设计

---

① Pisano G P, Shih W C. Does America Really Need Manufacturing[J]. Harvard Business Review,2012,90(3):94-102.

（高密度电子电路），面板上有数以千计的小孔（"通孔"）来连接不同层次的电线，设计这些微观的布线和通孔仍然涉及大量的创新；但是，制造电路板仍是独立的，只需要设计按照工程规格出具设计图纸即可。

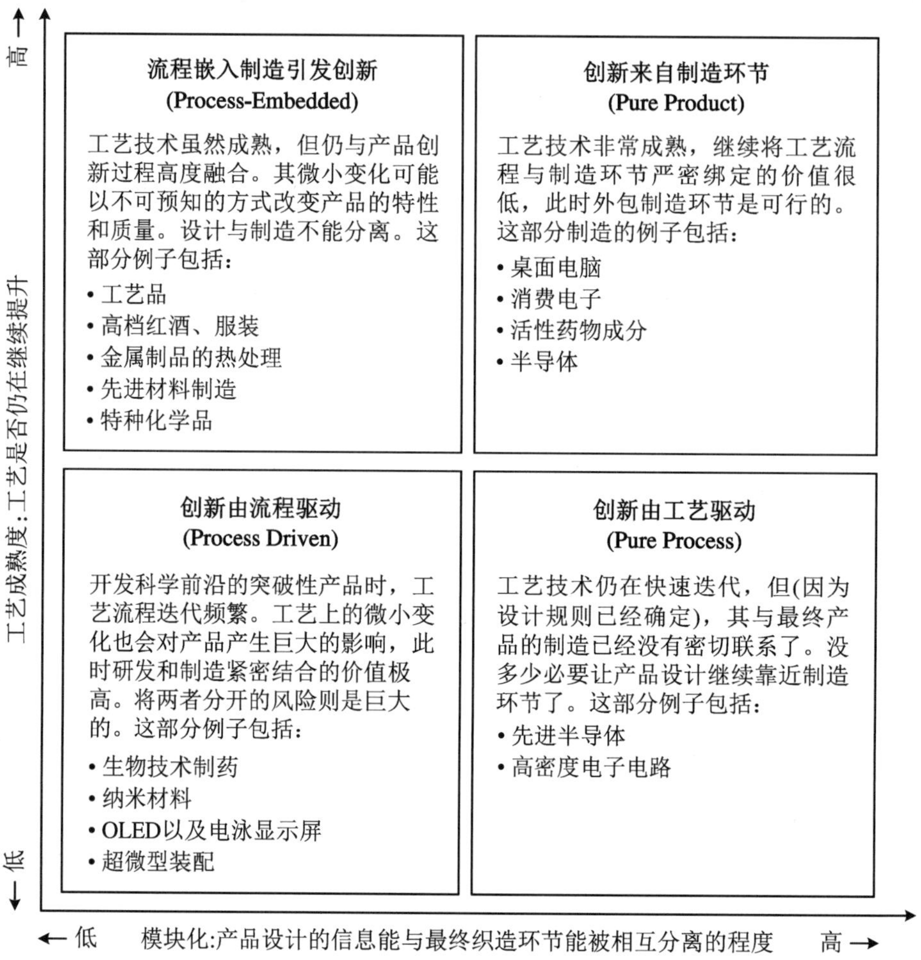

	流程嵌入制造引发创新 (Process-Embedded)	创新来自制造环节 (Pure Product)
高 ↑	工艺技术虽然成熟，但仍与产品创新过程高度融合。其微小变化可能以不可预知的方式改变产品的特性和质量。设计与制造不能分离。这部分例子包括： • 工艺品 • 高档红酒、服装 • 金属制品的热处理 • 先进材料制造 • 特种化学品	工艺技术非常成熟，继续将工艺流程与制造环节严密绑定的价值很低，此时外包制造环节是可行的。这部分制造的例子包括： • 桌面电脑 • 消费电子 • 活性药物成分 • 半导体
	创新由流程驱动 (Process Driven)	创新由工艺驱动 (Pure Process)
低 ↓	开发科学前沿的突破性产品时，工艺流程迭代频繁。工艺上的微小变化也会对产品产生巨大的影响，此时研发和制造紧密结合的价值极高。将两者分开的风险则是巨大的。这部分例子包括： • 生物技术制药 • 纳米材料 • OLED以及电泳显示屏 • 超微型装配	工艺技术仍在快速迭代，但（因为设计规则已经确定），其与最终产品的制造已经没有密切联系了。没多少必要让产品设计继续靠近制造环节了。这部分例子包括： • 先进半导体 • 高密度电子电路

工艺成熟度：工艺是否仍在继续提升

← 低　模块化：产品设计的信息能与最终织造环节能被相互分离的程度　高 →

图 9.5　"模块-成熟度"框架

设计产品所需要的信息和知识，如果能与制造环节相互分离出来（图 9.5 中右侧两个象限），并且两者的接口是足够"模块化"的，那么外包就是合适的（相反，图 9.5 左侧两个象限的产业，外包是危险的）。

集群在全球转移价值链环节的方式基本上与"模块-成熟度"框架一致。但不同的是，后者没有将主导企业对整个价值链的控制考虑进来：龙头企业将怎么协调分散的价值链活动？事实上，不同的转移方式会对集群内龙头企业的创新能力产生不同的影响。比如，当生产活动能带来优越的经济回报时，可以将生产转移到遥远的海外；但当生产活动仍能在企业的创新战略中发挥关键作用时，就必须保持在主导企业的直接控制之下，即便它会损失掉一部分经济回报。

这两种模式可以用集群龙头企业对转移环节控制性的不同来区分。第一种情况的控制程度很低,分离之后两者基本上是平等的市场交易,因此可以总结为"市场型"或"完全模块型";而第二种情况下,龙头企业对转移企业还有一定的控制力,两者之间的关系可以用"控制型"甚至"俘虏型"来形容。

除了控制这个维度,集群龙头企业与转移环节的企业的另一重维度是转移的距离——龙头企业在集群内的总部与国外分公司之间的距离以及总部与分离出去但仍然参与产品创新的关键供应商之间的距离:当两者处于不同地点时,该维度可用"分散"来表示;相反,当两者之间的距离较近时,该维度体现为"集中"(当然,这里的"分散"与"集中"是相对的,后面的案例将描述这种区别)。

哈佛商学院的 Gary P. Pisano 教授与爱尔兰都柏林三一学院的 Giulio Buciuni 教授近来根据这两个维度,开发了一个 2×2 的矩阵模型[①],用以描绘龙头企业与价值链上被转移环节的企业之间的四种关系模式(图9.6)。之所以存在四种不同的全球价值链分布结构,是因为在不同行业,其内部各个角色之间的生产关系是不一样的。下面简要介绍下这四种关系模式的特点以及其对应的典型行业。

图9.6 龙头企业与转移后的价值环节上的企业之间的四种关系模式

1. 全球分布式

当行业内不同环节之间"交易活动"的复杂性较低、同时转移企业供应商的能力较强时,龙头企业就可以采取比较松散的协调形式。同时,生产过程的模块化又使其能够迁移到全球各地。这时,产业价值链的结构就呈现为各阶段在地理上分散、龙头企业控制力低的特点。该模式被称为"全球分布式"。

这方面一个典型的例子是专业自行车行业。该行业的主导品牌基本上来自欧洲

---

① Buciuni G, Pisano G. Variety of Innovation in Global Value Chains[J]. Journal of World Business,2021,56(2):101-167.

和美国,如 Pinarello(皮纳瑞罗,意大利)、Colnago(梅花,意大利)、Look(洛克,法国)、Cannondale(加诺戴尔,美国)和 Specialized(闪电,美国)等。该行业模块化之后,这些品牌商普遍将加工业务交给了我国台湾的代工厂商,如捷安特和美利达。双方配合流畅,前者也很少跨时区指导后者的生产业务。

20 世纪 90 年代,专业自行车的车架制造开始全面转向碳纤维材料。该材料的生产需要高技术和资本投入,但同时也具备一些劳动密集型的产业特点。我国台湾地区的供应商们开始专攻这一技术,在 10 年内攻克了该技术并成功量产。接下来这些供应商基本上也就全面承接了欧美专业自行车品牌的车架制造和组装工作。

一家意大利品牌厂商在接受采访时谈道:"我们是最后一批开始将整个自行车车架生产外包给亚洲的品牌商。一开始为了确保他们的制造质量符合我们的生产标准,我们不得不在两边飞来飞去。但很快,他们就变得非常优秀,我们的生活就更加轻松了。现在我们要做的只是把新的产品规格发给他们,然后就等新车架送到我们总部了。"

在这种新的全球价值链结构形成的同时,这些西方龙头企业的创新战略也发生了变化,最终为新的产品创新模式的出现铺平了道路(图 9.7)——传统上,西方品牌企业的前期生产(如设计)和制造活动发生在同一地点(或局限在有利于与区域供应商紧密合作的地方),创新自然也就发生在内部。然而,由于车架生产制造所涉及的创新是部分"流程嵌入"的(也就是说,碳纤维的材料特性会反过来影响车架的设计),生产在地域上的迁移也一定程度上引发了创新能力从龙头企业向其供应商的转移。关于这点,该意大利的品牌厂商说道:"我们在这里(公司总部)生产的仅仅是新车架的 3D 原型。从这一刻起,整个(产品开发)过程都由我们的供应商承担。如果我们想在车架上钻一个孔,我们需要和他们商量;如果我们想改变它(车架)的形状,我们需要和他们商量。他们真的对工艺流程了如指掌。"

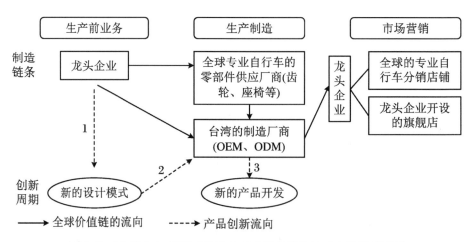

图 9.7 "全球分布式"模式下的全球价值链结构及对应的创新周期

显然,如图 9.7 所示,当西方品牌厂商将碳纤维自行车架的生产委托给我国台湾地区供应商时，他们也最终将把与产品开发相关的研发业务外包给了对方——这种新的全球价值链的结构也产生了分布式的创新策略。而随着时间的推移，台湾的生产者们会自然而然地通过"干中学"提高自己的生产和创新技能，并最终建立起自有品牌，比如美利达（Merida）。虽然早在1988年挪威就推出了自己的专业自行车品牌（避开更为成熟的西欧市场），但在2000年之前，自有品牌业务占总营收的比重长期仅为10%~20%，公司的绝大部分营收都来自为西方品牌Schwinn、GT、Specialized和Scott等的代工业务。但21世纪以来，美利达逐渐通过收购品牌股份、稳住代工收入之后[①]，开始加大了对自有品牌的投入力度。包括在德国斯图加特建立研发中心、赞助车手和赛事等，逐渐补齐了自己在价值链前后两端的短板。到2020年，美利达设计业务的营收与代工业务已经基本相当。

而由于工艺创新转移到我国台湾等东亚地区，西方专业自行车的品牌商们现在的创新主要集中在设计、营销和分销环节上，其竞争优势也基本来源于品牌声誉和设计技能。

2. 遥控式

当生产环节已经足够成熟并且可切分，虽然供应商的能力比较低下，但供应商与客户的交易环境又高度复杂时，龙头企业这时即便将在地理空间上将生产环节打散，但仍然会对供应商保有较高的控制力——这形成了一种类似"遥控式"的全球价值链框架：即龙头企业用一种明确的协调机制（"等级制"）来应对全球竞争。虽然生产链条分散在全球，但其创新环节往往是由龙头企业直接控制的，供应商很少参与其中。因此，产品的生产流向和创新流向遵循的是不同的轨迹，只是偶尔会有重叠。在这种框架下，因为创新能力并不会在全球价值链上"漂移"，因此供应商们的升级机会通常是有限的。这种框架下的全球价值链创新实际上是被龙头企业"遥控"的（Captive Innovation）。

医药行业的全球化是遥控式创新的典型。医药巨头们往往会通过外国直接投资（FDI）在全球其他国家设置子公司，专门从事制造环节，这样它们可以利用子公司所在国家的廉价的劳动力（典型如波多黎各）、税收优惠（如爱尔兰）和市场准入政策（比

[①] 从事代工业务的供应商在决定是否推出自有品牌时，经常面临的一个很矛盾的地方是，如果它们推出自有品牌，从而与品牌商直接正面竞争，那么这些代工厂商可能会面临被"抽单"的惩罚，失去代工业务。因此，很多代工厂商即便是加工工艺非常完善，也可能会主动地把自己定位在加工商的地位上，选择不去"升级"业务。比如，巴西南部西诺斯河谷（Sinos Valley）的制鞋产业集群，在20世纪90年代的生产能力（产品质量、反应速度、准时性、灵活性）已经与业界最好的意大利相当，但因为害怕侵犯来自美国的买家的核心能力，该集群选择了不推出自有品牌，向设计和营销领域开拓，从而将自己牢牢锁在了制造业务上，并在中国制造入世后承受了巨大冲击。见John Humphrey和Hubert Schmitz的《How does Insertion in Global Value Chains Affect Upgrading in Industrial Clusters?》（2002）。美利达在是否应该大力发展自有品牌业务上同样举棋不定过，品牌商Schwinn和GT在2000年重组时让它一下子失去了35%的代工订单，让它知道代工业务同样并非没有风险。因此当2001年自己的第二大代工品牌厂商Specialized面临财务危机时，美利达果断入股49%，换来100%订单生产权以及品牌决策权——代工业务的稳定，让美利达得以没有后顾之忧地大力发展自有品牌。

如我国)。但与全球分布式的自行车行业不一样,医药龙头企业对这些子公司拥有高度的控制权,不仅会全权负责生产环节的质量控制,而且会直接挑选子公司的供应商——也就是说,子公司仅仅是在从事普通的制造活动。

以药片或药丸这类口服药为例,这类产品的生产实际上包括两个阶段,即药片中的活性成分制造和实际的药片生产。后者一般在医药巨头所在国家的境外制造——要么是通过其全球子公司,要么是通过其独立承包商——但前者活性成分的生产都是由这些巨头们在自己的研发实验室完成的。对此,德国药企巨头拜耳的一家关键供应商的总裁在接受两位作者的访谈时表示:

"你应该把活性成分看作这个领域的金块(Golden Nugget),它们是开发新产品的配方。虽然我们偶尔也可以开发新产品,但一切都要从那些活性成分开始。活性成分是各大公司从内部开发的,也是一个知识产权保护和投资的问题。检测和提炼一个有效的活性成分需要数百万的投资,这只有它们(药企龙头)少数人能负担得起。"

在"遥控式"模式下,医药巨头的产品创新流向与全球价值链的流向基本上没有交集(图9.8)。事实上,这类创新并不涉及"流程嵌入",因此跨国企业可以在不影响整体创新能力的前提下,将研发和生产分开。可以说,这些药企似乎协调了两条独立的价值链条(生产和创新),但这两条价值链都是通过类似的控制机制来协调的。而之所以需要使用明确的遥控模式,是因为该类业务高度复杂,研发和产品创新需要高额投资,并且研发的知识产权保护至关重要。

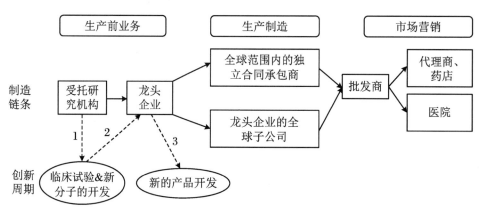

图9.8 "遥控式"模式下的全球价值链结构及对应的创新周期

3. 生产者驱动式

在全球价值链重新分布的背景下,生产者驱动模式(Producer Driven)已经很少被考虑了。因为在该模式下,生产环节被集聚在本地,只是生产前和生产后的环节被分散在全球。这种情况在那些规模比较小的手工艺品行业中仍然普遍存在。这些行业最重要的特点是,它的生产过程很难像一般制造环节那样被"模块化"而分离,因此主导生产的企业即便选择外包,也仅仅局限于那些"关系型"或"圈养型"的关键供应商。这些供应商往往与主导企业一样,拥有类似关于生产环节的默会知识(两者更多只是分列为独立主体),它们围绕在主导企业周围,方便后者及时协调和控制整个生产过程。

以家具设计产业为例,其全球价值链中的生产前和生产后的职能都能被全球化,但生产环节仍然倾向于留在当地,无论是主导企业自己消化还是与区域内的专业供应商协作——在这种"生产者驱动"的模式中,生产位于价值链的"中心":主导企业要主导产品的开发和制造环节,其投资的很大比例也都集中在这个环节。秉承这种经营理念的企业多为细分市场的龙头企业,典型的如美国高端座椅生产商 Hermann Miller(赫曼·米勒)和意大利家具厂商 Magis Design 等。

虽然这些细分行业龙头企业广泛与来自全球的独立设计师合作,并乐于在全球拓店,但它们却很少将生产活动委托给远距离的供应商。对此,一家行业内设计公司的 CEO 解释道:

"我们商业模式的一个主要特点是产品开发。客户希望我们全年都能提供新的产品系列,这意味着产品开发是一个永无止境的过程。这也解释了为什么我们的主要供应商都在附近。因为他们也参与了创新过程,所以我们每天都需要与他们交谈,讨论新的模型,并确保他们能帮助我们实现我们想要为市场创造的价值。"

除了新产品开发,这些品牌企业还经常需要承接来自全球客户的定制化产品,这也强化了这些主导企业想要进一步集聚并高度控制制造环节的需求。因为产品定制意味着生产的高度专业化和小批量制造,这种订单鼓励主导企业绑定小生产者和工匠网络。久而久之,这些行业特殊的生产特征形成了众多"短"而"密"的价值链,使得龙头企业无法将生产外包到海外。

这种"生产者驱动"的价值链结构下的创新流向又是如何分布的呢?一般来说,此时产品创新和全球价值链是相互交织和重叠的。因为主导企业在不断规整来自本地的资源和能力时,是无法将创新隐藏在自己内部的——虽然它们要经常从全球范围内收集创新资源,但一旦主导企业启动产品开发,那么它们就需要用周边供应商的专业生产知识来将之转化为现实产品,即便这个过程是由它负责牵头并负责协调的(图9.9)。

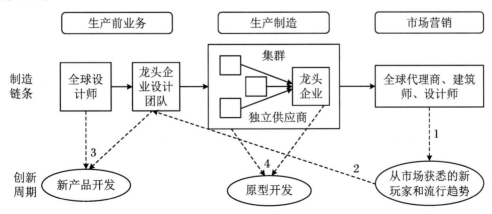

图 9.9 "生产者驱动式"模式下的全球价值链结构及对应的创新周期

这位CEO接受采访时总结："我认为我们是一种连接器，是将外国设计师和当地生产商联系在一起的步骤。尽管这可能是一项具有挑战性的任务，但新产品的实际实现从这里开始。一方面，你有设计团队的想法和设计草图，另一方面，你需要生产商来实现它们。它们可以来自不同的地方，拥有不同的文化，但它们必须在这里相遇，创新才能发生。"

4. 买家驱动式

最后一种全球价值链的模式是"买家驱动型"（Buyer Driven）①，与"生产者驱动式"类似，该模式下的主导企业与其供应商们也都集中在本地，无法远程外包。但区别是，这时主导企业对这些本地供应商们的控制力度却很低。这种模式一般与当地特定自然资源的生产活动相关，比如石油、水果、蔬菜和葡萄酒等。供应商们虽然专业化程度很高、能力很强，但由于缺少对远方各地消费市场的理解，它们难以准确并及时地调整产品创新的方向，而只能依赖主导企业。因此，在这种模式下，是"不事生产"的主导企业作为中间方在连接本地供应和全球需求。它们虽然不会寻求去控制本地供应商，但后者的产品开发与创新却需要建立在它们对市场的信息认知上。主导企业实际上承担着"中间"买方的角色，整个行业是由它们对前后两端的认知所驱动的。

葡萄酒行业就是一个"买家驱动式"的显著例子。以普罗赛克②这款起泡酒的全球流行为例，2019年全球销售超过5亿瓶。其生产集中在意大利东北部，但大部分都是经贴牌的品牌商或经纪人之手销往全球的。其中，大部分常规口味的普罗塞克酒的生产工艺已经非常成熟和模块化，大量经验丰富的本地供应商能够保证该类起泡酒产量和品控的稳定，此时很少需要买家在中间进行协调。这些买家一般以品牌企业（或经纪人）的身份运作，他们很少参与生产活动，而是购买并转售该地小型独立生产商生产的葡萄酒——他们的专注点在葡萄酒生产的前后阶段，如采购（该环节基本上发生在起泡酒被酿造出来之前）、营销和分销，承担着将本地供应与全球需求连接起来的角色。

意大利第二大普罗塞克酒生产商的前出口经理解释了大型买家在葡萄酒全球价值链中所扮演的角色："随着普罗塞克酒越来越多地销往全球，该行业需要专门从事营销和分销的企业。经纪人一直存在，但他们正变得越来越重要，因为他们将本地生产与全球市场联系起来。他们基本上是买和卖，取决于他们想买产品的价格和供应

---

① 在精品服装和鞋帽市场，承担类似功能的角色一般也被称为"买手"。但一般来说，买手行业的规模较小，他们更多是依靠自己的品位从多样化的品牌库中去"挑选和搭配"，去服务本地消费人群，但他们并不具备投资能力，去参研新一代产品的制作过程，更无法反过来影响上游服装厂商的产品开发，指导和调整它们的生产线。因此在这个语境下，我们更乐于用"买家"来指代主导企业在其中所扮演的角色。

② 普罗赛克（Prosecco）是意大利东北部的一个小镇名，酿酒商用原产于该小镇的一个葡萄品种，采用一种特殊的发酵工艺，制作出了这款最受意大利人欢迎的起泡酒，该类起泡酒也得以用产地名称命名，正像香槟实际上指的是产自法国东北Champagne区的一种起泡酒一样。

情况。"

在这种情况下,虽然这些品牌经销商也是在本地经营的,但它们与本地小生产者之间的关系可以仅仅停留在买卖的简单阶段。但一旦涉及产品创新,双方的关系就会显著升温。比如品牌经销商根据自己掌握的市场趋势,需要调整采购目录时,他们就需要考察甚至直接投资于本地小供应商的工艺创新,以保证供应链的高效。例如,最近几年有些品牌经销商开始大力推广一个新品种——玫瑰普罗塞克酒(Rosé Prosecco)。该款起泡酒是根据女性消费者的偏好而专门开发的:原因是经销商们发现,女性消费者是普罗塞克起泡酒消费市场中增长速度最快的一个细分客户群。

本地小供应商能够脱离这些品牌经销商独立完成创新产品的开发吗?从技术上来说可以:因为它们的酿酒师完全拥有开发新款葡萄酒所需的技术;但从掌握的市场信息和能调动的资源来说很难:因为品牌经销商是这个行业的"知识守门人",是这个行业中唯一能够直接获取市场知识的参与者——很难想象,这些小供应商可以在缺乏知识和资源的情况下去独立协调下游市场。一位在北美经销欧洲葡萄酒的品牌商在接受采访时直白地点出了双方之间的关系:

"是经纪人在决定(消费者)明年喝什么。如果你只生产普罗塞克起泡酒,他们看到一种新的口味出现了,或者歌蕾拉葡萄①越来越贵,他们就可能会去买其他地方的新起泡酒。我听说他们在艾米利亚-罗马涅②生产一种新的起泡酒。那你怎么办呢?你被你生产的品种所困,只能希望他们重新回来找你。"

品牌经销商(和经纪人)在葡萄酒的全球价值链中的主导地位排除了小型葡萄酒生产商的创新和升级机会,虽然战略上前者要依赖后者生产新的葡萄酒品种。事实上在现实中,一款新的葡萄酒的开发是由双方共同完成的:品牌经销商从消费市场收集和分析信息趋势,指导内部的酿酒师团队开始跟进正在流行的口味,一旦确定要在下个年度大力推广,内部酿酒师就会与本地供应商的酿酒师合作,去进行产品测试、分析和开发,这个过程通常是在经销商内部的实验室进行的。新品在实验室完成之后,本地供应商的酿酒师们会依循相关进程去指导下一年度的葡萄种植和酿造。

这个行业的生产和创新链条见图9.10。

最后,我们总结一下这四种模式下的生产与创新链条(表9.3)。在不同行业的全球价值链条中,某些环节能否异地而置,还是取决于最终成品的多个生产工序之间是否足够"独立":如果各个工序之间的连接可以互相独立到像产品在流水线上组装一样,那么这些价值链自然是可以全球化配置的;但如果每道工序都总是需要所有人群策群力,那显然分散价值链就是不合算的。虽然这四种模式都处于这两个极端情况之间,但程度也有差别。

---

① Glera 是葡萄的一个品种,普罗塞克起泡酒是专门用这个葡萄品种酿造的。
② Emilia Romagna,意大利北部大区,距离东北部的普罗赛克小镇大约3小时车程,是意大利较古老的葡萄酒产区。

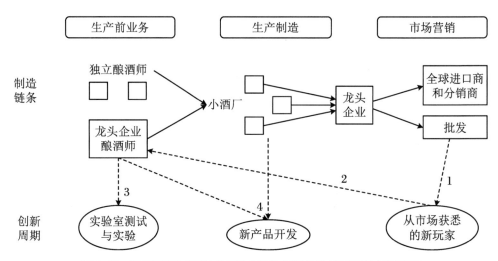

图9.10 "买家驱动式"模式下的全球价值链结构及对应的创新周期

表9.3 四类不同产业的全球价值链分布及其中的创新动力

创新模式	产品创新模式	产品创新的关键角色	龙头企业的战略
全球分布式创新	·新的想法和产品设计是由龙头企业在总部开发 ·产品开发在海外进行 ·创新链和生产链部分重叠	·龙头企业的设计人员和研发团队(设计新模型) ·外国独立承包商(OEM)(产品开发)	·龙头企业启动产品创新模式,自主创新 ·龙头企业将新设计传递给海外承包商,并在市场上推出新产品
遥控式创新	·龙头企业内部独立研发,或与外部专家合作共同研究 ·同时产品开发在内部进行,虽然利基产品的开发可以委托给主要供应商 ·创新和生产链很少重叠	·研发独立实验室(新材料、新产品功能研究) ·领导企业的研发团队(产品开发和产品测试)	·龙头企业协调从研发到新产品测试的整个产品创新过程 ·龙头企业为新产品研发提供资金
生产者驱动式创新	·新的创新理念在全球范围内产生 ·产品开发发生在集群内 ·创新链和生产链部分重叠	·全球设计师和建筑师(新产品创意) ·龙头企业的采购部门(寻找新的生产伙伴) ·专业生产者集群(原型开发)	·龙头企业收集市场反馈意见和新思路 ·龙头企业协调集群内的产品开发
买家驱动式创新	·新产品开发的思路是从最终市场收集的 ·产品开发需要与生产商(供应商)合作 ·创新链和生产链部分重叠	·全球批发商和分销商(市场反馈) ·主导企业内部设计和研发团队(新产品构思) ·供应商利用自己的原材料在主导企业的"协调"下开发产品	·主导企业收集市场反馈意见和新思路 ·主导企业与供应商共同协调产品开发

从工序的可分离程度来说，我们进一步甄别，发现"生产者驱动式"和"买家驱动式"这两种模式其实差别不大。两者的区别在于主导企业是否对本地供应商有"控制"作用，但实际上在这些行业中，主导企业的主要目的其实不是寻求控制权。它与本地供应商的关系结构是由后端产品的市场特征所决定的。在"生产者驱动式"中，高端（定制）家具的潜在市场客户群规模较小但单品的价值很高，如何保证单件产品的高质量交付是这个行业的生存关键，那么生产端的话语权被平分给行业内拥有高技能的本地供应商是合适的。而在"买家驱动式"中，最终消费品是面向大众的平价商品，甚至直接是快速消费品。这些产品的消费黏性非常低，转换成本几乎是零，那么当市场供应充足时，单个的小供应商自然就没有多少话语权了。不平等的控制关系也就自然产生了。

不管是否存在"控制"，后两种模式的生产工序都是由双方在本地共同完成的。但我们还是发现，这两个模式下的整个产业链中，仍有大部分价值是发生在后端的营销和分销环节。这是因为最终的成品对消费者来说是"可选"的，因此需要花大力气来"说服"消费者（而"遥控式"中的药品是"不可选"的）。而靠近消费者的环节的价值越大，该环节自然而然地也成为创新的重要来源。因此，即便这些商品在生产上不会分割，但价值上的迁移是无法避免的。世界各地的机场都能看到意大利高档家具的大幅橱窗广告，我们在社交平台上也会持续收到各个网红推荐的外国红酒……要把合意的消费者从庞大的人海中挑选出来，真的需要花费不少力气。

"全球分布式"的生产模式我们要熟悉得多，包括前述东莞的个人电脑产业集群的案例，都属于典型的"全球分布式"行业。这些行业的价值随着被转移出去的工序而转移，同样也将该环节的部分创新业务转移出去了。

相比之下，"遥控式"的企业要保守得多。即便是那些分布在各国、从事制造或销售的"供应商们"，也多为其所属的全球子公司。这些龙头企业愿意承担这些重大成本，显然是因为生产出来的商品是具有高度定价权的。不管中间有多少需要合规的成本，都可以转移到最终的销售终端。同时，它的创新环节自然也需要牢牢掌控在手里。

第十章　创新区在全球化后期的演变

迄今,我们已经从多个角度阐述了集群和创新区的各种特征,来来回回已经不尽啰嗦。当我们想要探究未知之物的真实面貌时,总是会不厌其烦地去追踪它所呈现出来的种种"现象",哪怕是蛛丝马迹也不想放过。即便如此,我们也很难避免自己会陷入盲人摸象的境地,用过多的精力去解读那些具有误导性的迹象。

理解创新区的意义

不管是我们开题切入的创新区,还是追溯其来源的集群,以及我们在其他场合见到的诸如此类的术语,如创新热点(Innovation Spot)、创新空间(Innovation Space)以及创新集群(Cluster of Innovation)等等,其本质都是业内人士在某个尺度的经济地理空间(Economic Geography)内发现了一些引人关注、认为值得进一步探寻的经济现象——这固然是好的,但它经常的确只是抛出了一个"引子":虽然它启迪着业内人士和大众用一种新的视角去解读某些"习以为常"的现象,但不客气地说,很多时候也就戛然而止了。

为何如此?直接原因是,集群和创新区本身都是我们"抽象"出来的事物,它不是直观可见的,天然就让人费解。让我们回想一下 GDP(国内生产总值)这个概念,保罗·萨缪尔森认为"……它(们)确实是 20 世纪的伟大发明之一"[①]。但这个被抽象出来形容一国经济总产出的指标,即便已经诞生了 80 余年,迄今仍然让人十分迷惑。联合国统计署(United Nations Statistics Division,UNSD)联合多家国际机构也已经多次修订更新对 GDP 的统计方式,来反映当前经济复杂程度的不断提高,但迄今它仍是一个饱受争议的指标,还是不能让各方满意。因此,开发一个替代性指标来取代 GDP 的念头也时时见诸于媒体[②]。

想到这点,我们就知道,要找到一个可以让各方都比较认同的指标来"衡量"集群或创新区,本身就不容易。而正像 GDP 一直没有将家务劳动之类的非市场化活动计

---

① 出自他和威廉·诺德豪斯合著的《经济学》教科书第 15 版。
② 英国曼彻斯特大学的经济学教授黛安娜·科伊尔(Diane Coyle)写过一本小书《极简 GDP 史》(《GDP: A Brief but Affectionate History》),简要地介绍了这个指标的来历、优点与不足。

入其中一样,集群和创新区究竟应该将哪部分数据揽入统计口径、将哪部分排除在外,从而能让全球数千个类似的经济空间能够横向对比,就这一点学界也尚未能达成共识——我们对它们的认识,仍处于简单描绘特性的阶段(正像我们之前花费了大量笔墨来甄别集群和创新区这两个概念的区别一样,这些差别也都是"描述性"的)。

听起来让人沮丧。但如果认识到,我们所抽象出来的这些概念其实都只是对"集聚"这种经济现象的一副"快照"而已,那我们就不必非得在这个角度上继续纠缠。我们现在已经知道,这些概念很难进一步提升的原因,是我们光顾着从它所呈现出来的现象去定义它,但从未找到一把合适的尺子去度量它们。正像彼得·德鲁克所说:"你无法管理你难以测量的东西":当我们不知道集群是由哪些规模不一的企业组成、它们之间的经济往来是怎样时,那么我们自然就难以知道集群的扩张或衰退的真正内因所在。

当马歇尔提出集聚这个概念的时候,他的观察对象是整个工业区,尚没有具体行业的概念。当然,这一方面是因为当时 GDP 的概念还没有发明,对工业区的统计还停留在终端不同类别的物质产出;二是当时行业分类也没有细致到泾渭分明的程度,行业之间的"技能"流动是看得见的。因此,马歇尔对集聚的理解既是朴素的,同时在本质上却又是深刻的。

集聚的概念被提出之后,在很长一段时间内,各方都几乎不假思索地接受了"知识外溢会因空间上的集聚而自然发生",即便其外溢的外部性究竟有多强,至今仍然很难通过实证进行检验(我们在之前引用过相关研究案例来说明过这点)。对集聚现象的研究,很快就转向了实用主义:它最开始是怎么发生的,为什么是在此地而非彼处发生了这种经济现象?一个城市要怎样做才能维持这种有利于企业和人才集聚的环境?

第一个问题过了很久才找到答案。在 20 世纪 80 年代,克鲁格曼等人用复杂的数理模型证明,行业在发展初期能形成超过其他地区的集聚效应是很偶然的。初期众多投入元素的微小变动,可能都会影响各地最终的集聚优势。因为不足以形成现实的指导,这个答案显然并不为人所喜。

但第二个问题的答案却让人满意得多。雅各布斯在 20 世纪 50 年代就基于自己日常生活的敏锐观感,意识到空间环境的科学、友好和包容是孕育集群的温床。她告诉我们,其实你不用纠结在某个确定的空间内,因为某些经济元素的缺斤少两而错过了某个产业的崛起,相反,把空间放到整座城市,把时间放长远,只要这个城市的整体生活环境能友好地接纳各类人群(尤其是年轻人),那就不用担心,新的产业自然会在未来某个时刻被他们创造出来。

应该说,雅各布斯的观点是非常具有启发性的。她直接避开了第一个问题,认为新产业本身是无法预测的:我们同样无法为下一个我们不知道的产业做出详尽的准备——但我们可以通过把人才集聚到城市来"间接"做到这点。顺带地,她的答案也第一次将"空间的品质感"这个概念纳入城市的建设中,无意中让规划这个行业成为影响城市发展质量(或竞争力)的重要因素之一。她本人也被规划行业"追认"为最具影响力的城市规划师①,虽然她从未真正从事过这个行业。

显然,创新区的构建全面借鉴了雅各布斯的城市观,甚至可以说,创新区就是一个精雕的雅各布斯之城——以往的各类经济地理空间多只是强调区位,创新区应该是首个对内部空间的排布给出了具体安排指示的经济空间。而如果我们仔细回看她对城市"有效街区"的规划指导意见②,不难发现,那基本上就是创新区内部空间的建设原理。只不过将使用这些复用空间的人,从社区居民变成了各企业的创新人员。

雅各布斯对城市公共空间品质的执着,目的是激发多样化人群的频繁交流。但这反过来暗暗地引发了人们对"集聚-外溢"原理的疑惑:原来人们只是在空间上"集聚"在一起并不会天然地触发交流?从这个视角出发,迈克尔·斯托珀尔等学者开始从社会、文化和制度层面解读"集聚"现象。这个视角承认新兴产业落在某个城市并最终成长壮大具有偶然性,但其潜在落址的候选城市也需要具备合适的条件,并不是每一座城市都有资格"投标"。其原因是,当我们在谈论这些城市"竞标"某个新兴行业的落址问题时,我们并不是在解答"为何工业革命起源于英国而不是其他国家"。这个问题的隐含前提是,其时基本上所有国家都处于农业社会阶段。而我们现在所讨论的城市,虽然都经历了工业化,但其内在是千差万别的——从外在的产业结构到人才储备,更深层一点的不同机构之间的组织形态以及一个社会经多年浸润所形成的制度和文化……尤其是那些看不见的东西,往往才是决定一个城市最终能否抓住(或错失)新兴行业的关键。

简单点说,社会和制度学派认为,我们对城市竞争力的比较与衡量都只是基于表层的可量化指标,而实际上它们的胜负隐藏在治理能力、制度环境甚至文化传统上(见示意图10.1)——同一个国家内相邻的两座城市,从同一个发展层次出发,经过十年、二十年的发展之后,最后的发展差距甚至可以非常显著③:当经济要素流动足够充分时,要解释相邻城市发展之路为何分岔,只能从城市运行背后的机理上找原因。

社会和制度学派的解释很具说服力。事实上,它同时也解释了为何集群会像生命一样周期性地不断演化,其原因是一个集群衰落后,不仅集群内人才的工作技能是

---

① https://www.planetizen.com/features/95189-100-most-influential-urbanists.
② 简·雅各布斯认为一个理想的城市社会规划应该基于以下四个支柱:一是培育生动有趣的街道,它应该是由短街区组成、能吸引大量行人、混合各种功能、在不同时间段都是热闹的;二是让街道的结构在一个潜在的次城市规模和力量的地区内尽可能地成为连续的网络;三是将公园、广场和公共建筑作为街道结构的一部分,加强结构的复杂性和多用途,而不是将不同用途隔离开来;四是在地区层面促进不同功能的认同,让市民更多地参与进来。
③ 迈克尔·斯托珀尔等人以抽丝剥茧的笔力详细解答了为何硅谷会出现在旧金山,而不是邻近城市洛杉矶。在20世纪60年代,即便洛杉矶在战后流失了大量航天行业的电子工程师,但在相关企业和人才储备上仍然是领先旧金山的;加上两地同享壮阔的海岸线和温暖的气候,道理上来说创业人员更应该偏向洛杉矶而不是硅谷,但后来的发展进程恰恰相反。到2015年时,因为错失了硅谷,洛杉矶的人均收入已经要比旧金山整体上低1/3。考虑到硅谷的物价已经昂贵到令人咋舌,洛杉矶理应利用更低的整体成本去吸引新兴的高阶产业去弥补这种差距。但事实上这并没有发生,新生的生物医疗产业同样在旧金山更为活跃,而不是洛杉矶。如果不是两地文化上的区别,很难解释这种状况。详见迈克尔·斯托珀尔等人的著作《城市经济的崛起与衰落:来自旧金山和洛杉矶的经验教训》(2018年版)。

会保留下来、可转作他用,更重要的是支撑集群当初形成的社会制度仍在正常运转,只要它不是封闭自大的,总能在新的行业中找到新的据点重新起步,虽然规模往往会有折损。

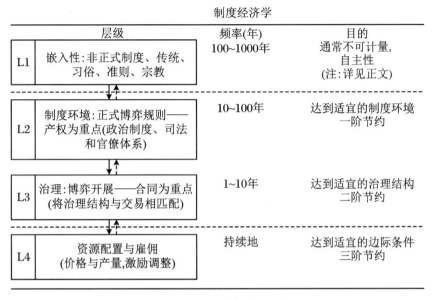

图 10.1 制度经济学的四层关系

注:L1:社会理论;L2:产权经济学;L3:交易成本经济学;L4:新古典经济学/代理理论。
图中由上一层次指向下一层次的实心箭头,表示上一层次对下一层次有约束作用;方向相反的箭头是用虚线画出来的,表示下一层次对上一层次的反馈。
图片来源:奥利弗·威廉姆森.交易成本经济学:机理与展望[J].比较,2019(2).

尽管如此,要继续深挖制度学派去解析集群或创新区却是很难的——知道"彼此之间存在联结""这种联结关系相当重要"固然重要,但要搞清楚"这些联结组成的关系网络是如何一点点织出来的""每个节点之间的联结强度如何分布""关键节点的变化如何影响整个结构网络的强度"等一系列问题,没有跨年度、多节点互相交流的庞大数据支撑是无能为力的。这显然超过了当前社会的统计能力。

迈克尔·波特虽然用了"集群"二字来概括这些关系网络,但在当前的统计规则下,对集群的测量也只能落在最终制造的实物产出上。这是不得已的折中,但用它来反映集群的全貌,显然是有偏的——它不得已直接"遗漏"了集群内部大量服务活动的价值。这在全球化开启之前国际贸易多发生在"北北"国家之间的时候,还尚能接受:彼时随着技术的扩散,同一个行业在这些工业化国家内基本保持着相似的行业结构,因此最终的实物产值可以认为是整个行业价值的一个"指代"数据,可以横向用于国别比较。但这些行业随全球化而将部分产业环节转移出去之后,"行业集群"内部结构已经出现分化,此时实物产值显然已经无法代表整个行业集群的价值了(尤其是实物生产环节逐渐转移到国外去之后)。

因此,波特的集群理论对产业空间的定义虽然足够完备且充分,但还没等到统计方法更加完善,就已经被全球化分解了。尽管如此,集群对产业内涵的深刻认识却被后来的创新区之类的"经济空间"继承了下来。它们不再纠结于空间的产业特征,而是充分领会集群内部各个主体的"联系"关系,将各个相互关联的企业和机构紧密绑定在一起。

  创新区即是如此。它继承发扬了集群的内涵,同时在领会了产业在其生命各个周期的不同特点之后,决定专注于产业"兴起"的阶段——因为在这个阶段,各主体之间最需要频繁地在线下进行面对面的交流。而"创新"本身是天然排斥将自己局限在某个产业之中的。关于创新区与集群的异同,我们前文已有重笔,不再赘述。

  总结来说,集群这个概念想要以"大一统"的方式来全面规整"集聚经济"的意愿,因为统计能力不足最终没有实现。有鉴于此,后来者只能纷纷扬长避短,在形态上继续深挖集聚经济的内涵,但都无法去量化各主体之间的联系紧密度。不得不说,这是让人难以接受的遗憾。

  但与此同时,全球化对生产活动的分离得以让我们从反向视角去进一步观察集聚这一现象。而且尤为重要的是,学者们利用宏观的国家投入产出表和微观的企业进出口数据,将各国在跨境生产协作中各阶段的附加值(Value Added)从总的贸易数据中剥离出来,第一次"量化"了各国对全球价值链的具体贡献①。尽管全球价值链的口径是基于国别比较的,已经远远跳脱出狭小的集群或创新区之类的经济空间,但它所揭示的内涵对后者具有极大冲击性:这些聚合了各种各样功能的产业生态群看起来生机盎然,但并不如它们看起来那么安全,事实上,其中的大量工序是很容易被转移到其他国家的。

  这很难不让人思考,那些"撕裂"集群、引发产业转移的力量究竟来自哪里?它对集群的持续演变会停留在哪一步?而到时,"集群"还能保留自己的哪些部分?这种分裂的力量会继续进化吗?而到时又会是一幅怎样的情景?

  从这个视角出发,"集群"从拥有积极聚合力量的主观主体,变成了被动分裂的客体。自然,被动作之后的经济空间,大概率不会再被冠以"集群"之名。但我们知道,它已经升华了:最终能留在本地聚合在一起的载体都是密不可分的,而同时,结合在

---

① 在传统贸易模型中,原材料、零部件以及最终的组装活动都是在一个国家境内完成的,产成品最终只需要跨越一次国境到达出口国。但全球价值链中,在产成品完成之前,其原材料或零部件至少已经穿越了一次国境线才到达组装国。比如,设在中国的意大利品牌的专业自行车工厂,利用中国的劳动力将在中国生产的零部件以及进口自日本等地的零部件组装起来,最终将自行车成品出口到美国。在这个全球价值链条中,如何通过跨越各条国境的进出口价值来计算出发生在各国内部的劳动价值,不是一件容易的事情。世界银行 2020 年发布的报告《Trading for Development in the Age of Global Value Chain》中采用了两位经济学家 Alessandro Borin 和 Michele Mancini 的相关模型(来自 2015 年和 2019 年的两篇论文,《Follow the Value Added: Bilateral Gross Export Accounting》和《Measuring What Matters in Global Value Chains and Value-Added Trade》)来分离组合相关数据。虽然两位作者用贸易数据将发生在各国内部、与贸易相关的"增值"部分计算出来了,但整体上拟合的部门分类比较粗糙。比如,该模型能拟合出美国汽车行业中"金属制品"加工部分的增值,但无法在此基础上进一步挖掘与金属加工相关的其他部件,如发动机和轮胎等零部件的具体增值来源。更多详细内容见上述世界银行报告,如无意外,下文引述的与全球价值链相关的数据均引自该报告。

一起的它们能够遥控指导远在他国的其他生产环节。

全球价值链发展的新局面

全球价值链并不是随这波全球化衍生出来的新鲜事物。按照它的定义,最终产成品只需要跨越两次国境线,就自然会生成"全球价值链"(图10.2)。因此,考虑到像铁矿石之类的工业基础材料在全球的分布不均,一国即便只是进口粗钢进行加工,进而制造普通厨具出口到其他国家,这个看似平淡无奇的进程,实际上已经塑造了一条全球产业链。

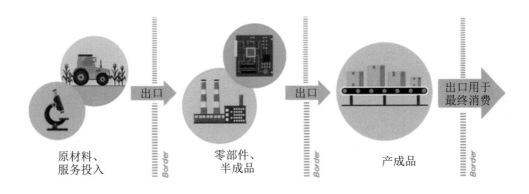

图10.2　全球产业链示意图

因此,据世界银行的报告统计显示,在1970年,全球价值链中的价值总成已经占到全球贸易总额的35%以上。这个所占比例随全球化的发展而迅速上升,尤其是进入20世纪90年代之后,攀升速度越发明显,在2008年金融危机前其所占比重已经超过50%(图10.3)。虽然近年来全球化历程经历了一拨拨回潮,但其价值链占比仍然浮动在50%上下。

我们关注的不是全球价值链占国际贸易的绝对份额,而是随全球化进程而发生的相对份额变化——全球化背后的真正驱动力来自哪里?报告认为主要来自三个方面:一是信息通信技术的发展,大幅降低了交通运输和通信的成本(图10.4);二是在多边贸易体系以及大量地区性贸易协定发展下,全球关税出现了普遍性下降(图10.5);三是中国、印度和东欧地区大量就业不饱和的劳动力进入全球市场,承接了北向产业的南移。

反过来,为何2008年金融危机之后,全球贸易总量一直停滞不前①并且同时全球价值链在其中的占比甚至降低了呢?答案其实是一样的,只是方向相反。一是WTO的多哈协定经过多轮谈判一直悬而未决,关税减免等开放政策无法进一步深化;二是

---

① 2008年全球贸易总额已经达到16.1493万亿美元,而2020年该数据仅为17.583万亿美元,12年间总增幅仅为8.8%。

全球再也没有一个大国或地区能像当初中国和东欧一样,能在国内施行重大政治调整,从而解放国内富余劳动人口去承接全球产业转移。而全球化正像逆水行舟,同样会不进则退。比如,随着我国产业技能的深化,本地企业将会逐渐掌握那些技术含量较高的、原本需要进口的零部件生产。这一方面会降低贸易总量,同时因为大量压缩了中间品进出口[①],全球价值链的跨境总价值相比贸易总量,也会出现更大比例的下滑;另一方面,像页岩(油)气这类新型技术的开发,也一定程度上降低了美国等发达国家对海外原油的依赖,无形中抑制了金融危机后全球贸易和价值链的增长。

图 10.3　全球价值链贸易增速

数据来源:《World Development Report 2020》。

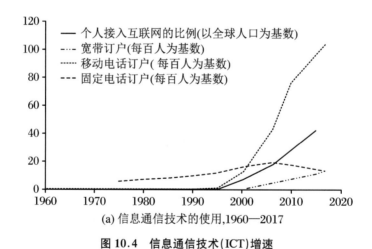

(a) 信息通信技术的使用,1960—2017

图 10.4　信息通信技术(ICT)增速

---

① 依据世界银行上述报告,我国在 20 世纪 90 年代时,进口的中间品总价值要占到最终出口产成品价值的 50%,但到 2015 年时,该比重已经下降到 30% 出头。对技术含量更高的进口零部件的本地化开发,也让我国从 1990 年到 2015 年,完成了从"有限制造"(Limited Manufacturing)到"高端制造与服务"(Advanced Manufacturing and Services)的大幅晋升。

(b) 交通与通信成本,1920—2015

图10.4 信息通信技术(ICT)增速(续)

数据来源:《World Development Report 2020》。

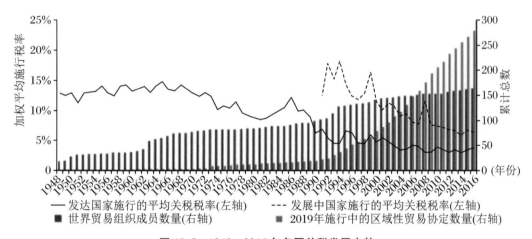

图10.5 1948—2016年各国关税发展走势

数据来源:《World Development Report 2020》。

2008年全球金融危机似乎是一道休止符,让全球各国都停下来消化并重新认识ICT技术革命对产业在全球重构的影响。这种力量曾经极大地推动了生产活动在全球的共享,其复杂程度远远超过传统的进出口贸易。我们不妨回想一下,跨国公司将生产进程切分成几段,放置在全球不同地点,最后再拼装起来,事实上至少需要满足以下三个条件。

一是匹配买家和卖家,并基于特定需求进行投资。在全球价值链的某个节点上,不管是买方去向上游采购零部件,还是作为卖方去兜售商品,都是有成本的(且不说只要涉及进口和出口,就会存在必不可少的固定成本)。因此,在全球价值链上的合作关系一旦确定,双方之间的这种合作关系就往往会被"锁定"。之后,双方之间的关系基本上是定制化的,采购方甚至会要求供货方进行特定投资,比如购买专门的设备和仪器进行生产,以让最终产品在质量上达到某种技术标准。反过来,如果采购方突然在市场上获得新的订单,它也不能轻易地在市场上找到其他供货商来扩大自己的生产规模——通常情况下,全世界只有少数几个供应商能够提供额外的定制投资来帮助它们扩大生产规模——在全球价值链中,仅仅是让双方匹配、生成彼此可预期的合作关系,已经相当费事。

二是交换无形资产。全球价值链更有可能涉及技术转让和标准升级,因为价值链上的企业并不仅仅只是与其他成员进行有形商品的贸易。它们之间往往还存在大量无形资产的流动,如技术、知识产权和信贷。主导的跨国公司还可能为合作方提供良好的管理实践、资源节约、生产力提升和劳动与环境保护——这些无形资产的交流要比简单的商品或服务的贸易要复杂得多。

三是生活在有限安全的合同关系中。既然无形资产在全球价值链内的流动不可避免,将之"锁定"在生产网络内不再外溢流失,就尤为重要。这需要一个跨越国境的、强有力的法律环境去约束各参与方,但现实中这又往往是缺位的。因此参与方在达成合作之前,必须反复互动,以确保合同在一种彼此认可的隐形安全下被执行。与克服摩擦的匹配关系一样,这种有限安全的合同促进了全球价值链中的"黏性"。

总之,全球价值链的这几个特征在传统的贸易格局中形成了一种新的局面。它将以往藏匿在交易商品或服务背后的价值,分配在了参与的各国之间。形象地说,它相当于将原本集中于一地的生产"分解"在世界各地了。如果这种生产上"解绑"的效应来自ICT革命,那我们是否已经耗尽了它的红利?未来如果出现新的技术,会将如何塑造我们组织生产要素的方式?新的"解绑"点会落在哪里?以及,它又将如何影响创新区这类集聚的经济空间?

瑞士日内瓦大学的理查德·鲍德温(Richard Baldwin)教授认为,我们所描述的这次"解绑"事实上并不是人类历史上的第一次,只是这次来得更加突然、不可控和不可预测。而如果以为我们当前正处于第二次"解绑"的余波中的话,那就要抓稳了,因为第三次"大解绑"可能正在路上了。

全球价值链的三级约束解绑

鲍德温教授认为,集聚现象(不管是人口汇集到城市还是生产活动向经济空间集中)本质上都是对"距离"的克服。其中的"距离"包含三个层次:商品的运输、思想的交流和人口的流动。

在工业革命之前,交通运输条件不仅低效而且危险,商品运输成本高到无法想象。连接欧亚的丝绸之路事实上是靠沿途的商人们一段段接力才走通的,而当最终的丝绸和瓷器送到欧洲贵族手中时,他们支付价钱的99.9%都没有回到生产者手中。虽然当时也有京杭大运河和地中海商贸航道,但总体上来说,当时的贸易量是极少的。思路的交流更加缓慢,它不仅需要将相关的知识以文本的形式运输过去,还经常需要将掌握了专业知识的专家派遣到当地。而人口也多受制于当时的交通条件、沿线安全、语言障碍等多种因素而普遍被禁锢在出生地附近。

这三重约束足以将人类分割在一座座小村镇内，经济活动基本上仅限于农业活动，绝大部分人只能消费本地生产的粮食、衣服和住所。贸易绝少，仅限于极少数特权阶层。因为人口和信息交流的成本高昂，难以对外传播，人们从事创新活动的意愿很低；偶有的创新发明也因为难以传播继承而被遗忘了（欧洲的"文艺复兴"实际上是将自己创造的知识重新"捡"起来）。

总体来说，在工业革命之前，生产与消费在地理上是被普遍绑定在一起的。因为生产极度分散，创新被阻隔，经济增长缓慢，人们也普遍生活在贫困中。

1. 全球化的第一次解绑

工业革命第一次改变了人类的生产和消费被绑定在一起的状况。铁路的发明第一次将各个大陆与世隔绝的腹地与世界重新连接起来，蒸汽船也第一次让人类能够比较稳定地通过大洋运输商品（虽然此时各国的港口都是旧时代的，少有新开发）。运输成本下降的同时也一定程度上降低了思想交流和人口流动的成本——虽然人类第一次具备了大规模迁徙的物理条件，但深入异地仍然非常缓慢、危险和昂贵，那些从欧亚大陆迁徙到新大陆的人绝大多数再也无法重返故乡；思想的交流仍然倚重书籍和专家。虽然电报和电话陆续被发明，并对人类社会产生了巨大影响，但用它们来传输复杂的知识依旧极其困难，其昂贵的交流成本无助于打破知识的地域限制。

第一次解绑的进程开始于1820年前后，该年英国开放了外国谷物的进口许可，从此英国国内谷物的价格再也不需要随国内的产出而波动，始终瞄准国际价格；该进程的结束节点在20世纪80年代前后，在新自由主义主导的新一轮全球化开始萌动之前，在此160年间陆续完成工业化的7个国家（英国、德国、法国、美国、意大利、加拿大和日本）占全球收入的比例达到了不可思议的70%左右。

这种巨大的改变正是因为货物运输成本的急剧下降，让人类第一次可以大规模集中生产并将产成品运输到全球各地——而大规模生产往往需要异常复杂的组织形式和频繁而又昂贵的知识交流，因此将生产的各个阶段在地理上集中就分外必要：非如此难以降低生产过程的管理成本。这是为何彼此关联的工厂必须集中在一地的原因；并非难以承担货物在厂区之间运输的成本，而是要克服思想交流和人员流动的成本。

大规模生产的工厂集中在特定地区，所产生的效果就正如历史所呈现的一样了。G7国家进入了良性循环：工业集聚推动创新，创新提升竞争力，竞争力的提升扩大了市场规模，而市场规模的扩大又反过来让工业生产进一步集聚（图10.6）……这种螺旋式上升最终让G7一个个成为了现代化国家。

在此期间，相比其他非工业化国家，它们的面貌发生了翻天覆地的变化。产出之间的几何级数的差距，让G7国家的劳动者能够享受非工业化国家难以想象的生活水准。并且这种巨大的领先局面看起来甚至是牢不可破的,因为工业生产所需要的知识基本上都留在本地而不能扩散到非工业化国家——没有累积性的知识就无法启动工业化大规模生产,而无法开展大规模生产就难以创造进一步增长所需要的知识。

这种悖论要在下一次全球化开启时才会被破解。

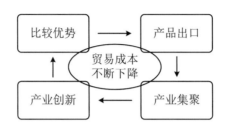

图 10.6　贸易、比较优势、创新和经济增长之间的相互联系与影响

2. 全球化的第二次解绑

G7 国家在第一次解绑之后的全面领先并非没有"遗憾"。它们其时的"困境"是,要用 G7 国家相对较少的工人去生产满足全球消费得起的所有产品,工人的工资就很难被抑制住了。大规模引进外国劳动力在政治上又是不现实的,那么如何将生产线转移到非工业化国家、直接在两边的劳动者工资上"套利",G7 国家的资本方没少费思量。

但要将制造环节外包(Offshore)给其他国家,就自然连带地需要将与生产制造相关的知识一并带过去,同时还要时刻将这些知识控制在跨越国境的生产网络内,避免那些无法言说的关键知识(Know-How)泄漏出去——如果没有技术去支持大量信息的低成本、实时和双向流动,这种外包活动是难以在多个行业、多个区域大规模复制的。

事实上,美国半导体企业从 20 世纪 60 年代开始,就已经尝试过将部分生产环节转移到我国香港和台湾地区以及东南亚等国家[①]。但现在普遍认为,外包业务真正作为一种被广泛讨论的全球化现象,是在 20 世纪 80 年代之后。两个方面的技术发展让信息在跨境流通和处理上的成本上实现了持续可期的巨幅下降。一是计算机性能的大幅提升(摩尔定律);二是光纤传输速率和宽带的提升(吉尔德定律[②])。应该说,信息和通信技术的这种革命性发明最终彻底消除了距离对数字化知识流动的约

---

① 仙童半导体公司早在 1961 年就将部分生产业务转移到了香港,1965 年通用仪器(General Instrument)公司在台湾设立了第一条产线,仙童和摩托罗拉在 1966 年进入了韩国,1968 年德州仪器、国家半导体和仙童都在新加坡建立了工厂。1971 年马来西亚引入了国家半导体公司,而到 20 世纪 70 年代中期之后,菲律宾、泰国和印度尼西亚也加入了这个承接加工的行业。更多见 Jeffrey Henderson 的《The Globalization of High Technology Production: Society, Space and Semiconductors in the Restructuring of the Modern World》(1989)。

② 乔治·吉尔德(George Gilder)在 1990 年前后对互联网带宽发展速度的预测,他认为"带宽增速应该至少比电脑的处理速度要高出 3 倍"。如果摩尔定律预测计算机处理速度每 18 个月翻倍的话,那互联网带宽的翻倍周期将是 6 个月。而 20 年后有学者统计,互联网带宽的实际翻倍周期为 6~9 个月。后来一系列的商业模式,如在线音频、视频与游戏,都是建立在这个基础上。参见 Petar Kocovic 的《Four Laws for Today and Tomorrow》(2009)。

束——双向、持续地进行文字、图片和大数据的交流几乎再也没有什么成本了。

当然,ICT 技术同时也进一步降低了货物运输的成本。比如计算机能够快捷、稳定而准确地处理海量货物运输所需要的信息分类,并帮助人类自动完成存储和分拣等一系列动作。但整体上来说,这些都没能进一步大幅降低运输成本。关于这点,从图 10.4 可以看出,1980 年之后海运成本的下降幅度与之前半个世纪相比,是相形见绌的[①]。

同样,ICT 技术的升级也没有显著降低人员流动的成本。事实甚至恰恰相反,它反过来促进了人与人面对面的交流。原因是更好的通信技术能够将远方活灵活现地呈现在我们面前,引发我们的旅行需求;同时,更多的通信交流也激发了我们的面谈需求。但不管是电子邮件、一对一的视频电话还是最近在疫情中流行起来的实时视频会议系统之类的通信技术,实际上都无法完美地代替面对面的交流(甚至在很多时候,两者还互为补充,比如只有在两人见过面之后,再通过电子邮件沟通才会更加有效)。事实上,20 世纪 80 年代之后全球廉价航空产业的大力发展,进一步降低人员流动成本,但主要障碍是来自国家对引入外来人口的普遍严格管制,这种态势甚至在中长期内都难以改变。所以,ICT 技术的大发展虽然激发了人员流动的需求,但它迄今仍然难以在技术上达到让人们通过网络"逼真地模拟"面对面的交流。相反,因为通过 ICT 交流的需求激增,人们普遍更加忙碌了,跨越远程去面对面交流的成本也在同步提升。因此,过去几十年,全球航空客运总量虽然增长了四倍,但相比跨境传输数据的爆发式增长,幅度是微不足道的[②]。

信息与通信技术革命放松了信息交流的约束。而在第一次解绑中,这种约束曾经是生产得以集聚的决定因素。全球化自此迎来了它的第二次解绑:生产活动的集聚被再次打破,至少某些生产阶段再也不需要停留在其他阶段的附近了,企业只需要远程电话、电子邮件和网络管理系统来控制分布在各地的生产系统。这样既能将生产环节之间的摩擦损失降低到可承受的范围之内,同时又能利用国家之间劳动力成本的差异来套利。

但这种解绑能够实现,还离不开信息技术对制造流程的改造。在第一次解绑过程中,人类虽然已经开发出了大量机器,可以完成各种各样的工作,但每个机器对应的任务种类都比较单一,并且更为重要的是,它们都是由工人来控制的。但信息技术改变了工人与机器之间的这种主属关系。当然,改变的进程是缓慢而悄无声息的。但 1973 年被认为是一个关键性的节点。该年德州仪器生产出了世界上

[①] 普遍认为,航空货运是 20 世纪 80 年代以来全球货运领域进步幅度最大的地方。当前该行业运输总重量约占全球商品贸易的 1%,但其运输物品的总价值大约占到了 35%。

[②] 国际航运协会(International Air Transport Association,IATA)统计数据显示,1980 年国际旅客人次为 2 亿,至疫情发生前的 2019 年该数据增长到 19 亿,40 年间共增长了 9.5 倍;而世界银行统计显示,2020 年全球跨境数据流通全年超过 3×10^{12} GB,预计至 2022 该数据会继续增长 50%,其时全球每秒数据流通将超过 15 万 GB,这个数字比 20 年前扩大了 1000 倍,比 30 年前(1992 年)已经扩张了至少 8000 万倍(https://wdr2021.worldbank.org/stories/crossing-borders/)。

第一块单片微处理器,让集成电路板走进了历史。微处理器将拇指大小的中央处理器、数字存储器和集成电路组合在一起,稳定、省电、散热性好、成本也低。它后来被称为芯片,很快在工业生产中被普及,彻底改变并一步步塑造了我们今天看到的工业世界。

芯片被安置在机器臂上之后,能够自动完成很多重复性的动作;通过重新编程之后,还能完成其他任务。芯片的这种优良特征足以让工厂改变生产系统——被赋能的机器的自动化工序成为主角,它的工作机理被"内嵌"在看不见的地方,再也不为工人们所熟知。后者失去了学习新任务、适应新环境并灵活反应的能力,只需要配合机器操纵的生产线的动作——将这些工序转移到非工业化国家,让它们廉价的非熟练劳动力来完成,再合适不过了。

但生产的解绑仍然不是直接在全球范围内追逐劳动力成本最低的国家,其转移目的地的选择仍然受到面对面交流的约束。因为即便是经过自动化改造的生产流程,依旧是非常复杂的。大部分工作通过电子邮件或互联网控制可能已经足够了,但生产系统一旦涉及故障、需求变更或临时调整,那么现场面对面的沟通就必不可少。因此,从G7国家扩散出来的工序转移严格来说不是全球化的,而是区域化——美国和加拿大的转移最开始集中在墨西哥,以德国为首的西欧诸国多面向中东欧,而日本的视角放在了东亚和东南亚。这样安排的好处是,企业管理人员和高级工程师们可以在一天之内就到达"离岸"的制造工厂,去处理偶发事故,不至于因无法及时当面处理而造成无法挽回的后果。

这反过来又解释了,为何有了信息技术的加持、生产也被解绑到世界各地之后,不管是G7国家,还是承接产业转移的非工业化国家,都出现了人口向中心城市集中的现象。原因正是二次解绑之后生产系统从G7国家扩散出来遍布全球,要维持它们的稳定运行,背后需要一个复杂的、跨越多国的人员流动网络。而这些网络的节点必然就是各国的中心城市。因此,那些跨国企业总是希望将总部搬迁到这些中心城市,以方便将员工及时派遣到"海外"的工厂。

显然,生产在地理上的解绑最终"解绑"的不仅仅是生产活动而已。为了平息各项工序之间的摩擦,与工序相关的生产、管理、产成品营销甚至技术知识都或多或少、或早或晚地被转移到了生产国。有些知识的转移可能是注定的,而更多可能是承接国的工人们在"干中学"到的。理查德·鲍德温教授对此有个形象的比喻:第一次解绑之后工业化国家与非工业化国家,就相当于两支完全强弱分明的足球队。它们彼此之间也交换球员,但基本上都是强队将自己队中准备淘汰的、不再需要的球员送到弱队,同时将弱队里那些具有巨大潜力的年轻球员招揽到队中。这种贸易虽然同时改善了双方的球队状况,但弱队要追上强队是基本不可能的。但第二次解绑相当于强队的主教练,带着自己队中的得意球员,每周一起去训练弱队——弱队的最终竞争力实际上是由强队的专有知识"加持"的。但更重要的是,弱队获得了宝贵的自我学习和提升的机会。

生产活动在前后两次解绑中的差别见图10.7。

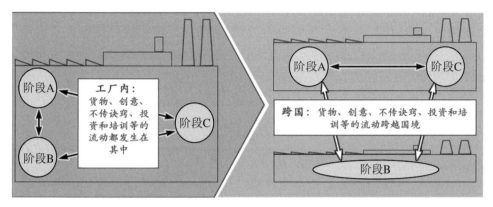

图 10.7　新的全球化让原本"发生在工厂内的一切"开始慢慢跨越国界

第一次解绑后的全球贸易体系，主要特点是一国制造产品，然后卖给别国的消费者（如图 10.7 中左边示意）。在海关的统计口径中，这仅仅会被分类登记为"商品"，但实际上它是该国生产要素的总和，包括生产技术、管理能力、社会资本等，它们都被"隐藏"在商品中悄悄跨越了边境。而当我们最终消费这些商品时，它们带给我们的体验与感受甚至会无形中塑造我们对"Made in ×××"那个国家的整体印象。

但在第二次解绑之后，这种一一对应的关系就再也没有那么清晰和分明了。国家贸易中最为动态的部分要比之前复杂得多。典型的区别是，最终的产品是有多国的零部件组装而成的。一个国家不需要在最终产品上比其他国家更具生产力才能出口产品，它只需要在组成这个产品的某个零部件上具有竞争力，就能深度参与全球贸易。在这个相互纠缠的复杂局面下，新一轮全球化呈现出了不少新的特点。

一是零部件贸易得到空前迅速地增长；二是与制造环节一起跨越国境的，事实上还包括生产设备、人员和知识，这种"集体跨境"后来被证明是本轮全球化中重新分配赢家和输家的根源；三是原本用于协调分散生产的服务，特别是电信与互联网、海运和航空货运、与贸易相关的金融服务和海关清关等等，它们持续提升、彼此之间又紧密协作，在经过 30 余年的共同演进之后，已经成为将全球紧密联系起来的基础网络，其功能之强大甚至反过来支撑了传统贸易的进一步发展[①]。

[①]　一个比较典型的例子，是我国当前建立了全球服装行业品类最为完备、反应最为迅速、同时最具韧性的供应链系统，而这个系统是从承接发达国家的品牌代工起家的。当西方国家的服饰品牌利用中国等发展中国家的供应链体系，继而依托信息技术和航运等底层支撑网络彻底走通了从设计、下单、备料、生产、航运、通关到铺货上新这一整套流程之后，发现可以将传统上需要长达 6 个月之久的完整周期压缩到 2～4 周。比如，快时尚品牌 ZARA 和 H&M 需要 3～4 周，而超快时尚 ASOS 和 Missguided 可以进一步缩短至 1～2 周。但中国后起的品牌商们发现，如果依托这套成熟的体系，把前端的本地设计和生产供应链进一步咬合，同时在后端利用品牌 App 直接和消费者建立起信赖关系，那么就可以把这个周期压缩到令人不可思议的五天左右。最近几年，我国直接面向欧美市场的超快时尚品牌，正是将这一整套体系在本地进一步深度优化而来，比如当前大火的 SHEIN，不仅上新速度超过西方国家的快时尚品牌，而且上新种类更多，同时价格还比竞争对手低一大截。其发展势头之迅猛，让竞争对手压力倍增。更多信息可见相关报道 https://wallstreetcn.com/articles/3631274 和 https://wallstreetcn.com/articles/3640798 等。

当制造阶段被转移到低成本的发展中国家之后,该阶段的增加值在整个价值链中的比重会逐渐降低;相对应地,制造前后的服务环节的价值会上升——这些环节一般会被保留在G7国家内部。"微笑曲线"比较形象地展示了这种价值在不同环节上"漂移"的逻辑(图10.8),经济学家甚至创造了一个新词——制造服务化(Servicification)来形容G7国家的产业结构变迁。

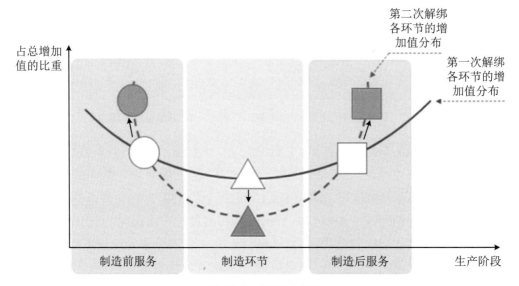

图10.8 "微笑曲线"

自然,制造业逐步转移到低发展中国家之后,G7国家就无法再继续"垄断"全球的生产活动。当这个转移进程在1980年前后开始启动时,七国制造业增加值占全球的70%左右。但到2019年时,该数据已经下降至37%,"转移"出去了整整33个百分点。图10.9显示,转移的承接方几乎就是G7的主要目标对象,即新的工业化六国(I6)。其中包括墨西哥(美、加为主)、波兰(德法英意为主)、印尼、韩国(日本为主)、中国和印度(以上多国)。1980年I6国家制造业增加值的全球占比不足5%,到2019年时达到37%,已经与G7持平。其中,我国因为具有远超其他五国的、接受过基础教育的合格劳动人口,因此也成为最大的制造业承接方:近40年,制造业增加值占全球的比例增加了至少25个百分点;并在2010年就超过美国成为全球最大制造业国家,可以说是本轮全球化的最大"赢家"。

如果说上一次解绑是世界经济从一望无际的平原中长出了七座尖峰,那么这次解绑就是这些尖峰在继续"向上生长"的过程中,顶部的石块同时不断滑落,在其附近堆出了一座座小山坡——在整体上升的态势下,尖峰与周边的相对落差被大大缩小了。但让人遗憾的是,这种"落差"并不是平均分配给了G7国家的所有国民。如果说在第一次解绑的时候,国际竞争以企业产品为主,劳动者是"躲在"企业背后一荣俱荣一损俱损的话(图10.10);那么在第二次解绑中,参与国际竞争的主体不仅有企业,还包括各种"生产技能"和"生产阶段"(图10.11)。比如,一家美国企业可能会把制造业务全部转移到中国,同时将售后服务中的"来电接听"转移到印度——该企业的剩余员工会因为有更高的人均产出而获益,但那些被中印两国外包而取代的员工却不得不承受"竞争失败"的结果。

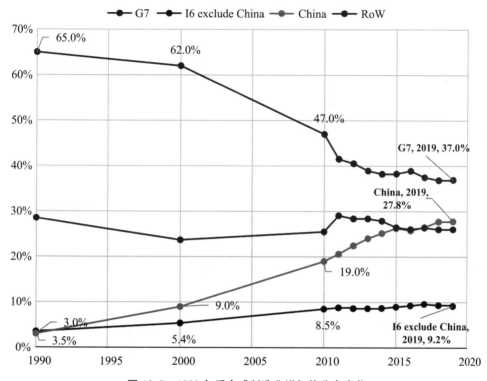

图 10.9　1990 年后全球制造业增加值分布变化

数据来源:世界银行数据库(manufacturing, value added, current dollar)。部分国家的数据在某些年份存在个别缺失,利用其他渠道进行了补充,不影响整体结论。I6 国家为前述 G7 产业转移的 6 个国家,包括中国、印度、韩国、印尼、波兰和墨西哥。RoW(Rest of World)为全球这 13 个国家以外的国家和地区之和。

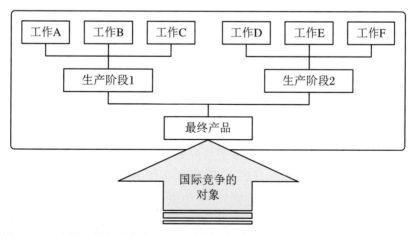

图 10.10　在第一轮全球化中,国家之间的直接竞争对象是国际贸易中的最终产品

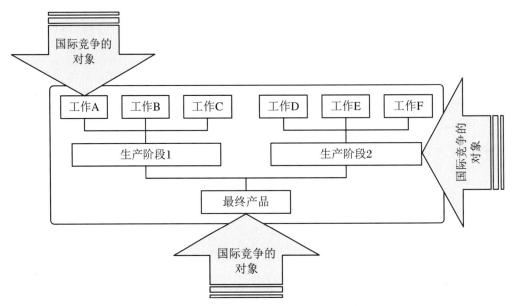

图 10.11　新一轮全球化中，参与国际竞争的对象还包括"具体技能"和"生产阶段"

在本轮全球化竞争中"败下阵来"的国民，如果不能从本国胜利者那里获得适宜的补偿，那就很难说服他们继续认同这个竞争局面了。这也是 2008 年金融危机后西方各国政治上乱象纷呈的重要原因之一。对这种全球化的质疑和反对之声也不断见诸媒体，全球化也一度出现了"逆潮"。在这种拉锯仗中，全球化接下来会怎么演化？会有新的技术开发出来，继续解绑集聚的第三个维度"面对面的交流"吗？假若如此，届时我们珍视的集聚现象是否会彻底解体？

3. 全球化的第三次解绑？

除货物运输和信息交流外，人类面临的第三重解绑是面对面的交流。如果说前两者实现了生产活动的集中与分散的话，那么面对面的交流主要启迪的是"生产什么"和"怎么去生产"之类的问题。比如我们在第三章讨论过的"模块化-成熟度"（Modularity-Maturity）模型，并非所有制造环节都适合转移，那些不适合转移的制造环节，正是因为还没有完全解决"如何生产"的难题，因此还需要不同岗位的工作人员在一起继续摸索、探讨和商榷——这种需要高频度互动的场景，面对面的交流是必不可少的。

除此之外，面对面的交流还存在很多其他显著的特征。这些特征的多样化组合，让面对面交流这种传统而相当昂贵的方式，迄今在很多场景下都难以被取代。对此，迈克尔·斯托波尔在《城市发展的逻辑》一书中进行了简要总结（表 10.1）。

再如，在沟通技术方面，面对面互动时信息的传播和接收是双向的：说话者在传递信息时，可以直接看到对方的反应，他可以因此随时调整自己的对话内容；反过来，倾听者在接收信息时，可以随时针对犹疑的部分提出见解……这种高频的中断、反馈和修复的循环,再配合交流双方的肢体语言,让面对面互动成为一种多维度的、能够传达非常复杂的、难以被外部察觉的、甚至只由双方默会的信息。这是文字、数据和影像等规范化信息无法实现的。

表 10.1 在很多场景下,"面对面"交流仍然无可取代

功能与特征	面对面的优势	适用的典型场景
沟通技术	高频率	非标准化信息
	快速反馈	研发
	视觉与身体语言提示	教学
关系中的信任与激励	谎言检测	会面
	在时间上的共同投入	——
筛选与社会化	非匿名	专业团体
	判断与被判断	同属一个"圈子"
	获得共有价值观	——
冲动与动力	当面表现	演示

比如,我们的进化机制也决定了,只有在面对面的时候,我们才能从对方的面部表情、声音、姿态、动作和手势等非语言信息中,察觉出对方的真实意图,从而判定对方是否想用表面对话来欺骗我们;同时,面对面交流会不可避免产生时间、金钱和努力方面的成本,它本身也成了检验对方是否愿意投入大量沉没成本与我们建立长期合作关系的一种指标。

另外,像学术界、影视界、时尚界和公共关系这样的圈子,总是想发展成一种非正式的网络,让其中可以共享的知识储备只为网络成员所有。但如何挑选成员?也只能依赖这种成本很高、十分耗费时间的线下面对面交流的方式去筛选。典型的场景是,圈子内的成员彼此实名公开,在线下场合不断对彼此进行判断,并相互分享判断结果,并最终形成是否愿意接纳的共识。如学术界每年都有大量的国际化的会议、影视界有层出不穷的电影电视节、时尚界有走不完的秀……这些都是圈子希望利用面对面的接触来强化对成员的判断。

最后,面对面的接触本身也有利于互相激励。他人的优秀表现也是激发我们努力的动力之源。因此,远程办公即便再节省成本,企业也不会全面采纳。

总而言之,挑选和甄别合作伙伴,共同协作去启迪思绪,打造和维护一个长期的信息网络,都不能脱离线下面对面的直接交流——总体来说,在事关"创意"和在实际的产品和服务没有被开发出来之前的摸索阶段,我们仍然无法彻底实现第三次解绑。这印证了创新区的必要性,也说明城市的集聚效应仍然具备强大的抵御分离的力量。

但在创意被点亮、产品和服务被开发出来之后,进一步发展的通信与信息技术仍将持续"分离"它们的生产环节——和第二次解绑分离了制造环节不一样,这次将轮

到服务业。而我们知道,服务业是难以"跨境"运输的:2019年全球总产出中的制造业部分占到24.8%,服务业部分占到65.0%;而该年全球贸易构成中,商品贸易和服务贸易占比约为75%和25%。从渗透率来看,全球服务业只有10.8%参与了全球贸易,而制造业占比高达84.7%(如前文所述,一部分是因为商品的零部件多次跨境被重复统计)。

服务业的绝大部分能留在本地,是因为服务是提供方与消费方"相遇"在一起,即期发生、无法储存的一种活动。而跨越国境的距离显然就是相遇的天然障碍。而从统计数据来看,2017年全球服务贸易接近60%都来自"在他国的商务活动"(Commercial Presence in Another Country),也就是一国的企业去其他国家设立企业为该国居民提供商务服务,比如我国现在允许外资投行在国内设立全资公司,高盛和摩根士丹利为我国企业提供的投行服务,就属于这种;奈飞(Netflix)在全球众多国家开展的流媒体服务,也是美国出口的服务活动。如图10.12所示,这类占比最大的服务贸易(模式三),实际上要求服务提供方去到服务消费者所在的国家去达成服务交易,这显然不是对"面对面交流"的解绑。

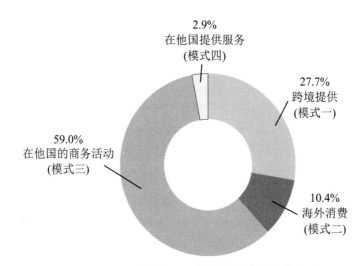

图 10.12　2017 年全球不同类型服务贸易所占的比重

数据来源:世界贸易组织(WTO)预估。

事实上,世界贸易组织(WTO)在《服务贸易总协定》(《General Agreement on Trade in Services》,GATS)中,根据服务交易发生时,服务提供方与消费方是否在同一个国家,将服务贸易分为四种类型。除了上述第三种外,第二种"海外消费"(Consumption Abroad),如跨境旅游、医疗和求学等,以及第四种"在他国提供服务"(Presence of Individuals in Another Country),如法国建筑师来中国为中国开发商设计建筑,实际上服务提供方和消费方也仍然"在一起":第二种模式下双方都在服务提供方的国家,第四种模式下都在服务消费方的国家——总而言之,这三种服务贸易都没有实现对"面对面交流"的解绑。

只有第一种模式下的服务贸易是真正跨境的,即双方分别留在自己国家去完成交易。如印度和菲律宾分别承接美国的售后电话和会计服务、中国上班族在Coursera上学习网络课程等。事实上,这种跨境服务才是大众对服务贸易的普遍认知。但显然,这种服务"交易"的对象仅仅局限在"数据与信息"方面,交付的服务不会包括对实物(如房屋装修)或身体(如理发)的处理。我们可以想象,这类服务场景实际上是最容易被开发的,但也代表与数据相关的贸易场景可能已经被开发殆尽了。

第一种模式下的服务贸易只占到全球总服务业体量的3%（10.8%×27.7%）,即便扣除那些在一国境内产生的"数据交易"类服务(比如售后电话和银行后台服务等),全球绝大部分服务活动需要双方当事人同时在场。现在的问题是,通信和信息技术的发展,能让某一方不需要再出现在现场吗?未来是否存在某种技术,能将现场的情况编码为数据,传输回后台进行操作,从而实现对现场的服务?

一种解决方案是网真(Telepresence)技术。利用这种技术实时扫描人体,用户的位置、动作、移动和声音都能在全程地点被感知、复制和传输;而反过来,该用户的感官也同时能接收到远程地点的其他用户的相关信息。这样,双方都"感觉"自己是在对方边上与之交谈。显然,网真技术利用最广泛的场景就是视频会议。当前,成熟的网真技术已经可以利用高清和高速摄像头将用户的动作纤毫毕现地捕捉下来,并通过高速网络几乎无延迟地传输给对方,其细节之丰富足以"欺骗"用户的感官,让双方觉得自己是在和对方"面对面"交谈。

如果利用网真技术将收集到的用户实时动作传输到一台"机器人"身上,进而实时操控机器人去完成相应的动作,那就相当于我们从远程利用"网真机器人"(Telerobotics,也叫"远程机器人")完成了特定任务——这正是我们所定义的第三次解绑。当前,远程机器人已经被广泛应用于太空开发、海洋探索、远程医疗、应急响应与执法、放射材料与危险品处理等领域。

总体来说,当前远程机器人的使用对专有设备、网络条件和控制软件的要求都还很高,因此其使用成本也还相当昂贵。这让它的应用场景仅仅局限在那些对成本不太敏感的领域。未来要普及远程机器人,让它走进千家万户,帮助人们完成一些日常家务,一方面有赖于硬件计算成本的大幅下降,另一方面需要5G网络的大规模普及——当信息的采集和传输成本彻底平民化之后,软件工程师会将日常家务所涉及的动作逐一编码,并将其传输给机器人去执行。

可能只有彻底走通了这步,我们才能在政治上去尝试第三次解绑。届时,由美国公司开发、中国生产的操作装备将会被出口至菲律宾,家务人员在经过认证后会操作该装备,去控制美国家庭的除草机,在约定的时间(比如,全家出门之后的早上10点)清理草坪;英国的户外音乐节只需要几个人类安保,而有几十个被印度人操纵的远程机器人在附近协助他们。当然,届时服务出口的突破是双向的。发达国家不仅会"进口"发展中国家的服务人员来替代本国的,同时还会向发展中国家"出口"自己的高技能工人,去取代发展中国家的相应岗位。比如经验丰富的德国技术人员可以通过控制放置在中国工厂里的精密机器人,修理德国制造的高端设备,而不用再从德国派工程师来中国工厂。

可以看到,这是第二次解绑之后所发生事情的全面放大。网真技术和远程机器人让服务业外包变得更容易协调了:和制造业类似,一个大的服务项目也可以被拆分为多个小任务,它们会通过网络"外包"给全球(尤其是发展中国家)海量接受过基础教育的人员。因为涉及实际商品的清关,这个过程甚至要比制造业来得更为顺滑和流畅,并且无声无息。

这对各国的就业安全来说显然是惊涛骇浪一般的冲击。鉴于我们当前还正在适应和消化第二次解绑的后果,还在争论当前的全球化是否应该回调,各国政府和人民恐怕很难接受一个更加没有防备的世界:如果每个人都毫无保护地和全球所有人一起竞争,那么横亘在各国政府之间的壁垒也将消失。

未来城市将依靠什么来留住本地的企业和居民?

理查德·鲍德温教授的三级约束理论,从宏观上解释了集聚现象的起源和演化。它雄辩地说明,我们观察到的那些经济聚集的现象,是在特定技术条件与国际合作背景下衍生出来的全球生产体系——世界由一个用耕地拼接而成平面,逐步变成了由一个个庞大节点所联通的网络。

这种转变是以人口向城市的快速集中来完成的,尤其是那些枢纽型的中大型城市——联合国《World Urbanization Prospects 2018》统计报告显示,在1970年全球生产体系开始酝酿它的第二次解绑时,仅有11%的人口生活在超过100万以上的城市里(相当于每9个人中有一个);而到2020年时,该比例已经上升到24.4%(接近每4个人中有1个)。预计到2030年时,这个数据会继续加速上升3.4个百分点至27.8%。而那些千万人口以上的超大城市(Megacity),在1970—2030年间吸纳的全球人口更将从1.5%上升8.8%——简单点说,全球生产体系的二次解绑不仅是将众多发展中国家的劳动人口卷进了城市,同时也在全球"极化"出一座座枢纽型超大城市来联结这个生产网络:1970年时,全球仅有3座人口超过千万的超大城市,即东京、伦敦和纽约,但到2030年时,这个数字将变成41座。

考虑到2008年人类的城市化进程才刚过半(2020年达到56%),可以想见,在未来很长一段时间内,全球人口整体上仍会持续从农村迁移到城市。但这些新城市居民将在哪里落脚,政府是规划新城去接纳他们还是继续扩张已然庞大的现有城市去打造越来越多的超大城市?届时,因为农村可净迁移的人口越来越少,而城市人口越来越多,事实上人口流动真正激动人心的部分会发生在城市之间:如果全球生产体系的第三次解绑顺利进行,更加发达的网真技术可以脱离昂贵的固定设备,能像手机一样低成本地武装所有人,企业巨头们也不再需要经常性派遣员工去面对面解决生产问题,那么,我们还会继续依赖枢纽型城市吗?① 直接点说,当全球生产体系不再需要那么多枢纽型节点的时候,我们是否还需要继续留在这些超大城市,忍受它的拥堵、逼仄与污染?

更进一步,如果把这个问题抛给所有城市:当空间和位置的重要性被大幅削弱,转移成本越来越低,城市将依靠什么来留住本地的企业和居民?同样,当人力、资本、设备和知识这些生产要素可以低成本快速流动甚至随时跨区域组合的时候,城市政府应该如何面对这种碎片化的局面?而如果地方政府公共投资的外溢效应难以留在本地,它们会逐渐从提供者转变为追逐者吗?

在一个越发不确定的世界,找到一个足够确定的锚点,就格外必要了——那是我们得以重建坐标系的原点。那么,应该怎样从复杂的生产体系中找到这个原点?我们试着用溢出效应和对区域的黏性两个维度来解析各生产要素②。

地方政府对教育的投入、对企业研发的补贴、给资本减税之类的政策,本是为了缓解市场对生产要素投入不足的困境,以启动投资生产的良性循环。比如,如果政府没有培养出受过合格教育的劳动人口,那么企业会因为难以找到足够的人才而拒绝在此投资;政府如果不鼓励研发,那么本地企业最后就会陷入同质化竞争……但当生产体系的三级约束被统统解绑之后,这些公共投资的正外部性可能都外溢到其他地方了:比如全球各国辛苦培养出来的计算机人才大量去了美国硅谷;同时美国政府对本国企业的研发补贴,可能最后会将研发专利转移给在中国的子公司,用在中国生产线上——当然,在不同的产业结构和技术环境下,各类生产要素的外溢和流动是不一样的(比如同样被称为研发,当前我国企业的研发多集中在后端的产品开发上,目的是针对我国特定消费人群的偏好,做出更合适的开发与改造。显然,这些研发所形成的专利,可能并不适用其他国家的一般消费,因此其流动性是受限的;相比之下,专注

---

① 在我们撰写这些段落的时候,科技界已经在畅想一种叫作"元宇宙"(Metaverse)的技术路线。其方向是利用区块链技术来搭建底层的经济体系,再生成一个现实世界的孪生虚拟镜像之后,我们就可以"沉浸"到这个世界去社交、娱乐、消费和工作。这条路线是科技界发展多年的虚拟现实、人工智能、区块链、大数据、5G通信、可穿戴设备等一系列底层技术,经过多年酝酿、其应用不断成熟的结果,正是这些技术的结合运用使打造"元宇宙"成为一种可实践的畅想。Facebook 改名为 Meta,准备创造一个虚拟的"家"来让人社交;微软的 Teams 软件可以让用户在一个虚拟的空间里互相协作办公,而这个虚拟的空间除了可以是我们现实中的办公室的镜像之外,自然也还可以是那些以往需要我们的"肉身"去过的地方,比如微软的 CEO 在演示这些技术时就表示,自己已经"拜访"过了一家英国医院的新冠肺炎病房、丰田的一家制造工厂以及国际空间站。可以想象,元宇宙的技术路线一旦走通,必将全面重构全球的生产体系,届时不仅生产环节是跨越国境的,对各个生产环节的维护和调整,所依赖的信息沟通和实践操作,甚至都可以用虚拟的方式来"模仿"面对面的交流,并且能够达到类似的效果——而这,一定程度上就是第三次解绑了。如前文所述,这次解绑会降低枢纽城市的联结效用,这自然又会让我们重新调整对不同城市的评价体系。

② 生产要素是对生产出来的产品或服务所涉及的所有投入品的总称。当前新古典主义经济学(索罗模型)一般认为生产要素至少包括三大类:土地(Land)、劳动力(Labor)和资本(Capital)。土地(包括其下蕴藏的各种自然资源)不可移动,因此未列入图中讨论,而如图所示劳动力和资本的形态众多。同时,现在一般认为生产要素应该有第四类,如将前三类要素组织起来开发新市场的企业家精神(Entrepreneurship),有人将之归到"高技能劳动力(或人力资本)"中。同时,"技术"本身作为生产函数的外部变量也不应该被忽略,并且越来越多人认为"社会资本"和"文化遗产"在协助组织生产中,也具有不可忽视的作用。我们尽量将参与生产的各种要素都列入了下这二维图中(图10.13)。

于基础研究和功能提升的研发,则是更具通用性的,流动性自然就强得多),但总体来说,当前这些不同的生产要素在这两方面体现出了大不一样的特征:

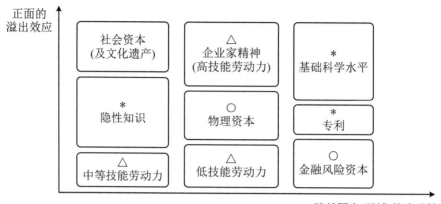

图 10.13　公共投资的正向溢出示意图

注:图中方块大小和位置仅为示意。其中三个带有"△"的方块代表不同类型的劳动力,两个带有"○"的方块代表不同类型的资本,三个带有"＊"的方块代表不同类型的技术。

（1）中等、低等技能的劳动力:两者的外溢性和流动性都很低。低外溢性无须解释,在流动性上,低技能劳动力要较中等技能劳动力稍强。原因是低技能劳动力从事的工作进入门槛较低,也比较依赖体力;但同时这些工作又往往依靠人的认知能力,很难被自动化取代,比如运送快递、装修房屋等;再加上这些工作的工期往往很短,因此工作本身对低技能劳动力的束缚和威胁都很弱,因此劳动力流动性就比较强。而相比之下,中等技能的劳动力往往是在专业化工厂里承担某一项特定的工作,他们的技能需要与其他岗位配合,才能产生作用。夸张点说,中等技能的劳动力的技能是工厂专属的,在那些集群不发达的地方,要将该技能迁移到其他岗位甚至是很困难的。

（2）基础科学水平:其外溢性毋庸置疑,基础科学是满足未被实现的需求的破题者,是一切商业模式的底层根基,有志于科技创新的政府不会吝啬在基础科学上的投资。但问题是,基础科学的流动性也很强。原因是基础科学除了要有足够的资金支持外,其突破往往依赖高水平的研究人员,而他们是各国各地政府广泛争取的对象。

（3）专利:同一种专利在各国注册并不难,多国专利甚至被认为是最具市场价值的,因此专利的跨国流转是很自然的。其外溢性就没那么强了,被公示的专利是地区产业深度的信号,但同时又对外标明"私人道路请绕行"。

（4）金融风险资本:以迅速进出、缺乏耐心而著称,在所有生产要素中流动性最高,同时正外溢性又很难察觉,使用不当的国际金融资本甚至被认为对发展中国家的产业政策是有害的。

（5）实物资本:落地投资深受各国政府欢迎,正是因为这种投资能真正落地——实物资本,不管是厂房还是生产设备,一旦建成是难以迁移的,尤其转化为沉没成本之后。同时其外溢性也是很明显的,它不仅带来直接的就业和税收,所使用的高端设备和生产管理水平,也会提升行业的整体水平。

(6) 企业家精神(高技能劳动力):因为同时表现出高溢出性和较低的流动性,企业家精神成为较富吸引力的生产要素之一。自熊彼特以来,企业家精神就和"创新"之类词汇牢牢地绑定在一起,企业家也被认为是经济社会中最为特殊、最不可或缺的群体,他们的功用包括盘活社会资源、发掘内在需求、并创造美好价值。但同时大部分企业家都有深刻的社会背景,因此他也不是直接面向全球的,流动性有限。

(7) 隐性知识(Tacit Knowledge)[①]:和书面文字、图表和数学公式之类可以成文,大范围低成本传播的显性知识不一样,隐性知识代表了那些难以进行表述、利用逻辑来说明的、非语言化的成果。因为隐性知识是在具体文化背景里、由特定情景多次浸染、由人类感官继承并默会的,它很难直接推广,但反过来这又是它的优势,就是无法离开创造它的国家或地区而运作。隐性知识的特点,解释了为什么这么多国家要试图建立产业集群(或创新区)和这些产业空间,因为各企业在其中孕育出来的大量默会知识,不仅会被参与者在耳濡目染中领会、学习、传承并发扬,更重要的是,这些知识也大多只能在本地被使用。

(8) 社会资本(Social Capital):社会资本一般通过提高组织成员之间的互动和信任,或利用组织成员与外界的联系,为组织获得有用的机会和信息,进而提升组织绩效。而由于经济互动需要信任,社会正义感和信任感的存在可能是一个吸引经济活动的重要因素,一个"社会资本"更加丰厚的社会,对所在地公司和工人自然都更具有吸引力。而就溢出效应而言,社会资本非常本地化,但它的潜在正向收益却能够跨越多个部门和阶段。

试想一下,在一个三级约束均解绑的未来,是什么力量仍能将企业牢牢集聚在一起?或者说,企业集聚在一起的需求是什么,是为了解决哪些分离无法解决的问题?如上分析,首要的一点可能是本地已经积累了深厚的社会资本——企业家非常了解与之相关的每一个对象。上至政府各监管部门,下到供应商和员工,企业都知晓应该如何与之打交道,而且还能稳定地预测他们的反馈方式。当出现意外状态时,多方之间就应该依循哪些方式去沟通与协商,都有比较一致的预期。这种横跨多方的坚实信任一旦建立,不仅能极大程度地降低企业运营的沟通成本,还能最小化企业对未来的不确定性,保持稳定的投资节奏——长期稳定的信任会滋生安全感,让人信赖。

第二重让人依赖的是隐性知识。如前所述,企业在对外交流与合作中会生成大量无法成文的知识。这些隐性知识的习得,需要企业之间多维度、频繁地互动。尤其是在产品未成型的探索阶段,试验方案的商榷、对试验对错的信号判断、对信号归因的解读、改进或调整试验方向……一系列的决策可能都是在多方互动中心照不宣地完成的。脱离了这层看不见的知识网络的支持,企业的运营与开拓势必会受到重大

[①] 这个概念被认为是迈克尔·波兰尼(Michael Polanyi)在1958年从哲学领域提炼出来的,这方面最有说服力的例子是人脸识别:我们能从一千人中找出一张熟悉的脸来,但究竟是怎样识别出来的,我们却说不出来。

影响——即便是企业的对外交互,也并不都是被清晰直观的市场价格主导的。

良好的社会资本和隐性知识的生成环境,都是区域经济长期发展、稳定迭代、经常性交流和碰撞之下,逐渐形成的一种能被大多数参与者接受的互动模式——这是经济良好发展之后,参与方反过来改造经济运行的环境,让它能更熨帖地为自己服务。按照图10.1的分类,这两者基本属于经济制度学中的 L_1(嵌入性)和 L_2(制度环境)层级,而要生成一个稳定而具有活力、能随技术变迁而及时调整的社会资本网络,非经数十年难以形成。

但这又无可避免地回到了"鸡"与"蛋"的悖论上。如果本地社会资本不足,隐性知识难寻土壤栖息,企业家精神会在这里落地生根吗?如果觉察到本地商业环境缺乏足够的信任和必要的社会支持,他们是否仍然愿意招揽资本、引进技术、在本地投资设厂、招聘工人去创新创业吗?如果答案是否定的话,那这些地方又应该怎么以企业为主体,去完善社会资本呢?

当然,现实问题肯定不如"鸡"与"蛋"这么分明。没有一个地方政府会等到规整出一套完备的社会资本后,才去营销城市、对外招商引资;也没有哪个城市会只顾招揽企业,而对现有企业反映的问题置若罔闻。大部分情况下,政府一边招徕企业和人才,一边学习怎么解决问题——通用性问题的解决方案可能会成为一般条例被保留下来,一般问题会在预期之内的管理流程中得到处理,在其他地方出现过的问题已经被提前学习和预警了……同时,企业之间也可以构造自己的社会支持性网络,减小信息不对称带来的交易成本,整合市场信息以增加市场机遇,降低企业整体经营风险,积累企业声誉并最终增强企业的整体创新能力[①]。

除了社会资本和隐性知识,需要被留在本地的生产要素还有哪些?仍然是溢出性较强的部分。首先是激励和吸引企业家精神落在本地,一个能够敏锐地洞察社会的合理需求、并利用现有资源将之商业化、最终造福众多用户的企业家,对一个城市经济的重要性,可以说再怎么强调也不为过——我们所看到的各类面向初创企业的激励性政策,其目的都是为了激活企业家精神。

再次是物理资本。可触碰的现实物体最重要的特点,一旦建设完成,它就存在于不可再生的空间里。这意味着它对其他生产要素的影响是双向的:当它能顺应行业发展时,会起到类基础设施的支撑作用;但当行业逻辑出现变迁时,原有的物理设施可能因为利用率不足而反过来阻碍行业的再发展。因此,对待物理资本,应该摆脱"一旦建好就不能变动"的固有思维,要认识到,一个好的物理资本,应该是一个可以低成本、快速调整以适应行业变化的载体。

---

① 社会资本对企业运营质量的影响是很复杂的,这已经远远超过了本文的阐述范围。但越来越多的证据表明,如果没有社会资本,其他形式的资本,如实物资本、人力资本和智力资本的回报都会降低;社会资本的重要性在于,它能在企业和相关利益者之间建立起信任之桥,从而极大地降低企业、社会和政府之间的交互成本,从而提高了企业的整体生产力。关于社会资本对企业运营的影响,参见相关论文(Servaes H, Tamayo A. The Role of Social Capital in Corporations: A Review[J]. Oxford Review of Economic Policy, 2017, 33(2): 201-220.)。

最后是基础科学水平。基础科学对经济增长至关重要,这点毋庸置疑。但怎么将有限的研发资源转化为尽可能多的经济产出,需要明智的选择——谁来承担研发主体,应该怎么分配基础科学和应用研究(指标即为"专利")的比例,还是直接从国外购买授权的专利用于产品开发,不同发展阶段的国家对此也应有不同的取舍。但总体来说,私营机构对基础研究投入不足的情况普遍存在,但越是发达国家就越应该加大对私营机构的研发补贴力度,并要求其与大学和公共实验室这些公共部门紧密协同,因为仅仅依靠后者,效率可能很低[①]。相反,对发展中国家来说,相比依赖自己有限的研发,直接引入国外授权的专利技术,能更加高效地促进经济增长。

社会资本、隐性知识、企业家精神、物理资产和基础科学,端详这些应该尽量在本地发育的生产元素,我们发现,它们基本上就是前文所述创新区的角色构成——这是巧合还是意外?这其实只是"同义反复"。如何解释?

上述罗列的各个生产元素,基本涵盖了各个不同生产场景中的角色。而三次约束的逐渐解绑,事实上是逐次解绑了各个生产场景中的集聚必要性。而当制造环节被分散、服务不需要面对面的时候,还有哪些生产活动是无法被解体的?答案是,当我们在思考产品和服务应该如何生产的时候,这个过程大概是这样的:企业家从基础科学研究成果中获得启发(很多企业家本身就是研发人员),准备开发一款当前市场上欠缺的产品或服务,为此他需要在一个社会资本丰富的地方,在开发流程的不同阶段与其他合作方沟通与协作。比如,当样品出来之后,企业家需要就某些性能指标送检;比如需要找合作方在小范围内推广产品,以便收集反馈信息进行调整。而这些与其他合作方协商的过程,交汇了大量的隐性知识……而产品或服务开发的整个过程,实际上就是对"创新"这个词汇的解释。

当然,随着信息技术的发展,创新的流程也在进化。不少行业产品开发的传统工序,从交流、实验、测试、修正到再交流的循环往复,现在已经被人工智能颠覆了[②]。但只要是"创新",就必然意味着尝试与失败。而尝试的灵感来自哪里、失败又该如何诊断,这些探索的进程仍然需要大量从业人员长期面对面地"耳鬓厮磨"——集聚的动力仍未消散。

对经济增长主要依赖创新的发达国家来说,这种组织方式是不言自明的。布鲁斯金学会提出创新区这个概念之后,"发现"全球各国至少存在 200 多个创新区(随着考察范围扩大,名单目录还在快速加长)——这不应该奇怪。因为各国在产业前沿探索的方式是互相借鉴的,最后在"创新区"之类的经济空间上达成一定共识,甚至是必然的。

(企业)社会资本是三级约束解绑之后,地方经济是否仍然具备内生增长能力的

---

① 2021 年国际货币组织用一篇短文简单总结了这方面的最新研究,见《基础科学为何对经济增长至关重要》。
② 最近一份报告展示了人工智能对传统科学研究范式的改变。在数学研究、材料学、物理学、化学、医药和生命科学以及地球科学等领域,人工智能都在颠覆传统的研究方式(Xu Y, Liu X, Cao X, et al. Artificial Intelligence: A Powerful Paradigm for Scientific Research[J]. The Innovation,2021,2(4):100-179.)。

重要指标。但遗憾的是，社会资本也是内生的，无法购买也难以直接引进。那些当前社会资本比较薄弱的城市或地区，是否注定难以抵御第三次解绑的冲击？我们暂时无法得知。但有一点是肯定的，社会资本也像植树一样，如果错过了20年前的最好培育时机，就不应该放弃次好的机会了——当下。

值得欣慰的是，跨国公司架构的产业链条并不会白白浪费，发展中国家完全可以根据现在的产业状况再开发性继承。在下一章节中，我们将介绍两个这方面的例子，来说明即便发展中国家当初是"被动"进入产业链的，但长期在产业链中浸淫，只要保持开放的学习心态，它们仍然大有机会掌握产业链，去培育新的产业土壤。

第十一章　新兴地区在对抗"集群分离"上的实践

产品或服务的开发过程在发展中国家,情况可能大不一样。它们多是以承接制造环节的方式介入全球化的,初期积累的技能仅仅是组装业务。串联产业链上不同岗位的工作仍是由跨国企业完成的,虽然基层执行上多是由跨国公司在发展中国家子公司的本地员工完成的(以最早的来料加工为例,外企除了在我国设厂,同时还会设立贸易公司,负责进口原材料和成品出口的流程处理,这些基本工作基本上是由国内雇员完成的)。那么,被嵌入全球化进程的发展中国家的劳动人口,最初只占据了这个链条上的少量岗位,是如何从制造环节出发、一步步向上下游蔓延、掌握所有岗位的职能,并最终学会架构自己的全产业链条?[①]

架构全产业链条,涉及方方面面的沟通与协商,欺骗、诽谤和诉讼等自然也免不了。当激烈碰撞的成本高到任何一方都承受不了的时候,相对低成本的规则会应运而生;而当大部分人都主动遵守规则时,信任也就慢慢建立了……这个过程实际上是培育本地社会资本的过程,大量默会知识诞生在其中,并最终形成了本地特有的文化秉性——事实上,也只有在社会资本完善的地方,信任与信赖普遍存在,各方乐于共同承担失败的风险(也享受应有的成功果实)时,创新才会成为普遍的实践活动[②]。虽然当初发展中国家在全球化链条中是被动"配置"的对象,但在发展过程中仍有机会掌握产业链,进而实现适应性进化。

[①] 如何识别发展中国家的这种转变?一个有用的指标,是识别"加工贸易"占全部贸易的比例。当发展中国家以来料加工的形式被嵌入全球价值链时,此时进出口由外商主导,加工贸易的比例会暴增;而随着发展中国家逐步掌握了生产方法,将零部件本地化、更多在本地进料后,加工贸易占比会逐渐下降;而最终当发展中国家能主导产业链,直接以本国品牌向其他国家出口时,贸易结构会更多转向"一般贸易"。我国就完整经历了这个转变进程:1981年加工贸易仅占6%,20世纪90年代开始大范围承接外商投资后,加工贸易所占比例迅速飙升,1998年时曾高达53.4%。而随着产业链逐步本地化,加工贸易的比例也逐渐降低,2002年该数据为48.7%,仍接近一半;2012年和2017年时一路下降至34.8%和29.0%,至2021年前三季度,该数据进一步为21.4%,仅略超过1/5,而一般贸易已经高达61.8%——可以说,我国用大约30年的时间完成了贸易的主导权转换。

[②] 当前各国对社会资本的分解维度和测量方式并不统一,学术上循证社会资本与创新的结论比较复杂,但总体上认为,企业之间的关系与研究网络资产对创新具有比较明显的正面影响(Landry R, Amara N, Lamari M. Does Social Capital Determine Innovation? To What Extent [J]. Technological Forecasting and Social Change,2002,69(7):681-701.)。

发展中国家维持集群优势的实践

以下介绍的两个发展中国家产业集群的案例,来自意大利商业经济史学教授 Valeria Giacomin[①]。这两个案例的发起方都是跨国公司,一开始它们是想将这两地的特殊资源"出口"到自己国家。但它们很快就发现,这些发展中国家缺乏将这些资源开发出来并出口到发达国家所需要的必要投入,如熟练的人力资源、知识和资本以及相应的基础设施。因此,这些跨国公司不得不实施"补充产业链空缺"的战略去充实集群,典型的措施包括培养本地人才、转让并扶持研究机构去研发专业知识、开辟新市场和抵御政治风险等。在这些帮扶措施下,围绕这些产业成立了不少新的专业机构,它们一起充实集群组织,填补了不少体制空白,最终增强了这些地区相对潜在竞争者的优势。

事实证明,这种竞争优势一旦建立起来,是比较牢固的。甚至在跨国公司逐步退出后,集群的产业链也并未解散:本地人已经有能力去继承这些产业链遗产,在新的竞争态势下,他们也维持住了自己的竞争力。

1. 哥斯达黎加的生态旅游集群

生态旅游(Ecotourism)是大旅游产业中的一个小利基板块,指的是以环境保护为宗旨,采用负责任的交通方式,去体验(受保护的)自然区域内的环境和文化。生态旅游一方面可以让旅行者实地接受环保教育,另一方面也能为本地创造就业机会,从财政上让自然资源保护成为可能。发展生态旅游并不容易。尤其对广大发展中国家来说,居住在自然环境周边的原住民为了提高收入,往往会直接砍伐森林、种植经济作物、施用化肥、最终污染水源。要阻止这点,政府要为原住民创造就业机会,并设立机构、划拨专款来维护环境——而这正是发展中国家政府的普遍短板。

但从 1990 年开始,哥斯达黎加的生态旅游就被称为业内典范。1997 年时,哥斯达黎加的国际游客就超过了 100 万人,2019 年时这个数字达到 337 万人,22 年间平均年化增速达到 5.6%。哥斯达黎加官方的统计数据显示,这些国际游客的 52% 都曾经进入过国家公园或生物保护区。因为生态旅游需要深度沉浸式的切身体验,国际旅客在哥斯达黎加的平均留宿时间达到了不可思议的 11.7 晚——仅生态旅游对哥斯达黎加 GDP 的贡献,就超过了 3%[②]。为发展生态旅游而铺建的其他旅游基础

---

① Giacomin V. A Historical Approach to Clustering in Emerging Economies[M]. Boston:Harvard Business School,2017. (我们参照了该论文对这两个集群起源的历史介绍,同时对当前的发展状况进行了简要短评。)

② Loss L. Ecotourism in Costarica Generates USD 1.4 Billion a Year[R/OL]. [2019-11-14]. https://www.tourism-review.com/ecotourism-in-costa-rica-developing-news11257;OECD. OECD Tourism Trends and Policies 2020 [C]. OECD Publishing,2020.

设施,也带动了哥斯达黎加其他旅游板块的发展。2016 年时,入境游客消费达 38.8 亿美元(占同年 GDP 的 6.4%),为哥斯达黎加提供了 14.9 万个直接(Direct)就业人口(占到全国总就业人口的 7.2%);而如果算上间接影响(Indirect),该数据将达到 45 万(占到全部就业人口的 28%)[①]。自然地,入境旅游也是哥斯达黎加最为重要的外贸窗口,2016 年它占到了贸易出口的 37% 和服务贸易的 46%。

生态旅游已经成为哥斯达黎加最为靓丽的国家名片。该国旅游研究所甚至预测(在疫情之前),2022 年时入境国际游客将有望超过 400 万人。这个数字已经超过了当前 29 个国家公园的合理承载能力——游客反过来成为自然环境的较大威胁之一。政府正在研究新的提案,将至少 5 个野生动植物保护区列入国家公园,并开始设置一套更为标准的生态旅游指导方针,去更好地平衡游客体验与生态保护之间的关系。

哥斯达黎加的生态旅游产业为何如此成功,是谁在谋划和主导这个行业的发展?应该说,这个行业是由非政府组织、政府和私营企业共同创造的——有时是共同行动,但大部分是单独行动。早在 20 世纪 40 年代,一批本地和外国(主要是美国)的机构就在哥斯达黎加开展业务,在传播哥斯达黎加生物多样性的科学知识、引入环境保护和野生动物保护的教育项目上发挥了关键作用。其中,包括哥斯达黎加大学的国家农业学院(National School of Agriculture in the University of Costa Rica)、美洲农业科学研究所(Inter-American Institute of Agricultural Sciences,后来称为 CAT-IE)、由美国资助的非政府组织加勒比保护公司(Caribbean Conservation Corporation)和热带科学中心(Tropic Science Centre)以及(主要由美国领导的)大学联盟热带研究组织(University consortium Organization for Tropical Studies)。这些机构里有几位高度忠诚的科学家和研究人员,他们为保护哥斯达黎加的生物多样性和自然野生动物募集了大量资金和基础设施。这些专家形成了一个跨国的"知识界(epistemic community)":他们将生物多样性和环境保护方面的既有知识和理念引导至哥斯达黎加,并将这些知识应用于当地环境。除此之外,这些机构还在媒体上大量报道和营销这些科学研究的知识,以提高全球环境保护意识。

这些机构和人员的努力慢慢"累积"出了哥斯达黎加发展生态旅游所需要的供给与需求。在供给方面,1982 年"生物多样性"的定义被正式确定[②]后,该国很快依此建立了几个国家公园和保护区;需求上,经过多年科普和营销,该国的热带雨林和原始野生动植物成为了鲜活的环保样本,吸引了大量北美和欧洲的游客。一些专业爱好

---

① 按照国际旅游协会新的统计标准(New Tourism Satellite Account),间接贡献指的是旅游需求的下游效应,比如游客在景区内就餐,那么食品的原材料供应商、食品制造商和运输商都会因此受益,该游客的购买服务等于变相地为其他行业提供了岗位。各国旅游行业的间接效应并不一致,对它们的全面分析需要用到复杂的经济模型。

② "生物多样性"被正式定义来自 Bruce A. Wilcox 在 1982 年撰写的一篇论文。他接受国际自然保护联盟(International Union for Conservation of Nature,IUCN)的委托在该年举办的世界国家公园大会(World National Parks Conference)上发布了这篇论文,将生物多样性定义为:"生命系统在各个层面(包括分子、有机体、种群、物种和生态系统)上都具有多样化的形态。"

者甚至迁移到哥斯达黎加,在国家公园内或附近投资房产,致力于自然环境保护工作;有些人开办企业,在保护区内为游客提供住宿和导游服务——雇用的导游基本上就是环保组织里的研究人员。

这些初创的小企业在环境保护和商业运营上走通了一条自洽的道路,很快就吸引了大的跨国企业前来投资;另一边,在20世纪40年代至90年代的半个世纪里,哥斯达黎加政府也投资基础设施(如国际机场、铁路和高速公路)、建立公共机构(如哥斯达黎加旅游协会和国家航空公司)、发布针对特定行业的法规(如对旅游的税收优惠和环境保护立法),去支持旅游产业的发展……最终该国的生态旅游集群逐渐成形,并最终发展成为一个可持续的循环系统。

让我们总结一下,哥斯达黎加"生物多样性圣殿"的品牌是怎么建立起来的?无可否认,该国的资源禀赋和政府的配合性支持是必不可少的。但很可能只是其中的一个必要条件而已——这实际上也是反驳了那些"只要资源足够,保持信息通畅,集群会自我生成"的想法。哥斯达黎加的生态旅游集群形成的历程表明,最关键的那一步是,最初的推动者们敏锐地发现了这些自然资源的价值以及在财务上它们具备商业自洽的基础。在全球一体化的大背景下,先行者们得以将这些自然资源开发成一项国际性的商业活动,"创造"了生态旅游这个非常专业的利基市场。

后来一系列的举措,包括跨国科学家和研究人员成立组织机构,宣传热带雨林和野生动植物的专业知识;企业家和旅游公司开发、管理和维护当地生物多样性的设施;企业培养和导流来自北美和欧洲的生态旅游需求;外国(和本地)的非政府组织吸引环境保护的资本……这一切都是围绕生态旅游而展开的激烈商业活动,它们最终一起成功塑造了一个本可能不存在的国际旅游网络。

哥斯达黎加人最后继承了这笔财富,还利用它树立起来的成功形象在全国各地建立了不少传统的旅游设施。未来,哥斯达黎加只要继续秉持可持续发展的理念,对"绿色"的开发控制在合理范围内,它们将迎来一个长盛不衰的国际旅游需求。

2. 东南亚国家的橡胶和棕榈油产业集群

橡胶和油棕榈都不是东南亚地区本土原生的植物,前者是英国殖民者当年从亚马逊地区引种而来,后者原产于西非。天然橡胶是制造40000多种产品的重要原材料,而棕榈油也被广泛应用于食品加工、美容化妆品和生物燃料等领域。这两个产业现在已经被东南亚的几个国家所主导。2019—2020年,泰国、印尼、越南和马来西亚这四个东南亚国家的产量占到了全球的70%以上(图11.1);同时,2020年印尼、马来西亚和越南三国几乎占到了全球棕榈油产量的近9成(图11.2)。

在这两个产业上,东南亚国家是怎么后来居上的?有学者认为,巴西把橡胶产业的主导权"交给"东南亚国家,是注定的。原因不在于巴西政府的不作为、低效和贪婪,而是巴西在橡胶产业中的各项生产要素的成本要远远高于东南亚国家——硬要说巴西曾经主导过这个行业,倒不如说上帝曾经恩赐给了这个国家大片的野生橡胶林[①]。但反过来说,野生橡胶是一次性的,无法经年累月地提供稳定的产出。后者必须依靠有组织的人工种植,而这恰恰是东南亚国家当时更擅长的——应该说,当时橡胶产业在东南亚国家的崛起,是英属马来西亚和荷属印尼政府首先"识别"出了在该地区集合各项生产要素去发展该产业,其综合成本是全球最优的。随后的一系列的机构设立、人员引进以及活动组织,都是基于这个判断而来的,虽然其操作是以相当不光彩的殖民形式。

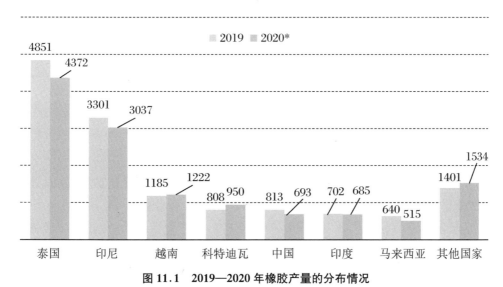

图 11.1 2019—2020 年橡胶产量的分布情况

数据来源:国际橡胶研究组织(International Rubber Study Group);天然橡胶生产国协会(ANRPC);橡胶委员会(Rubber Board)。

让我们简要陈述一下西方殖民者在东南亚是怎么组织种植橡胶和油棕榈的。在19世纪末橡胶树被引入东南亚殖民地后,英属马来西亚和荷属印尼的殖民政府就给予投资者土地使用权,吸引研究人员(如农学家、植物学家、生物学家和工程师)进入种植园或农业部门等公共机构。不到 20 年,一个由欧洲殖民者规划、华人庄园主投资、本地原咖啡和烟草农民[②]种植的三方网络就将野生的橡胶树"驯化"成了庄园

---

① 1850 年前后在亚马逊丛林发现野生橡胶后,该地区一直是全球唯一的橡胶产地。巴西政府一直将之视为战略资源,以重税高价出口。1876 年英国人 HA Wickham 设法偷偷将种子带到英国,并辗转送到马来西亚开办了亚洲第一个种植园。再经过 12 年种植园开始产出橡胶时,全球的橡胶产业格局才开始改变。之后就是无可逆转的产业大迁移。Randolph R. Resor 在总结这段产业历史的论文《Rubber in Brazil: Dominance and Collapse, 1876—1945》中表示,这种结局是注定的。原因不在于巴西政府对本地野生橡胶征重税(其实取消税收也只能将本地橡胶成本降低24%),而是本地橡胶产业的成本结构无法降低。一是当地的地质环境较差,疏浚河道、建设和维护港口的成本很高;二是从河道口将铁路轨道铺设到橡胶丛林深处,建设和运营的成本也很高;第三,可能也是最关键的,橡胶种植业是高劳动密集型的,而亚马逊地区的人力成本一直稀缺并很昂贵。因此,一旦东亚种植园兴起,巴西采集野生橡胶产业的衰落就是注定的了。

② 1888 年邓禄普(Dunlop)发明了充气的橡胶轮胎之后,橡胶成了极其重要的原材料,对橡胶的需求随之暴增。东南亚本地原先的咖啡和烟草种植农民数量远远不能满足橡胶种植园的人力需求,当时包括我国、印度和爪哇的大量劳动移民被引入,在种植园里从事非常辛苦的低技能工作。他们被之为"苦力"(Coolies)。

作物。

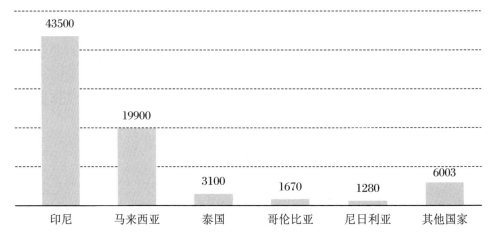

图 11.2　2020 年棕榈油产量的国家分布情况（单位：千吨）

数据来源：美国农业部（US Department of Agriculture）；USDA Foreign Agricultural Service（美国农业部对外农业服务局）。

围绕繁荣的橡胶需求，东南亚地区很快形成了一个以出口地新加坡（其时还未从马来西亚分离出来）为基地，辐射到全球的贸易网络。行业协会、公共和私人研究机构、专业配套服务商和地产开发商等机构迅速在新加坡集结起来；在新加坡经营的国际大资本、外国企业家和商人调动他们在欧洲的银行家和船主网络，引入外国资本加强生产和运输基础设施建设，并与欧洲和北美的全球商品市场联系起来。其时，种植园作为资产被打包进上市的地产公司里，而来自伦敦和阿姆斯特丹的贸易商行通过控股这些地产公司进而控制了整个橡胶产业。当橡胶价格节节攀升时，这些股票的分红也高到让人咋舌①。橡胶贸易成了这些商业银行的核心收入来源。

橡胶的这种超高利润，自然也吸引了很多小农户。当时除了行业协会外，橡胶行业内还陆续成立了一些专门机构，如橡胶研究所（Rubber Research Institute）和注册种植者协会（Incorporated Planter Society）以及科学杂志《种植者》（Planter）等。这些机构普及了橡胶种植的知识，降低了小农户进入的门槛——从获得种子、育种、收获和提纯技术的专业知识，到运输和销售之类的商务服务——到 20 世纪 20 年代，这些小农户很快就开始在大种植园附近的小块土地上种植橡胶，成了家庭主要事业。

---

① Randolph R. Resor 在该论文中表示，Consolidated Malay Rubber Estates 和 Vallambrosa Rubber Co. 这两家橡胶种植园曾经在 1909 年给股东实收资本的分红达到 80%（Dividend on Paid-in Capital），在最好的年份，某些种植园的这个数据甚至达到了 250%。

大量小农户的涌入让竞争日益激烈,橡胶价格也日益波动。Socfin[①]和Guthrie[②]这些种植园企业在从西非引进了另一种经济作物——西非油棕榈(Elaeis Guineensis),作为一种潜在的多样化战略。油棕与橡胶树在种植起来十分相似,因此可以直接利用已有的橡胶组织结构。但作为一种资本密集型作物,它使大庄园得以免受来自小农的竞争。东南亚的油棕榈种植产业重复了橡胶在这里的发展历程:到20世纪60年代时,东南亚取代西非地区(和亚马逊地区类似,西非的棕榈油也仍然是从野生油棕榈树中获取的),成长为世界最主要的棕榈油生产地区。

马来西亚和印尼这些东南亚国家在橡胶和棕榈种植园上的成功,本地适宜的气候条件和比较稳定的政治环境[③]固然是必要的基础,但真正的驱动力来自外国直接投资——应该说,该地区种植园集群组织的形成就是外国公司战略和投资的结果:它们引入本地作物、投入金融资本、灌输专业知识、移民劳动力……最终在东南亚打造出了一个成功的种植园集群。毫无疑问,这个在殖民体系下建立起来的集群,给西方投资者和华人企业家创造了丰厚的(甚至是超过合理应得的)财富,但它也最终确保了这些地区农村的长期发展,其影响直至今天。

国内创新区的探索

回到国内,中国有城市(尤其是中西部地区)在践行自己的"创新区"吗?有的。我们认为有部分城市的管理者正在不经意地模仿"创新区"的功能和环境,去驱动下一阶段的经济增长。合肥是其中一例。

合肥和中国很多中西部城市一样,在前些年的工业化进程中,也是通过在城市外围地区设立工业区来启动经济发展。1991年合肥高新区成立,辖区面积达128平方千米。高新区早期的实体环境即是被制造业塑造的:连接高速公路的宽阔大道、星罗棋布的大面积单体厂房、川流不息的大型运输车辆……但经过多年的发展,依托合肥

[①] 该公司最早可以追溯到20世纪一二十年代比利时的农业学家Adrien Hallet在殖民地刚果等地的商贸业务,在20世纪初橡胶种植和贸易在东南亚兴起时,该公司加入了这波浪潮,并很快开始引入油棕榈种植。该集团当前仍然以直接或间接的方式从事种植园业务。2018年它从全球各地13万公顷的棕榈油和6.5万公顷的橡胶园种植业务中获利。在东南亚的业务活动集中在印尼和柬埔寨。

[②] 该公司由Alexander Guthrie于1921年在新加坡创立,是东南亚第一家英国贸易公司。Guthrie分别于1896年和1924年在马来西亚引入了橡胶和油棕。该公司后来在伦敦交易所上市,但在1981年被马来西亚政府收购,并与另外两家种植园公司合并后以Synergy Drive之名在吉隆坡重新上市,该公司当前是全球最大种植园运营商,土地储备面积超过54万公顷。

[③] 二战后,在全球去殖民化浪潮进程中,不少被殖民国家的政权出现反复,带来了政治上的不稳定。不少跨国企业在战略原材料采购多元化的风险措施。比如,联合利华作为全球最大的棕榈油买家,在西非和马来西亚都有广泛的棕榈油业务。20世纪50年代至60年代中期,因为西非的集群组织较差,联合利华还试图将西非的生产系统升级为类似于马来西亚的组织结构,并让两地共享行业知识,促进专业知识流入西非。应该说,整个采购还是希望两地共同竞争、共同进步的。当时为了应对马来西亚潜在的政治不稳定因素,有一些马来西亚的棕榈油种植企业还考虑在西非投资。但随着西非在20世纪60年代的政治越发动荡,当地的投资、技术和人力资源无可逆转地转移到了东南亚,最终导致了西非棕榈油出口地区在20世纪70年代的彻底衰落。

高新区提供的工作岗位,周边逐渐发展出大型住宅小区、商场、学校、医院和政府机构等,高新区也逐渐成为一个功能完备的城市区域。但其中的某一部分,正在逐渐尝试转换发展轨道,酝酿新的发展动能:高新区通过"创新区"再度领航合肥下一阶段经济发展。

首先是 2012 年中国科技大学先进技术研究院(简称"中科大先研院")入驻高新区,这个由安徽省、合肥市、中国科学院及中国科技大学四方共同联合组建的研究院建设了 47 家联合实验室,累计引进各类人才 490 人。从关于"创新区"的三类资产组合来看,我们知道该研究院正是经济资产中极好的"经济驱动者"。通过这些实验室的技术孵化出来的企业短短几年内已经达到 199 家,其中包括 19 家国家级高新技术企业。

中科大先研院入驻时,地方政府同步在其右上方开始辟地建设"合肥创新产业园",一期占地 308 亩,总建筑面积 55 万平方米(包含创新园区管委会服务中心)。但一期的招商多以服务外包、大型企业区域性办公、公共安全生产和生活配套服务为主,企业的价值环节多集中在生产、办公和生活服务。这一时期,虽然中科大先研院与创新产业园区在地理上是邻近衔接的,但尚未进入"研发-生产"的良性互动。

但 2014 年 8 月开始投入使用的创新产业园二期,已经在功能结构上有了重大变化。首先是完善了创新区经济资产中的"创新培育者",引入了不少孵化器和加速器,并且园区管委会的服务中心也主动下场,开展证照代办、政策咨询、产业引导、技术支持、奖励申报等配套服务。二期中这些"创新培育者"的集聚,能够让处于每个阶段的创业者都能得到适宜的照顾,提高创新成果成功率并将创新成果保留在本地。其次,园区二期引入的企业主要集中在电子信息、新能源、新材料、节能环保、公共安全、文化创意、IC 设计、新一代互联网等战略性新兴产业和高新技术领域,不仅和大学研究院联系互动更为紧密,还能自主主导"产学研"进程。最后,二期园区开始重视创新区的"物理资产",在办公大楼内设立弹性的工作空间、实验室空间和适用于初创企业的较小的经济适用区域,最开始交付的 F1 楼即专门用于中小企业的办公租赁,空间结构和使用权属多种多样,以满足中小企业对办公空间的灵活要求。

据此,合肥"创新区"可以说是初具雏形(图 11.3),但更有力的支撑则来自中国科学技术大学高新园区在此落地以及合肥获评国家第三座综合性国家科学中心城市,其承接的国家量子创新研究院更有望从原始创新出发,在创新区内完成从人才培养、应用研究、试验发展、成果转化到营收支撑创新的闭环。中科大高新园区内的人才公寓也进一步完善了物理资产中的"微型住宅",有力完善整个创新区的要素建设。

至此,我们可以对合肥"创新区"的资源要素进行简单梳理。从创新三元素的 8 个子项出发来分别衡量合肥创新区的完备状况,以 5 分制来打分的话,我们认为合肥创新区在经济资产方面的储备已经足够丰富,尽管建筑设施环境相对较差;物理资产对创新环境的支持相对一般；同时我们也未查询到足够多的网络资产的信息（表11.1）。

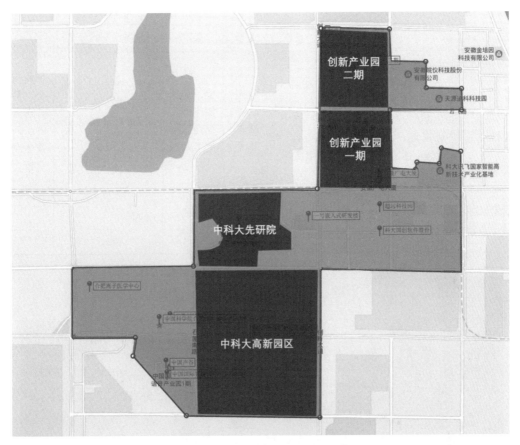

图11.3 合肥"创新区"的功能集聚

何以如此？

经济资产类的建筑设施方面，其承担的角色不仅是满足现代城市生活的各项消费，更重要的是通过密集的布局来创造吸引人的公共活动空间——即各类人群的购物、闲逛和应酬交际引发的沟通能有效促进创意产生，这也是为什么很多城市除了要建设数量足够多的生活便利设施外，还要鼓励富有吸引力的店面设计和广告标识的原因。

而合肥创新区囿于传统工业区的规划，典型的图景包括马路格外宽阔、缺乏自行车道和步行空间、建筑和马路之间被树木和灌木丛隔开、建筑物底层多用砖石结构而不是可透视的玻璃幕墙、可作为第三空间的咖啡馆和餐馆过少和档次不足……种种都归咎于因为传统规划和商业回报等方面的问题，阻碍了创业者之间的日常交流（图11.4）。

表 11.1 合肥创新区各项资产质量评价表

	经济资产			物理资产			网络资产	
	创新驱动者	创新培育者	附近建筑设施	公共领域	私人领域	连接设施	强联系	弱联系
举例	高新技术企业、创造性企业、精专企业、大学、研究院、实验室、创业人员	孵化器、加速器、概念验证中心、技术转让办公室	医疗机构、餐厅、咖啡馆、旅馆、零售店等	公园、广场、街道、展厅	混居住宅、街区零售店、弹性工作空间、微型住宅	地铁、宽带、公共交通、自行车道、人行道	行业内研讨会、技术例会、培训课程	创新中心、跨产业集群、跨技术创业板
合肥创新区是否具备？	强(4~5)	正常(2~3)	弱(1)	正常偏弱(2~3)	正常偏弱(2~3)	正常(3)	—	—

图 11.4 合肥创新区的典型街景

物理资产方面同样存在类似的问题。公园、广场和街道等公共领域设施的亲和性不足，一直是国内城市规划的典型弊病（值得一提的是，创新区的右侧是合肥野生动物园和大蜀山国家森林公园，这些以往代表"环境好"的设施对创新区往往是个阻碍，它事实上不利于外来人员方便地到达创新区；同样，左侧的王咀水库也是个"障碍"。创新区需要的应该是那种各个办公区域楼下的"口袋公园"和"微型广场"）。在私人领域的物理资产方面，合肥创新区内"创新公寓"和便利店之类的服务质量，在口碑上明显有改善的地方。

事实上，合肥创新区管委会也看到了这些问题。在刚动工不久的第三期园区内，就明显加大了这方面的建设力度。除了继续在集聚产业和孵化服务功能外，与前两期建设最大的不同就体现在"鼓励交流"的环境营造细节上。第三期产业园不仅分流了车行与人行系统，用慢行步道连接核心景区，营造感性的步行系统（连接设施）；中心区域的下沉庭院、总部办公的屋顶花园、地面景观花园构造出园区多层次的生态景观体系,配合休闲小食餐饮也会有益促进人员来此交流(公共领域);办公空间多样、商业业态复合和配套功能更加齐全,自然也能更好地优化创新人群的私人生活便利(私人领域);新园区甚至在企业Logo和企业广告展示牌与建筑立面协同设计上做足功夫,在保证企业形象标识性的同时,又与周边环境相协调(建筑设施)——可以说第三期园区的建设正是努力在原先的评价体系上"补短板"。

唯一遗憾的是,因为一、二期周边已无可开拓的整幅地块,第三期离一、二期在空间上并不紧邻,导致一定程度上丧失了创新区各种元素的集聚程度。同时在第三类"网络资产"上,我们期待合肥创新区将来会有更好举措。

创新区是一个不断完善的过程,前述的评价体系只是综合了先行的成功案例里的精髓,它并非指导后来者照本宣科的范本。对广大中西部地区准备发展自己创新区的大量城市来说,真正的挑战是每个地区根据各自的情况审慎地组织资源、利用优势,实现高效、范围广泛的、可持续的发展。合肥利用中国科学技术大学的独有研发资源配置能力,走出了一条有益的探索之路(合肥市自己总结的经验叫作"城校共生"),其他城市也要利用国家正大力追加研发的整体态势,利用优势产业和相关资源来发展经济。

第十二章 总　　结

　　在全球大分工时代,每座城市都在用自己的产出交换其他城市的产出。城市产出的稀缺程度决定了我们交换回来的产品的丰富程度。而这种稀缺性正是来自它处难以模仿的专业能力。可以说,专业能力是一座城市赖以生存的基础。因此,不管经济学怎么教导我们要尊重市场,城市的管理者们从未放弃过"人为地组织生产要素去构建专业化能力"的尝试,即便大部分尝试最后没能取得预期中的效果。

　　那么,城市应该组织起自己的专业能力？在这方面,我们以前惯见了不少城市的管理者都爱用"新区"之类的词汇来昭示决心。"新"总是暗含过去承载了难以拯救的不堪与无奈,只能与之诀别。但我们现在知道,这不可能。企业或许是城市经济的主角,但经济这出大戏需要的融资能力、制作水平和编导质量等等要素,都是直接镶嵌在城市当前的肌体上的。正如一群优秀的演员无法拯救一部烂剧,一座衰败的城市也不可能仅仅引入几家企业就能重生——"新"的空间是会带来新的景象,让人心生万象更新之感,但主事人需要确保,支撑这些企业运行的底层结构也在同时全面"优化":这往往意味着主事人已经全面审视了城市经济运行的具体机制,并找到了其中的阻塞之处。"新"的空间只是可行的疏导方案之一。

　　它不是唯一的。不少发达国家、城市或地区更多选择去"更新"那些使用不当或利用不足的空间来承载新的产业。这一方面是因为现有的城市基础设施已经足以容纳产业需求,更新比新建的总体成本要低一些;另一方面,更新活动会活化附近的区域,具有强烈的正向外部性。最后,更新活动往往涉及更多利益主体,更新流程能顺利推进本身就说明了当前社会资本是相对完善的。

　　总体来说,不管是选择新建还是更新已有设施,城市管理者都是基于自身的经济状况和对未来发展的预期,去塑造出一个专业能力出众的区域,从而增强城市的整体竞争力。这个经济空间最终会根据企业性质、产业形态、面向的服务对象等因素而被冠以不同的名称,从经济开发区、高新技术区、文创园、商务产业园、智造产业园等,不一而足。当然,大部分经济空间组织建设的指向并不太高,实践运营上可能也缺乏一以贯之的标准,最终对外呈现的信号,可能只是将同一类企业收拢在一起而已。

　　但布鲁斯金学会提出的"创新区"并非如此。它与前面这些经济空间至少存在两处显著区别。第一,它没有挂牌。也就是说,创新区在被识别出来之前,本身就已经是城市经济的一个热点了,它只是被布鲁斯金学会的这个判定标准所认可了。但在它形成的过程中,并没有一个明确的责任主体以这种目的来建设它——你可以说它是市场经济自发形成的结果,它无法像其他经济空间一样被规划和组装起来。当然,不能规划建设,不代表我们就只能观察和判定它。布鲁斯金学会认为,如果一个地区已经具备某些产业热点,但同时它又不够创新的话,我们还是可以"助推"它成为合格的创新区。能够这样操作的原因有两点:一是某些产业已经大量出现在这里,说明本地的生产要素是符合这个产业所需要的比较优势的,这是市场发展的结果,我们要顺承这点(而不是规划其他园区那样去直接"挑选"优胜产业,那样的错误率会很高)。二是本地的该产业虽然在市场上具有能够生存的比较优势,但创新不够,原因是其中缺乏特定的要素以及必要的内外部联系,而这种缺陷是可以被修正的[1]。

第二,因为涉及的产业多种多样,对创新区的诊断和实践指导并不会放在具体的企业身上。固然,对创新区的成就判定,仍然会集中在产业产出、就业岗位和研发投入之类的指标上,但提高创新区运行质量的解决方案,并不是直接引入企业来提高这些指标,而主要是专注于不同机构的交互关系。简单点说,创新区的重点是培育健康的土壤,以待飘落在上面的种子能生出繁花,而不是直接将树苗移植进来。

正如我们在前文多个章节里不烦赘述,创新区的这种特殊属性是技术变迁和经济地理理论发展共同作用的结果。信息技术的发展解开了集聚之所以存在的一重重约束,分离的力量越来越强大,人与人之间需要面对面交流的场景也越来越少。可以说,留给生产端的集聚需求不多了,但创新活动肯定是其中最顽固的一种。为了强化这种交互,创新区甚至对空间设计提出了详细要求,其重视程度在以前的经济空间中是从未有过的。同时,创新区的组织结构遵循地理经济学的研究洞见,将社会资本这类植根于地方文化和制度秉性的变量纳入其中,并赋予相当的权重。比如,创新区在成员结构上充分参考和继承了集群,但它又在议程上增添了集群所没有(或被动而不够重视)的大量交互性活动,来充实创新区内的社会资本;最后,创新区还修正了集群理论难以适应全球价值链体系的短板,设置了日常对外交流与合作的渠道,避免创新区内各组织因为思维的同质化而故步自封。

创新区是站在产业链前沿的发达国家或地区,为了进一步维持和扩大自己的竞争力,而精心架构起来的经济空间。但它的构思是适合各种不同发展阶段的。在全球化时代,制造业的模块化事实上降低了生产高科技产品的门槛。新的市场进入者能够从国际供应商那里采购核心零部件,或者直接收购拥有这些技术的公司,然后集中于非核心的技术活动上(如组装、设计和品牌营销),并依靠自己对本地市场的深层

---

[1] 具体应该怎么修正,需要先"诊断"创新不足的具体原因在哪里。出具创新区系列报告的研究人员们组建了一个"全球创新区研究所"(The Global Institute on Innovation Districts)的非营利机构,旨在帮助全球各地区的创新区走出创新困局,并最终将之连成一个全球的创新网络。该机构将为潜在的创新区提供一个时长达两年的咨询服务,主要包括:一是为该地区提供可靠的实证研究,用数据来分析该地区的经济表现,并与其他创新区进行参照比较;二是为该地区提供向同行学习的机会,包括案例教育和实地考察;三是如何实践的战略指导,包括投资说明、规划修改以及后续的对区域的管理;四是将其纳入全球创新网络,并针对性报道,提高知名度和认可度。

了解去开发出更适合本地消费品位的产品,去追赶位于先进经济体的老牌跨国公司,与它们正面竞争,并逐步侵蚀它们的市场份额。对发展中国家、地区或城市来说,只是专注于这些非核心技术的研究和生产活动,同时维持一个与外界合作顺畅的渠道,同样也需要一个类似的"创新区"。

因此,那些发展层次不一的地区或城市,如果要组织出适合自己的经济空间,它们可以从创新区的信条中借鉴什么?我们总结了10条(可能)有价值的提示:

第一,是否正儿八经地去挂牌这么一个"创新区"并不重要,一个成功创新区的称号往往是事后被外部人员发现和追认的。如果真想创设这么一个经济空间,事先一定要有明确的发展路径和实施手册。

第二,大多数"创新区"都是在已有的发展基础上,通过再引进资源、更新和扩大空间规模、优化合作关系而来的。如果你在本地察觉不到风格鲜明、足以被外人识别并谈论的"创新区",也是很正常的。

第三,对本地生产元素的组织能力决定了专业化水平,围绕专业化而展开的产业活动构成了"创新区"的雏形。后续的人为操作和打磨,可能都需要以这个雏形为基底。简单点说,我们既需要尊重市场竞争的结果,但又要认识到这个结果并不是命定的,管理者要有进一步优化这个结果的勇气和视野。同样,反过来,如果勇气爆棚,就需要回头看看是否已经脱离了根基。该如何把握其中的分寸,需要谦虚的智慧和勇于承担的责任心。显然,这是最难的。

第四,"创新区"是否能建成且稳定而高质量地运行,往往取决于社会化大分工的各方是否能够达成默会共识,为尚未确定的创新成果承担一份风险。正像你只能把牛拉到河边,但不能强迫它喝水一样,我们并不能把各个机构集聚在同一个区内,就假定它们会自发地互相交流。遗憾的是,我们现在还找不到太好的办法来监测社会资本的水平。但一个可能管用的否定指标是,如果本地存在一些显而易见的需要解决的问题、但人人视之泰然,那这个地区的社会资本可能不会发达到足以支撑去解决复杂问题的水平。

第五,一个合格的"创新区"应该拥有创新活动所需要的一切支撑元素,但身处其中的创新者在遇到问题时,不应该天然地将创新区当作解决该问题的唯一渠道(甚至不应该是第一渠道)。绝大多数创新中需要解决的问题,可能都曾经被其他地方的某人讨论过,留下过痕迹。这不是说创新区内的扶持性机构是不合格的,而是在利用其长处之前,要先识别其不足之处:相比汹涌的全球创新浪潮,任何一个创新区的规模都是渺小的。在项目实操落地上,创新区的帮扶意义不可或缺,但在项目前期启发与循证时,不妨先将它看作对外交流的桥梁。

第六,不管事先怎么构造创新区,创新的突破始终需要依靠人才。这是为什么小环境的宜人性成为创新区重要指标之一的原因,这是新时代人才越发被看重的因素。这是好的,但要记住它只是一个比较浅显的指标。因为创新区对人才的态度不应该停留在对一代代人才的吸引上,而应该是如何留着并与人才互相适应。因此,如果人才要改变创新区的结构,以适应创新业务的发展,不妨主动配合。恪守创新区的原定流程并没有什么意义。

第七,成功的创新区会自然而然地扩散,甚至吸引很多与行业不相关的企业或机构落址于此,冲淡(甚至混淆)创新区的行业昭示度。对创新区来说,这是个问题吗?答案是否定的。在对集群的实证研究中,我们已经知晓,创新区这类的集聚空间的外溢效应会随空间外延而衰减,但幅度是不明确的。与其担心其他行业占据了创新区的空间,但不如仔细观察,位于空间边缘的企业是否实质性地减少了相关活动。

第八,风险资本推波助澜,"创新区"的兴衰起落可能要比集群来得更加急促和剧烈,这对"创新区"的主导者是重大考验。有必要牢记,企业有可能失败,但企业的成败都是市场在检验创新区内新生的知识。创新区最重要的资产一直都是扩大知识网络、提高商用转化效率。

第九,虽然创新区内经常有高等院校和研究所这类锚定的公共机构,同时也不乏风险资本驻场,但仍有必要对创新区企业的研发活动进行补贴,尤其是基础研究的项目。

第十,未来随着第三级约束逐渐解绑,同时越发成熟的人工智能将大幅度改观当前服务活动的面貌,届时创新活动的集聚需求可能也会受到冲击,创新区的构造元素、空间品质和交互需求自然也会随之变更,务必对这种变化保持警觉,以更好地适应技术的变迁。

参 考 文 献

[1] Borin A, Mancini M. Follow the Value Added: Bilateral Gross Export Accounting[R/OL]. (2015-07-21)[2023-02-26]. https://www.bancaditalia.it/pubblicazioni/temi-discussione/2015/2015-1026/en_tema_1026.pdf.

[2] Borin A, Mancini M. Measuring What Matters in Global Value Chains and Value-added Trade[R/OL]. (2019-04-04)[2023-02-26]. https://documents1.worldbank.org/curated/en/639481554384583291/pdf/Measuring-What-Matters-in-Global-Value-Chains-and-Value-Added-Trade.pdf.

[3] Sammarra A, Belussi F. Evolution and Relocation in Fashion-led Italian Districts: Evidence from Two Case-studies[J]. Entrepreneurship and Regional Development, 2006, 18(6): 543-562.

[4] Marshall A. Principles of Economics[M]. London: Macmillan, 1890.

[5] AAAS, et al. STEM Workforce Report: An Inclusive Analysis of the Jobs, GDP and Output Powered by Science and Engineering[R/OL]. (2020-01-29)[2023-02-26]. https://hookedonscience.org/aaasstemworkforcereportfinal-200129180419.pdf.

[6] Andersson R, Quigley J M, Wilhelmsson M. Urbanization, Productivity, and Innovation: Evidence from Investment in higher Education[J]. Journal of Urban Economics, 2009, 66(1): 2-15.

[7] Markusen A. Sticky Places in Slippery Space: A Typology of Industrial Districts[J]. Economic Geography, 1996, 72(3): 293-313.

[8] Saxenian A, Hsu J Y. The Silicon Valley-Hsinchu Connection: Technical Communities and Industrial Upgrading[J]. Industrial and Corporate Change, 2001, 10(4): 893-920.

[9] Potter A, Watts H D. Evolutionary Agglomeration Theory: Increasing Returns, Diminishing Returns, and the Industry Life Cycle[J]. Journal of Economic Geography, 2011, 11(3): 417-455.

[10] Dixit A K, Stiglitz J E. Monopolistic Competition and Optimum Product Diversity[J]. The American Economic Review, 1977, 67(3): 297-308.

[11] Carlsson B. Institutions, Entrepreneurship, and Growth: Biomedicine and Polymers in Sweden and Ohio[J]. Small Business Economics, 2002, 19: 105-121.

[12] Katz B, Bradley J. The Metropolitan Revolution: How Cities and Metros are Fixing Our Broken Politics and Fragile Economy[N]. Rowman & Littlefield, 2013-6-19.

[13] Katz B, Wagner J. The Rise of Innovation Districts: A New Geography of Innovation in

America[R/OL]. (2014-05-09)[2023-02-22]. https://www.brookings.edu/essay/rise-of-innovation-districts/.

[14] Liu C H, Rosenthal S S, Strange W C. The Vertical City: Rent Gradients, Spatial Structure, and Agglomeration Economies[J]. Journal of Urban Economics, 2018, 106:101-122.

[15] Bayliss D. Dublin's Digital Hubris: Lessons from an Attempt to Develop a Creative Industrial Cluster[J]. European Planning Studies, 2007, 15(9):1261-1271.

[16] Cyranoski D. The Valley of Ghosts[J]. Nature, 2005, 436(7052):620-621.

[17] Hummels D, Ishii J, Yi K M. The Nature and Growth of Vertical Specialization in World Trade[J]. Journal of International Economics, 2001, 54(1):75-96.

[18] Tappi D. Clusters, Adaptation and Extroversion: A Cognitive and Entrepreneurial Analysis of the Marche Music Cluster[J]. European Urban and Regional Studies, 2005, 12(3):289-307.

[19] Glaeser E L, Kallal H D, Scheinkman J A, et al. Growth in Cities[J]. Journal of Political Economy, 1992, 100(6):1126-1152.

[20] Hallowell E M. The Human Moment at Work[J]. Harvard Business Review, 1999, 77(1):58-66.

[21] Stam E, Martin R. When High Tech Ceases to be High Growth: The Loss of Dynamism of the Cambridgeshire Regio[R/OL].[2012-12-10]. https://dspace.library.uu.nl/handle/1874/309976.

[22] Coll-Martínez E. Creativity and the City: Testing the Attenuation of Agglomeration Economies in Barcelona[J]. Journal of Cultural Economics, 2019, 43(3):365-395.

[23] Alberti F G. The Decline of the Industrial District of Como: Recession, Relocation or Reconversion [J]. Entrepreneurship and Regional Development, 2006, 18(6):473-501.

[24] Pisano G P, Shih W C. Does America Really Need Manufacturing[J]. Harvard Business Review, 2012, 90(3):94-102.

[25] Carlino G A, Hunt R M, Carr J, et al. The Agglomeration of R&D Labs[R/OL] (2012-09-19)[2023-02-23]. https://papers.ssrn.com/sol3/papers.cfm?abstract_id=2149008.

[26] Buciuni G, Pisano G P. Can Marshall's Clusters Survive Globalization[J]. Harvard Business School working paper series. 2015, 15:88.

[27] Buciuni G, Pisano G. Variety of Innovation in Global Value Chains[J]. Journal of World Business, 2021, 56(2):101-167.

[28] Ellison G, Glaeser E L. The Geographic Concentration of Industry: Does Natural Advantage Explain Agglomeration [J]. American Economic Review, 1999, 89(2):311-316.

[29] Servaes H, Tamayo A. The Role of Social Capital in Corporations: A Review[J]. Oxford Review of Economic Policy, 2017, 33(2):201-220.

[30] Chesbrough H W. The Era of Open Innovation[J]. MIT Sloan Management Review, 2003, 44(3):35-41.

[31] Bughin J, Lund S, Manyika J. 数字全球化时代的五个关键问题[R/OL]. (2020-04-03)[2022-02-23]. https://www.mckinsey.com.cn/数字全球化时代的五个关键问题/.

[32] Teevan J, Hecht B, Jaffe S. The New Future of Work [R/OL](2020-04-13)[2023-03-03]. http://teevan.org/publications/papers/msr21-nfw.pdf.

[33] Manyika J, Lund S, Bughin J. Digital Globalization: The New Era Global Flows[C]. McKinsey Global Institute, 2016.

[34] Jacobs J. The Economy of Cities[M]. London: Penguin Books, 1969.

[35] Humphrey J, Schmitz H. How does Insertion in Global Value Chains Affect Upgrading in Industrial Clusters[J]. Regional Studies, 2002,36(9):1017-1027.

[36] Bryson J R, Taylor M, Cooper R. Competing by Design, Specialization and Customization: Manufacturing Locks in the West Midlands (UK)[J]. Geografiska Annaler: Series B, Human Geography, 2008, 90(2):173-186.

[37] Rothwell J. The Hidden STEM Economy[R/OL]. (2016-06-03)[2023-02-21]. https://www.brookings.edu/wp-content/uploads/2016/06/TheHiddenSTEMEconomy610.pdf.

[38] Katz B, Wagner J. The Evolution of Innovation Districts. Brookings Institution[R/OL] (2019-06-07)[2023-03-01]. https://www.brookings.edu/wp-content/uploads/2016/07/Innovation-Districts.pdf.

[39] Chapman K, MacKinnon D, Cumbers A. Adjustment or Renewal in Regional Clusters? A Study of Diversification Amongst SMEs in the Aberdeen Oil Complex[J]. Transactions of the Institute of British Geographers, 2004, 29(3):382-396.

[40] Lee K, Brownstein J S, Mills R G, et al. Does Collocation Inform the Impact of Collaboration [J]. PloS one, 2010,5(12):142-179.

[41] De Propris L, Lazzeretti L. Measuring the Decline of a Marshallian Industrial District: the Birmingham Jewellery Quarter[J]. Regional studies, 2009,43(9):1135-1154.

[42] Fujita M, Krugman P R, Venables A. The Spatial Economy: Cities, Regions, and International Trade[M]. Cambridge: MIT Press, 2001.

[43] Menzel M P, Fornahl D. Cluster Life Cycles—Dimensions and Rationales of Cluster Evolution [J]. Industrial and Corporate Change, 2010,19(1):205-238.

[44] Joroff M, Frenchman D., et al. New Century City Developments: Creating Extraordinary Value[R/OL](2015-09-15)[2023-03-01]. http://web.mit.edu/newcenturycity/new-century-city-developments.pdf.

[45] Piore M, Sabel C. The Second Industrial Divide[M]. New York: Basic Books, 1984.

[46] Porter M E. The Competitive Advantage of Nations[M]. New York: Free Press, 1990.

[47] Porter M E. Clusters and the New Economics of Competition[J]. Harvard Business Review, 1998;76(6):77-90.

[48] Porter M. The Economic Performance of Regions[J]. Regional Studies, 2003, 37:549-578.

[49] Gereffi G, Henderson J. The Globalisation of High Technology Production: Society, Space and Semiconductors in the Restructuring of the Modern World[J]. American Journal of Sociology, 1991,96(5):1267-1268.

[50] Parsons M, Rose M B. The Neglected Iegacy of Lancashire Cotton: Industrial Clusters and the UK Outdoor Trade, 1960—1990[J]. Enterprise & Society, 2005,6(4):682-709.

[51] Arzaghi M, Henderson J V. Networking off Madison Avenue[J]. The Review of Economic Studies, 2008, 75(4):1011-1038.

[52] Bloom N. How Working from Home Works Out[C]. Stanford Institute for Economic Policy Research, 2020.

[53] Kocovic P. Four Laws for Today and Tomorrow[J]. Journal of Applied Research and Technology, 2008,6(3):133-146.

[54] Barrett P, Hansen N J, Natal J M, et al. Why Basic Science Matters for Economic Growth[R/OL].(2021-10-06)[2023-03-02]. https://www.imf.org/zh/Blogs/Articles/2021/10/06/blog-

ch3-weo-why-basic-science-matters-for-economic-growth.

[55] Planetizen. The 100 Most Influential Urbanists [R/OL]. (2012-03-20) [2023-03-01]. https://www.planetizen.com/features/95189-100-most-influential-urbanists.

[56] Andersen P H, Bøllingtoft A, Christensen P R. Erhvervsklynger Under Pres [R/OL]. (2018-05-15) [2023-03-01]. https://naturstyrelsen.dk/media/nst/Attachments/Erhvervsklyngerunderpres.pdf.

[57] Project for Public Spaces. Placemaking: What if we built our cities around places? [R/OL]. (2020-08-15) [2023-03-01]. https://uploads-ssl.webflow.com/5810e16fbe876cec6bcbd86e/6335ddc88fbf7f29ec537d49_2022%20placemaking%20booklet.pdf.

[58] Dossani R, Graf M, Han E, et al. 万向创新聚能城：关于发展创新型产业集群的建议 [R/OL]. (2017-08-15) [2023-02-22]. https://www.rand.org/content/dam/rand/pubs/research_reports/RRA300/RRA397-1/RAND_RRA397-1-zh-cn.pdf.

[59] Resor R R. Rubber in Brazil: Dominance and collapse, 1876—1945[J]. Business History Review, 1977, 51(3):341-366.

[60] Landry R, Amara N, Lamari M. Does Social Capital Determine Innovation? To What Extent [J]. Technological Forecasting and Social Change, 2002, 1;69(7):681-701.

[61] Baldwin R. Global Supply Chains: Why They Emerged, Why They Matter, and Where They are going[C]. CEPR Discussion Papers, 2012.

[62] Florida R. Startup City: The Urban Shift in Venture Capital and High Technology[R/OL]. (2014-03-31) [2022-03-02]. http://martinprosperity.org/media/Startup%20City.pdf.

[63] Pouder R St, John C H. Hot Spots and Blind Spots: Geographical Clusters of Firms and Innovation[J]. Academy of Management Review, 1996, 21(4):1192-1225.

[64] Johnson R C, Noguera G. Accounting for Intermediates: Production Sharing and Trade in Value Added[J]. Journal of International Economics, 2012, 86(2):224-236.

[65] Atkinson R, Muro M, Whiton J. The Case for Growth Centers: How to Spread Tech Innovation Across America[M]. Washington, DC: Brookings Institution. 2019.

[66] MacKay R, Masrani S, McKiernan P. Strategy Options and Cognitive Freezing: The Case of the Dundee Jute Industry in Scotland[J]. Futures, 2006, 38(8):925-941.

[67] Rabellotti R, Carabelli A, Hirsch G. Italian Industrial Districts on the Move: Where are They Going [J]. European Planning Studies, 2009, 17(1):19-41.

[68] Martin R, Sunley P. Deconstructing Clusters: Chaotic Concept or Policy Panacea[J]. Journal of Economic Geography, 2003, 3(1):5-35.

[69] Martin R, Sunley P. Conceptualizing Cluster Evolution: Beyond the Life Cycle Model[J]. Regional studies, 2011, 45(10):1299-1318.

[70] Fayer S, Lacey A, Watson A. STEM Occupations: Past, Present, and Future[J]. Spotlight on Statistics, 2017(1):1-35.

[71] Rosenthal S S, Strange W C. How Close is Close? The Spatial Reach of Agglomeration Economies[J]. Journal of Economic Perspectives, 2020, 34(3):27-49.

[72] Katz B, Black K. Cortex Innovation District: A Model for Anchor-led, Inclusive Innovation [R/OL]. (2019-10-05) [2023-02-22]. https://cortexstlorg.blob.core.windows.net/media/1619/1005_cortexcitycase.pdf.

[73] Allen T, Henn G. The Organization and Architecture of Innovation [M]. Routledge:

2007:11.

[74] Akcigit U, Kerr W R. Growth Through Heterogeneous Innovations[J]. Journal of Political Economy, 2018, 126(4):1374-1443.

[75] United Nations, Department of Economic and Social Affairs, Population Division. World Urbanization Prospects The 2018 Revision [R/OL]. (2018-05-16) [2023-02-23]. https://population.un.org/wup/Publications/Files/WUP2018-Report.pdf.

[76] Giacomin V. A Historical Approach to Clustering in Emerging Economies[M]. Boston, MA: Harvard Business School, 2017.

[77] Isard W. Location and Space-Economy: A General Theory Relating to Industrial Location, Market Areas, Land Use, Trade, and Urban Structure[M]. Cambridge: Technology Press of Massachusetts Institute of Technology and Wiley, 1956.

[78] World Bank. World development report 2020: Trading for development in the age of global value chains[C]. The World Bank, 2019.

[79] World Bank. World development report 2021: Data for better lives [C]. The World Bank, 2020.

[80] Escaith H, Inomata S. Trade Patterns and Global Value Chains in East Asia: From Trade in Goods to Trade in Tasks[C]. World Trade Organization, IDE-JETRO, 2011.

[81] Xu Y, Liu X, Cao X, et al. Artificial Intelligence: A Powerful Paradigm for Scientific Research[J]. The Innovation, 2021,2(4):100-179.

[82] He Z, Rayman-Bacchus L, Wu Y. Self-organization of Industrial Clustering in a Transition Economy: A Proposed Framework and Case Study Evidence from China[J]. Research Policy, 2011,40(9):1280-1294.

[83] 安纳李·萨克森尼安.区域优势:硅谷与128号公路的文化和竞争[M].温建平,等译.上海:上海科学技术出版社,2020.

[84] 奥利弗·威廉姆森.契约、治理与交易成本经济学[M].陈耿宣,译.北京:中国人民大学出版社,2020.

[85] 黛安娜·科伊尔.极简GDP史[M].邵信芳,译.杭州:浙江人民出版社,2017.

[86] 加里·皮萨诺,威利·史.制造繁荣:美国为什么需要制造业复兴[M].机械工业信息研究院战略与规划研究所,译.北京:机械工业出版社,2014.

[87] 理查德·鲍德温.大合流:信息技术和新全球化[M].李志远,等译.上海:格致出版社,上海人民出版社,2020.

[88] 理查德·鲍德温.失序:机器人时代与全球大变革[M].朱海燕,译.北京:中信出版集团,2021.

[89] 林雪萍.灰度创新:无边界制造[M].北京:电子工业出版社,2020.

[90] 迈克尔·斯托珀尔.城市发展的逻辑:经济、制度、社会互动与政治的视角[M].李丹莉,等译.北京:中信出版社,2020.

[91] 迈克尔·斯托珀尔,等.城市经济的崛起于衰落:来自旧金山和洛杉矶的经验教训[M].刘淑红,译.南京:江苏凤凰教育出版社,2018.

[92] 张亚峰,刘海波,陈光华,等.专利是一个好的创新测量指标吗?[J].外国经济与管理,2018,40(6):3-16.